未来学习研究蓝皮书（2025）

洞察学习新趋势，走进教育新未来

杨振峰 等 主编

华东师范大学出版社
·上海·

图书在版编目（CIP）数据

未来学习研究蓝皮书：2025：洞察学习新趋势，走进教育新未来／杨振峰等主编. -- 上海：华东师范大学出版社，2025. -- ISBN 978-7-5760-5928-1

Ⅰ. G639.2

中国国家版本馆CIP数据核字第2025YC9989号

未来学习研究蓝皮书（2025）：洞察学习新趋势，走进教育新未来

主　　编	杨振峰等
责任编辑	孙　婷
项目编辑	方成竹
责任校对	樊　慧　时东明
装帧设计	刘怡霖

出版发行　华东师范大学出版社
社　　址　上海市中山北路3663号　邮编200062
网　　址　www.ecnupress.com.cn
电　　话　021-60821666　行政传真 021-62572105
客服电话　021-62865537　门市（邮购）电话 021-62869887
地　　址　上海市中山北路3663号华东师范大学校内先锋路口
网　　店　http://hdsdcbs.tmall.com

印 刷 者　上海昌鑫龙印务有限公司
开　　本　787毫米×1092毫米　1/16
印　　张　19.25
字　　数　280千字
版　　次　2025年4月第1版
印　　次　2025年4月第1次
书　　号　ISBN 978-7-5760-5928-1
定　　价　69.80元

出 版 人　王　焰

（如发现本版图书有印订质量问题，请寄回本社客服中心调换或电话021-62865537联系）

编委会

主　编

杨振峰

执行主编

祝　郁　张　治

副主编

王天蓉

编　委

（按姓氏笔画排序）

王　达　王　震　王欣苗　肖　敏　徐冰冰

前　言

人类文明的发展史，是一部不断突破认知边界、重塑生存方式的变革史。今天，我们正站在第四次工业革命与数字文明交汇的节点上，人工智能、量子计算、元宇宙等技术的迅猛发展，正在以前所未有的速度重构社会图景。联合国教科文组织在《一起重新构想我们的未来》中警示："人类的未来与地球的未来同样处于危险之中。"教育作为文明传承与创新的核心载体，既面临技术革命带来的机遇与挑战，也承受着全球化变局、人口结构变迁、价值观念多元化的多重冲击。未来的不确定性，正倒逼教育重新定义自身的使命——不仅要教会学生应对已知，更要赋能他们创造未知。

大变局时代，教育生态亟待系统性重构

当前，全球基础教育改革已迈入深水期。中国教育现代化进程蹄疾步稳：从"双减"政策的落地到新课标的实施，从教育数字化转型到核心素养导向的课堂转型，基础教育正逐步从"规模扩张"转向"内涵发展"，教育强国建设进入蓄势突破、全面跃升的重要阶段。上海作为教育改革的先行者，始终走在探索前沿。通过新优质学校集群发展、紧密型学区集团建设、全员导师制等实践，我们努力破解"重教轻学"的惯性思维，推动课堂从"知识传递场"转向"思维生长地"，从"标准化流水线"转向"个性化孵化器"。

然而，面对未来社会对人才需求的根本性转变，基础教育仍面临严峻挑战：传统教育模式与智能时代的适配性不足，标准化评价体系难以满足学生多元发展需求，技术赋能教育的深度与广度亟待突破，教师角色转型与专业能力升级仍需加速……这些矛盾的本质，是工业化时代教育范式与智能时代学习需求的结构性错位。

更值得警惕的是,当前教育生态中仍存在"用过去的经验培养未来的学生"的悖论。当新世代学生作为"AI时代原住民"崛起时,他们的学习方式、社交模式与价值追求已发生代际变迁,而教育系统仍习惯于用统一的课程、固定的时空和单向的讲授来定义学习。这种割裂不仅导致学生学习兴趣的流失,更有可能削弱他们应对复杂未来的核心能力。如何让教育回归"人之为人"的本质,如何让学习成为激发生命潜能、塑造终身竞争力的火种,已成为全球教育工作者共同面临的"时代之问"。

聚焦未来学习,助力基础教育破局与转型

要解决上述难题,转变"重教轻学"的教育传统是关键。学习先发生,教育才产生。当前基础教育领域迫切需要将研究焦点从单一地关注"教师如何会教",转变为同时关注"学生如何会学",聚焦未来学习研究与发展,倡导"以学习为中心"的教育理念,探讨未来社会需要的学习范式,以及学习如何迎接和创造未来,为基础教育的高质量发展注入强劲动力。

为此,2023年6月,上海市教育委员会和宝山区人民政府共建成立上海市未来学习研究与发展中心(以下简称学研中心),试点探索基础教育从"教研为重"转变为"教研与学研并重"的工作机制,以学习科学研究为基础,教育数字化转型为重点,打造集创新研究、应用推广、交流合作于一体的教育协同创新共同体。学研中心自成立以来,已开展问题化学习、学生好问题大赛、智能课堂循证、心育大健康、智慧体育、区域教育大脑等项目探索,成立了"未来学习研究与发展"全国实践联盟和长三角一体化实践联盟,承办了首届上海基础教育年会、"基础教育未来学习研究"全国优秀案例征集活动,并举办了"智能时代的学习进化"全国教师暑期研修。

与此同时,为了推动研究成果的凝练、辐射与转化,学研中心汇集了协同创新共同体中的专业力量,计划出版发布未来学习系列研究成果,包括《未来学习研究选题指南》、"未来学习研究"丛书等,以研究之力助力基础教育的破局与转型,为我国未来学习发展提供方向指引与行动指南。

"未来学习研究"丛书,构建研究与实践的完整谱系

作为学研中心的核心研究成果之一,"未来学习研究"丛书旨在系统构建未来学习研究与实践的完整谱系,洞察未来学习发展的重要趋势,从而在模糊、复杂、不确定、不稳定的时代中,探寻确定的、可把握的教育发展关键变量,为教育工作者锚定变革支点与行动坐标,从而用教育的确定性来应对未来不确定的世界。

作为"未来学习研究"丛书的第一册,本书旨在确立未来学习研究的必要性基础,为未来学习研究搭建起框架指南,并对未来学习涉及的实践领域进行历史回顾与未来预测,结合全球典型案例,为读者探索未来学习发展提供思路参考和经验借鉴。总的来讲,本书具有以下特点:

一是时代前瞻性,直面新一轮科技革命对各行各业的颠覆性影响,探讨未来学习发展的前沿议题,帮助教育工作者及关心教育未来的人士把握时代脉搏,提前布局未来教育。二是视野全球性,构建全球先进理念与本土实践对话的桥梁,力求在"人类命运共同体"的维度上,提炼未来学习的共通规律,共享互鉴共融的实践智慧。三是话题综合性,涵盖未来学习的重要领域,包括学习形态、课堂结构、课程形态、环境生态、评价模式、教师素养和学校图景等,贯通全要素改革链路,服务于基础教育领域的系统性创新。四是实践指导性,从新趋势、新样态再到案例链接,为读者呈现从理念到实践的完整"工具箱",激发教育工作者的改革灵感和创新思维,为未来学习的理论研究、实践探索和政策制定提供实用参考。

本书内容共分为九章:第一章对未来学习研究的背景进行了介绍,包括未来学习研究的时代背景、构建"学研"体系的时代需求、未来学习研究的范式创新,并对当前世界范围内风起云涌的未来学习研究与实践进展进行了梳理。第二章对

未来学习的基本特征进行了阐述,分析了教育领域中学习者、学习、课堂和学校四个核心要素的本质与未来。第三章至第九章分别是对未来学习研究所涉及的七大领域——未来学习多样态、未来课堂新结构、未来课程新形态、未来环境新生态、未来评价新模式、未来教师新素养、未来学校新图景的探讨,在回溯进化历程的基础上,对发展趋势进行了展望,并结合国内外的典型案例,对已有的实践样态进行了介绍。

守正与创新,以实干笃行迎接未来挑战

未来已来,唯变不变。用昨天的经历立足今天的社会,难以培养适应明天生活的人。因此,我们必须换频道、换跑道,增强教育变革的主动性。与此同时,我们也必须坚定:无论技术如何迭代,时代如何变迁,教育的本质不会变,立德树人的根本任务不会变,培养适应未来、全面发展的社会主义建设者和接班人的目标也不会变。在大变局时代,既要保持对未来的理性预判,同时也要保持对教育初心的坚定守护。

大道至简,实干为要。我们期待,这本蓝皮书不仅能成为政策制定者的参考、学术研究的索引、教师实践的指南,更能激发每一位教育工作者对高质量教育体系的深度思考与不懈追求。

杨振峰
2025 年 1 月于上海

目　录

第一章　未来学习研究的缘起　　1

第一节　未来学习研究的时代背景　　2
- 一、人工智能来袭，如何经受颠覆性技术考验　　2
- 二、大变局时代，如何应对全球性挑战　　5
- 三、α 世代崛起，如何培养未来所需人才　　8
- 四、传统式微，如何重塑教育底层逻辑　　12
- 五、为搏先机，未来学习研究刻不容缓　　13

第二节　构建聚焦学习的研究体系　　15
- 一、"教研"的历史贡献与时代挑战　　15
- 二、"学研"的现实需求与体系构建　　17
- 三、"教研·学研"相互促进的未来趋势　　18

第三节　创新未来学习的研究范式　　19
- 一、超越"未来学"研究：兼顾问题导向与未来指向的研究选题　　19
- 二、超越"教的研究"：基于学习科学的未来学习研究　　21
- 三、超越"传统学习研究"：基于计算教育学的研究范式　　22

第四节　未来学习研究的全球图景　　24
- 一、全球视角　　24
- 二、国际行动　　27
- 三、中国探索　　31

第二章　未来学习的基本特征　　35

第一节　学习的本来与未来　　36
一、认识学习的本质　　36
二、未来学习的特征　　39

第二节　课堂的本来与未来　　42
一、理解课堂的本质　　42
二、未来课堂的特征　　44

第三节　学校的本来与未来　　47
一、追溯学校的本义　　47
二、未来学校的特征　　49

第四节　面向未来的学习者　　52
一、为什么：习惯面对不确定　　52
二、怎么做：面向未来的基础素养　　53
三、未来怎么样：走向命运共同体　　55

第三章　未来学习多样态　　59

第一节　学习的进化　　60
一、本能化学习　　60
二、书本化学习　　62
三、信息化学习　　64
四、智能化学习　　65

第二节　未来学习的发展趋势　　67
一、与天性合作的自然学习　　67
二、多样态的混合学习　　68

三、量身定制的个性化学习　　70
　　四、基于智能体的人机协同学习　　71
第三节　未来学习的实践样态　　73
　　样态一：基于问题的学习　　73
　　样态二：基于项目的学习　　74
　　样态三：实践导向的学习　　76
　　样态四：具身学习　　79
　　样态五：游戏化学习　　80
　　样态六：协作学习　　83
　　样态七：泛在学习　　86
　　样态八：智能时代学习新样态　　88

第四章　未来课堂新结构　　91

第一节　课堂的进化　　92
　　一、教学场所化　　92
　　二、班级授课制　　94
　　三、现代教育课堂　　95
　　四、未来超智课堂　　96
第二节　未来课堂的发展趋势　　98
　　一、突破教室边界　　98
　　二、重建课堂互动　　99
　　三、多种活动并存　　100
　　四、多样态学习共生　　101
　　五、跨级混龄课堂　　102
　　六、智慧课堂　　103

第三节　未来课堂的实践样态	**104**
样态一：同侪课堂	104
样态二：混合课堂	107
样态三：翻转课堂	111
样态四：弹性课堂	112
样态五：情境增强课堂	115
样态六：没有教室的课堂	117

第五章　未来课程新形态　　　　119

第一节　课程的进化	**120**
一、萌芽：服务于生产劳动	120
二、古代课程：维护阶级统治	121
三、近现代课程：适应社会发展需求	122
四、未来课程：促进人的全面发展	123
第二节　未来课程的发展趋势	**125**
一、课程价值：人人皆才	125
二、课程理念：学为中心	126
三、课程目标：素养导向	127
四、课程类型：跨科融创	129
五、课程供给：社会众筹	130
六、课程实施：数智赋能	131
第三节　未来课程的实践样态	**133**
样态一：导航生涯的个性化学程	133
样态二：实践创造的"STEM+"课程	136
样态三：面向生活的体验性课程	138

样态四：技术支持的自适应课程　　142

样态五：丰富多彩的课程超市　　144

第六章　未来环境新生态　　147

第一节　学习环境的进化　　148
一、起源阶段：教育场所的固定　　148

二、形成阶段：书院讲堂的建造　　149

三、稳定阶段：近代教室的形成　　151

四、发展阶段：教育空间组织化　　151

五、走向未来：学习环境智能化　　153

第二节　未来学习环境的发展趋势　　153
一、环境以人为本：营建舒适开放的学习空间　　154

二、学习面向多元：支持多种活动并存的学习空间　　155

三、加强合作共创：设计积极型学习空间　　156

四、支持无边界学习：促进不同空间相互融合　　156

五、顺应组织变革：从单一走向多元的学习空间　　157

六、技术融入教育：学习空间智能化改造　　158

第三节　未来学习环境的实践样态　　158
样态一：人本化设计的学习空间　　159

样态二：沉浸式体验的学习空间　　160

样态三：智能互联的学习空间　　163

样态四：满足个性独享的学习空间　　166

样态五：跨学科综合学习空间　　168

第七章　未来评价新模式　　**171**

第一节　学习评价的进化　　**172**
一、学习评价的起源　　172
二、第一代评价——测量时期　　173
三、第二代评价——描述时期　　173
四、第三代评价——价值判断时期　　174
五、第四代评价——意义建构时期　　175
六、第五代评价——计算时期　　175

第二节　未来学习评价的发展趋势　　**177**
一、评价目的：从"为了选拔"走向"为了发展"　　177
二、评价内容：从"学业成绩"走向"综合素质"　　178
三、评价模型：从"主观设定"走向"科学建模"　　179
四、评价方法：从"单一化"走向"多样化"　　181
五、评价工具：从"纸笔考"走向"智能化"　　182
六、评价实施：从"阶段性"走向"伴随式"　　183

第三节　未来学习评价的实践样态　　**184**
样态一：基于数字画像的综合素质评价　　184
样态二：基于智适应学习的个性化评价　　187
样态三：虚拟仿真环境中的技能测评　　190
样态四：常态化伴随式的身心健康监测　　192
样态五：基于人工智能的学习分析诊断　　194
样态六：基于大模型的专项能力测评　　197

第八章 未来教师新素养　　199

第一节 教师角色的进化　　200
一、经验传递者：师徒带教　　200
二、知识传播者：班级授课　　201
三、学习促进者：情智共同体　　203

第二节 未来教师角色的发展趋势　　204
一、学生心灵的守护者　　204
二、学生学习的支持者　　205
三、人机协同的促进者　　207
四、创新人才的培育者　　209
五、终身学习的践行者　　210

第三节 未来教师新素养　　212
一、心理健康素养　　212
二、跨学科教学素养　　214
三、人工智能素养　　218
四、终身学习素养　　224

第九章 未来学校新图景　　229

第一节 学校的进化　　230
一、学校1.0时代　　230
二、学校2.0时代　　231
三、学校3.0时代　　232

第二节 未来学校发展趋势　　235
一、理念革新：为个性化学习服务　　236

二、学制突破：从"固定"走向"灵活" 237

　　三、治理升级：数据驱动的智能治理 239

　　四、结构重塑：虚拟与现实融合 240

　　五、文化重建：和谐共生，成己成人 242

第三节　未来学校的实践样态 **244**

　　样态一：颠覆传统教学的"新学习"学校 245

　　样态二：再造校园环境的"新空间"学校 248

　　样态三：突破时空限制的云端学校 250

　　样态四：数智技术赋能的智慧学校 254

　　样态五：把世界当作教室的旅居型学校 258

　　样态六：培育专才的贯通制学校 260

　　样态七：重塑学校教育体系的新型学校 262

参考文献 **266**

后记 **284**

案例导航

上海市宝山区的问题化学习　　　　　　　　　　　　73

上海教育科学研究院的项目化学习　　　　　　　　74

芬兰的现象式学习　　　　　　　　　　　　　　　75

美国米尔顿中学搬到农场里的学习　　　　　　　　77

湖北省宜昌市的"研学旅行"综合实践活动　　　　78

江苏省无锡市洛社中心小学的儿童具身学习　　　　79

浙江省安吉县的"安吉游戏"　　　　　　　　　　81

上海市宝山区的户外自主游戏探索　　　　　　　　82

上海市黄浦区复兴东路第三小学的"乐探老城厢"　82

学习共同体的本土化实践　　　　　　　　　　　　84

跨学科项目中的协作学习　　　　　　　　　　　　85

"天问杯"学生好问题活动　　　　　　　　　　　87

日本 N 高中的线上线下混合式学习　　　　　　　88

浙江省杭州市建兰中学基于 AI 的个性化学习　　　89

上海市宝山区的智慧同侪课堂　　　　　　　　　105

浙江省衢州市白云学校未来课堂的雏形课　　　　106

密涅瓦大学的"主动式学习平台"（ALF）　　　 108

四川省成都市实验小学的"未来课堂"泛在学习场　109

上海市格致中学的智能数学课堂　　　　　　　　109

美国艾尔蒙湖（Lake Elmo）小学的翻转课堂　　 112

北京十一学校的"一人一课表"　　　　　　　　113

重庆市树人景瑞小学的移动学习——被联合国点赞的"未来课堂"　113

浙江省杭州市萧山区崇文世纪城实验学校：重构学习时空的未来课堂	114
基于VR全景视频的英语情境教学模式	116
瑞典Vittra Telefonplan学校：没有教室的课堂	118
上海市徐汇区指向学生个性化培养的生涯教育体系	134
上海市吴淞中学的道尔顿工坊	135
上海国际STEM教育研究所	137
上海市宝山区的劳动教育"第三空间"	139
上海市长宁区绿苑小学的"优+智慧种植"课程	140
起源于丹麦在全球推广的森林课程	141
上海市宝山区基于知识图谱的课程	143
MOOC在线课程	145
北京市探月学校的课程体系	145
布基纳法索的甘多小学	159
浙江省宁波市惠贞高级中学	160
上海市闵行区公共安全体验馆	161
上海市宝山区顾村中心校的自然触碰创客空间	161
上海市宝山区的"未来宝"教育数字基座	163
上海市延安中学的"安全百晓通"网络学习空间	164
上海市第三女子中学的"3E"教育数字空间	165
以色列比库林全纳学校	166
上海市吴淞中学的个人学习环境建构	167
上海市宝山区实验小学的匠心"智"造木工坊	168
上海市宝山区行知小学的"闪耀未来"跨学科学习空间	170
上海市宝山区综合素质评价系统	186
上海市宝山区高中生物学智适应学习系统	188
电气工程师技能培训软件	191

外科手术模拟系统	191
基于智能穿戴设备的学生体质健康监测	193
上海市未来学习研究与发展中心的课堂智能分析与评价	194
上海市浦东新区基于大数据分析的幼儿户外游戏评价	195
Vervoe 能力评估平台	198
同济大学附属澄衷中学的教师跨学科教学力提升实践	217
上海市宝山区陈伯吹实验小学的教师数字素养提升行动	221
上海市实验学校东校的教师发展"插电式"培养模式	226
美国科技高中	245
北京市探月学校	246
欧美国家的探险式学习学校	246
美国纽约的游戏化学习学校	247
瑞典斯德哥尔摩的"无墙学校"	248
丹麦哥本哈根的"立方体学校"	249
印尼巴厘岛的绿色学校	249
美国斯坦福虚拟高中	251
广东省深圳市云端学校	252
肯尼亚卡库马项目的创新实验室学校	253
美国可汗实验学校	255
上海市黄浦区卢湾一中心小学	256
浙江省杭州市建兰中学	256
上海市宝山区美兰湖中学	256
阿里巴巴的云谷学校	258
思考全球学校	259
美国密涅瓦大学	260
P－TECH 六年制高中	261

深圳零一学院	261
埃隆·马斯克的 Ad Astra School	263
山东省潍坊未来实验学校	263
广东省东莞松山湖未来学校	264

第一章
未来学习研究的缘起

今天的教育和老师不生活在未来,未来的学生将活在过去。

——约翰·杜威

"教育者,非为已往,非为现在,而专为将来。"培养学生适应未来社会的能力,是教育的应有之义,也是教育工作者的责任担当。学习先发生,教育才产生。面向未来,基础教育应转变"重教轻学"的传统观念,将研究重点从单纯侧重"教师如何会教",转变为同时关注"学生如何会学"。研究学习如何发生、学生如何学会学习并且乐学爱学,是教育永恒的核心命题。教育是对未来的一种定义,面向未来也是教育对自身的定义。作为开篇,本章将对未来学习研究的缘起进行阐述,回答未来学习研究面向何种未来、为何聚焦学习、研究何以创新以及实践有何进展等问题。"未来不是我们要去的地方,而是一个我们要创造的地方;通向它的道路不是人找到的,而是人走出来的。"未来学习需要我们共同探索,未来世界需要我们携手创造。

第一节 ‖ 未来学习研究的时代背景

"我们迫切需要改变方向,因为人类的未来取决于地球的未来,而这两者目前都处于危险之中"——这是联合国教科文组织(UNESCO)的报告《一起重新构想我们的未来:为教育打造新的社会契约》序言中的重要论断。当前,我们正处在一个日益复杂、不确定和脆弱的世界中,而人类下一代面临的处境只会更加严峻。"教育的未来"国际委员会指出:知识和学习能够重新塑造人类和地球的未来。[1]因此,立足当下、展望未来,方能为学习的发展勾画问题场域、明确核心议题。本节将围绕影响未来学习发展的关键要素,阐述未来学习研究的时代背景。这些关键要素包括:颠覆性的人工智能、复杂的大变局时代、崛起的 α 世代,以及日渐式微的传统教育模式。

一、人工智能来袭,如何经受颠覆性技术考验

科学技术的发展是推动人类社会生产力解放、改变历史发展轨迹与世界基本面貌的根本动力。当前,新一轮科技革命和产业变革,正在推动人类社会进入一个前所未有的创新活跃期。这一时期也被称为"第四次工业革命",是以人工智能、物联网、区块链、生命科学、量子物理、新能源、新材料、虚拟现实等一系列创新技术引领的范式变革。[2]第四次工业革命将数字技术、物理技术、生物技术三者有机融合,因此相比前三次工业革命(分别对应蒸汽机时代、电力时代和信息时代),其发展速度更快、影响范围更广、影响程度更深。

其中,人工智能(AI)的发展是当前人类所面对的最为重要且深刻的技术和社会变革。人工智能是指由数字计算机或计算机控制的机器人执行通常与智能生物相关联的任务的能力,这个术语常用于指代具有人类智力特征的系统。进入21世纪,深度学习的出现和大数据的爆发推动了 AI 技术的全面应用,并使 AI 成为一

个多学科融合的领域,涉及计算机科学、认知科学、语言学等。当前,AI 正朝着更加通用和灵活的方向发展,向着能够在不同情境任务中表现出与人类相当甚至超越人类水平的人工通用智能(Artificial General Intelligence,AGI)迈进。近期,美国《福布斯》杂志载文分析了 2025 年人工智能十大趋势,包括:增强型工作、实时自动决策、"负责任"的人工智能、文生视频与新一代语音助手、人工智能体、量子人工智能、人工智能+网络安全,以及"可持续"的人工智能等。[3]

AI 在深刻改变人类物质生产体系的同时,也将深刻改变人类的社会关系与社会行为,挑战人们司空见惯的意识、观念、习俗和规则。[4]虽然 AI 带来的技术创新将为人类开创前所未有的美好前景,但同时也酝酿着越来越大的潜在风险与挑战。

一是就业冲击。当前,AI 应用作为节约劳动力工具的速度已经超过了社会为劳动力开辟新用途的速度,因此 AI 正在挑战社会就业结构。[5]以往的观点认为:凡是可以描述的、重要的、有固定规则和标准答案的工作岗位,都有被智能机器人取代的可能。然而,随着 AI 的飞速发展和"机器时代 2.0"的到来,认知和情感劳动也开始被 AI 取代。世界经济论坛发布的《2023 年未来就业报告》指出,近四分之一(23%)的工作预计在未来五年将发生变化,6 900 万个新的工作岗位将会出现,8 300 万个工作机会将会消失。增长最快的工作岗位是人工智能和机器学习专家、可持续发展领域的专家、商业智能分析师和信息安全专家,绝对值增长幅度最大的领域预计为教育、农业和数字商务。[6]而麦肯锡全球研究院《工作的新未来》报告显示,在 2030 年至 2060 年之间将会有 50% 的现有职业被 AI 取代,中点为 2045 年,与之前的估计相比,加速了大约十年。[7]

二是算法规训。算法应用已经由线上渗透到线下生活的各个方面,智能推荐系统可以根据收集到的用户数据,通过算法对不同的用户进行个性推荐,影响用户的判断甚至最终选择。技术的权力正在逐步扩大,网络社会中的人愈发受到算法的规训,"信息茧房"、算法杀熟甚至被垄断的搜索结果都是算法规训所产生的后果,而这势必损害个人的自由意志以及健全人格。[8]随着大语言模型的出现,不成熟的AI技术可以编造虚假信息,并通过虚假引用和反复引用等方式将虚假信息嵌入到人类的认知体系,进而干扰人类的自主选择。基于大数据和强大算法的人工智能系统正在影响甚至取代人类的自主决策。然而,尽管国际上已经出现一些针对AI决策权的限制性规范,如欧盟的GDPR,但总体上全球范围内针对算法规训的监管与限制措施仍然缺乏。如何摆脱算法控制,夺回理性思考和自主选择的主动权,成为摆在人类面前的一大难题。

三是人类认知退化。随着信息技术的发展,尤其是生成式人工智能的广泛应用,人们的认知越来越依赖互联网络,数字化的"虚拟"生产、生活和社会交往正在解构真实、完整、亲密的传统认知模式。在人工智能技术的加持下,海量的文字、图片、视频被制造出来,人们可以以一种"低耗能"的新型数字化脑回路,通过扫描、搜索、快速滚动、上下滑动等方式快速地浏览信息。这种替代性的阅读方式正在与传统深度阅读过程中的脑回路展开竞争,人类越来越习惯于碎片化、直觉化、即时化的思考和认知方式,尤其是成长发育期的青少年。[9]而算法加持下的智能应用利用快速反馈、未知惊喜、视觉占据等方式,向特定用户人群"精准投喂"其希望接收的信息,在其大脑神经中构建多巴胺回路的反馈机制,从而导致"网络成瘾"甚至"AI成瘾",进一步加剧了人类认知退化的风险。"大脑逐步退化的人类"与"智能飞速进化的计算机"之间的矛盾日益凸显,如果不加以科学合理的规制,长此以往,深度和理性的思考将属于少数人,越来越多的人会沦为"认知弱势群体"。

四是技术失控。近几年来,随着AI的飞速进化,技术失控及其责任归属问题变得日益严峻。历史上,技术控制与技术失控的辩证关系始终伴随着技术进步的过程,但AI的崛起将这一议题推向了新的高度。这是因为,AI越来越"智能",意味着它们越来越"自主","自主"则意味着技术相对于人类的"失控"。正如霍金所警告的,人工智能日益强大的威力使机器人能够复制自己,并加快智能化的速度,这导致机器人可以学习智能,使转折点或"技术奇点"到来。随着各类新兴科技的发展,人与物的关系问题正在转变成人与"人造物"的关系问题,而AI这类人造物由于具有"自主"的特征,其行为可能超出人类的预期和控制,一旦技术发展偏离预期轨道,可能会对人类的生存状态构成严重威胁。雅思贝尔斯曾经的告诫——"机械作为人类与自然斗争的工具正在支配人类,人类有可能成为机械的奴隶"——正在一步步演化为现实中的风险。

五是新的社会不平等。AI 导致的新的社会不平等大致可以分为三类:一是 AI 输出带来的不平等,以生成式人工智能的算法偏差和歧视问题为典型。例如,谷歌搜索中,搜索黑人的名字更容易出现暗示其具有犯罪历史的广告。二是 AI 使用带来的不平等。人工智能社会的发展会带来深度自动生产的社会与"劳动排斥"的"生产不平等"、物质极大丰富的社会与分配不均的"分配不平等"、虚拟与现实结合的社会与"认知剥夺"的"认知不平等"、矛盾主体虚化的社会与"公正停滞"的"发展不平等"等问题[9]。三是人类与 AI 的结合带来的不平等,甚至会产生"物种不平等"。正如以色列历史学家尤瓦尔·赫拉利在《未来简史》一书中所指出的,随着基因工程、仿生工程以及人工智能等"黑科技"的成熟及应用,智人将逐渐分化为"神人"和"无用阶级"。前者将拥有超越现有人类的能力,可能包括更长的寿命、更高的智慧以及其他经过基因编辑和生物技术改造的特质;后者则由于无法为资本增殖服务,因此在劳动力市场中被边缘化,社会财富创造能力减弱,甚至会产生对生存价值的质疑。

综上所述,人工智能目前快速发展、影响广泛,并显现出足以重塑人类生产生活方式、颠覆现有社会秩序的"技术海啸"之力。在当下与今后的日子里,我们究竟应该学什么、如何学,才能够抓住 AI 发展带来的机遇、适应智能时代的发展需求、应对科技革命带来的挑战与风险?这既是对全球教育工作者的艰难考验,也是本书倡导未来学习研究的行动起点。

二、大变局时代,如何应对全球性挑战

当今世界正经历百年未有之大变局。世界之变、时代之变、历史之变正以前

所未有的方式展开,远远超越一时一事、一域一国之变,变局范围之宏阔、程度之深刻、影响之久远,都十分突出。[10]这一切的变化与智能技术的发展同时发挥着交互、叠加效应,正以有组织的调控手段和难以控制的样态影响着人类整体的生存与发展,让未来世界的不确定性日益增强。[11]

所谓"大变局",从宏观整体来看,意味着世界多极化、经济全球化、社会信息化、文化多样化;从综合国力的角度来看,一般是指新兴市场国家和发展中国家的快速崛起所导致的全球力量再平衡;从国际秩序的角度来看,则是指全球治理体系和国际秩序变革的加速推进。[12]具体而言,大变局时代的特征与影响包括:

一是经济格局的重构。科技革命带来了生产力的升级与生产关系的革新,不仅彻底改变了传统的经济样态,还构建了新型的经济格局。在全球层面,以中国、印度为代表的新兴发展中国家群体性崛起,老牌西方发达国家的全球获益相对下降,长期由发达国家主导、发展中国家从属的世界经济格局面临解体。国际货币基金组织2021年年报的数据显示,从2001年至2021年,发达国家国内生产总值所占世界经济总量比重从78.85%下降至59.08%;新兴市场国家和发展中国家国内生产总值所占世界经济总量比重从21.15%上升到40.92%,对世界经济增长的贡献率已经达到80%,成为全球经济增长的主要动力。经济实力的消长伴随政治、科技、文化、军事等综合力量的变化,加上这两类国家特别是其中主要国家内外战略和政策的调整,势必带动地区乃至全球范围内战略力量的重构、战略关系的重组和战略局势的重塑。[10]

二是政治秩序的变迁。世界各国不同的发展态势导致全球范围内的力量对比发生显著变化,全球政治秩序变迁形成世界地缘政治与经济重心"东升西降"、国际体系主导权"南升北降"的新趋势。[13]一方面,发达国家的政治、经济、社会、文化等矛盾日益加剧,极端民族主义和民粹主义思潮普遍攀升,政治极化和社会分裂加重,公平正义问题凸显,短期激烈冲突甚至局部暴乱时有发生。由于发达国家尤其是美国对国际和地区事务的掌控力下降,甚至把国内矛盾向外转移,给全球和地区局势带来更多的不稳定性甚至风险。另一方面,广大新兴经济体和发展中国家的历史遗留问题及转型过程中存在的问题尚未得到较好的解决,科技进步条件和发展资源受限,加上全球和地区环境的消极影响,诸多原因交织叠加致使发展难题增多。这些国家在增强战略自主、提升全球影响力的同时,也会为地区局势增添变数。

三是发展失衡的加剧。经济全球化进入第三阶段后,其负面效应在长期累积之下持续增大。全球层面的人口发展失衡、地球生态环境失衡、财富分配失衡、数字鸿沟、南北差距等变得越来越突出。地区之间、国家之间、国家内部不同群体之间的分化、失衡甚至割裂变得越来越严重。有学者指出,"在美国,假如这28年的总收入增长是一个馅饼,最高的1%中的1/10,也就是30万人,所享有的那一块,比底层90%即2.7亿人那一块的2倍还要大。"[14]在《不平等——弥合鸿沟》报告中,联合国强调了全球范围内收入、地理、性别、年龄、族裔、残疾、性取向、阶级和宗教因素造成的不平等现象,这些不平等现象在国家内部和国家之间继续存在,决定了资源获取、机会和结果,从而加剧了全球层面的财富分配失衡。发展失衡导致社会分化加剧、对立加重,不同发展水平的国家、不同社会阶层的群体之间的分歧、矛盾甚至冲突变得越来越突出。

四是文化冲突的爆发。在全球化的背景下,不同文化之间交流碰撞加剧,各群体对自身价值与利益的诉求更为强烈。受宗教信仰、文化传统等方面的差异,以及地缘政治、经济利益分配不均等因素的影响,文化冲突局部爆发的现象时有发生。这种文化冲突会带来诸多负面影响,不仅破坏地区和平稳定、阻碍当地经济发展、加剧社会撕裂,还会引发国际社会的紧张氛围,对全球和平与发展的大趋势形成严峻挑战。[15]

五是价值观念的转变。随着人类社会物质极大丰富,一种摆脱甚至超越了物质与财富的价值追求、生活方式和社会观念的"后物质主义"随即出现。后物质主义价值观将精神价值、生活质量和自我实现置于优先地位,相比于对权力的追求、对权威的敬畏、对家庭的维护、对宗教的坚守、对传统文化的传承以及对主流价值的捍卫,后物质主义更看重性别差异、伦理界限、生态质量、工作环境、自由生活方式和美满社会关系。这种价值观层面的根本性扭转,对整个世界影响深远。分别崇尚物质主义和后物质主义的不同国家、不同公民群体之间的观念分歧将越来越严重,甚至存在群体冲突、社会分裂等潜在风险。[16]

大变局时代带来诸多全球性挑战。全球层面的气候变化、大规模传染性疾病、极端主义和恐怖主义等挑战不断凸显加重了世界和平赤字、发展赤字、安全赤字、治理赤字。[10]大量诸如环保、反恐、反毒、公共卫生等全球性议题出现,已经没有哪个国家可以凭一己之力独自面对。然而,由于国家力量对比、相对获益、未来潜力的颠覆性反转,传统的国际秩序格局松动甚至解体,部分发达国家开始掀起"去全球化""反全球化"和"逆全球化"浪潮。[16]全球治理体系亟待重构,"人类向何处去"已成为世界之问、历史之问、时代之问。

如何应对大变局时代的全球性挑战,如何重建全球治理体系、构建人类命运共同体,如何才能本着对人类命运的终极关怀,找到人类文明永续发展的精神指引,[17]回答"人类向何处去"之问……这一系列问题,是我们在培养下一代、培养未来社会公民、培养国家事业的接班人时必须回应的问题。因此,为了什么样的人类未来而学,在不确定的未来世界中学什么、如何学,就成为未来学习研究的重要背景。

三、α 世代崛起,如何培养未来所需人才

人类新世代正在强势崛起。正当"00后""05后"这些概念热度未减,"10后"已强势来袭。如表1-1所示,2010年至2025年间出生的一代人,被称为"阿尔法世代"(Generation Alpha,简称α世代)。据估计,当前全球每周有280多万α世代的成员出生,到2025年预计将超过20亿,成为全球人数最多的年龄层。α世代中的大多数成员都有千禧一代的父母,因此有时也被称为"迷你千禧一代"。千禧一代习惯性地使用社交媒体,包括分享他们孩子的照片、视频或故事,受到父母的影

响,α 世代的大部分人从出生起就在网上。[18]尽管马克·普伦斯基(Marc Prensky)早在 2001 年就提出了"数字原住民"的概念,但 α 世代似乎是第一个真正理解和说数字技术原始语言的"数字原住民"。[19]

表 1-1 不同世代出生的时间段[20]

世　　代	出生时间段
婴儿潮世代(Baby Boomers)	1946—1964 年
X 世代(Generation X)	1965—1980 年
Y 世代/千禧世代(Generation Y/Millennials)	1981—1996 年
Z 世代/i 世代(Generation Z/iGens)	1997—2009 年
α 世代(Generation Alpha)	2010—2025 年

实际上,α 世代应该被称为"AI 时代原住民"。这一代人是伴随着移动互联网一起成长的:2010 年,苹果公司推出 iPad,最初的 α 世代伴随着 iPad 的问世出生;2016 年 AlphaGo 战胜人类棋手,人工智能迎来发展高潮,最初的 α 世代进入小学;2022 年底 ChatGPT 的问世推动人类进入 AGI 元年,此时 α 世代成为第一批用户。一项针对我国一至三线城市 7—12 岁 α 世代群体的研究显示:α 世代平均触网年龄为 4.8 岁,68%在上小学之前即开始接触网络,人均使用电子设备数量 3.9 个。[21]新兴技术方面,α 世代是第一代从小就体验远程教室、平板电脑和无处不在的流媒体服务的人。对他们中的许多人而言,短视频似乎成为了赛博世界里的"一日三餐",而网络游戏已成为不可或缺的日常娱乐。

受到数字技术和媒介形态的深度建构,这一代人已演化成独具技术特质的"数字一代",展现出明显不同于过往群体的代际特征。这些特征包括:[21]

(1)人均"小孩哥""小孩姐":在学习之外的兴趣爱好更加广泛,并且经常参赛获奖,颇有"琴棋书画样样精通"之势。除传统兴趣之外,编程、击剑等新兴爱好越来越多。不少 α 世代有着专家级别的知识储备,在某一领域有远超同龄人甚至成年人的造诣。

（2）创造力强：展现出对动手创造类玩具的极大热情与偏好，享受自己创造的过程，在一次次动手实践中收获成就感，玩电子游戏时也愿意尝试包含创造或探索元素的模式。

（3）审美自觉：积极选择或者亲自搭配个人衣着，用穿搭展现美好的外在形象和个性风采。对女生而言，她们开始关注护肤和化妆，初步探索个人魅力。

（4）"反PUA先锋"：自尊心和主体性很强，会更重视自己的情绪和感受，拒绝被"PUA"。α世代中72%的人表示不在乎别人的评价，44%会直接表达自己的情感和感受。

（5）"家庭合伙人"：α世代中95%的孩子会参与到与自己相关事情的家庭决策中，父母也会更多地考虑孩子的感受与想法，亲子关系更加平等融洽。

（6）微屏社交：就像成年人经营自己的微信一样，α世代的孩子们也在维护着自己在智能手表上的"表圈"。主页的点赞量代表着人气和圈内地位，个人主页的赞越多，就越有面子。

（7）"网络搭子"社交：交友更加随性，对网友的信任度更高，只要年龄相近、兴趣爱好相同，就有机会成为好朋友。交友渠道不再局限于传统的聊天社交平台，各种社交媒体平台甚至游戏内都可能是他们寻找好友的地方。

（8）"驯AI高手"：喜欢并善于利用智能设备或AI等新兴工具帮助自己娱乐、完成作业、学习提升、发挥创意等，成为智能时代的受益者，能把常用的智能手表、音箱、电视等设备玩出新花样。

（9）小小"徐霞客"：α世代最早旅行年龄的平均值为3岁，69%的孩子在5岁前就已经随父母出游，68%的人去过科技馆、美术馆、博物馆等场馆，因此他们的视野更加开阔，也更喜欢体验新鲜事物。

与此同时，α世代也面临着特定成长背景所导致的问题。最突出的一点是技术依赖减少了社交情感发展的机会，造成了心理健康问题。[22][23]脱离现实社交的网络虚拟社交通过基于用户喜好的算法，向青少年大量"投喂"不受自己控制的虚拟社交关系,使其在极端快乐和沮丧的情绪中不断切换,并导致焦虑、抑郁、孤独、注意力缺陷、多动障碍等症状,极大伤害了青少年的理性思考和正确认知。[24]再加上学业压力等问题,α世代学生的精神疾病患病率高,例如《2023年度中国精神心理健康蓝皮书》显示,青少年精神心理健康问题的检出率几乎比4年前翻了一倍。其次,α世代的体质健康问题相当突出。"小胖墩""小眼镜""小驼背"等问题相比前几代人更为严重。此外,受应试教育的影响,以东亚国家为典型的"教育内卷"问题导致学生作业负担及课外补习负担过重,学生创新能力的培养缺乏适宜的制度环境。α世代学生个体的极端差异化与当前教育模式的普遍集体化,引发了新的现实矛盾。[25]因此,如何培养能够适应未来发展的下一代,成为了全球教育工作者共同面临的难题。

然而,教育工作者是否已经准备好接受并应对α世代的新特征？是否清楚什么样的学习内容和学习方式更适合新世代学习者？在"如何学"方面,很明显,α世代不通过传统渠道接收信息,他们通过技术来玩耍、学习和互动,他们不想也不愿以传统的方式阅读。[26]因此,社交媒体、社交关系、高度感知和α世代解读信息的能力,是探讨未来学习方式时必须考虑的重要因素。[27]而在"如何教"方面,由于α世代是独立和好奇的,他们有自己的世界观,与他们沟通需要一种基于成年人的谈判和妥协的方法,家长和老师应该更多地理解、接受和支持他们,少用暴力批评和灌输式教育。[26]面对正在成长为有史以来技术最"熟练"、受教育程度最高的一代,使用已经过时的系统的标准和逻辑来评估其教育需求是完全失败的。相反,我们必须预测教育在数字化、虚拟化、游戏化教学以及内容层面的变化。[19]

因此,如何帮助教育工作者更好地适应新世代学习者的新特征？如何改变学与教的模式,使正在崛起的新世代学习者爱学、善学、乐学？如何培养新世代年轻人,使其成长为能够适应未来社会发展的人？这些问题,是未来学习研究的重要内容。

四、传统式微,如何重塑教育底层逻辑

当下,我们正在经历"第四次教育革命"。一种观点认为:语言的诞生催生第一次教育革命,文字的发明实现第二次教育革命,印刷技术带动第三次教育革命,互联网技术引领第四次教育革命。[28] 还有一种观点认为:有组织的学习构成第一次教育革命,制度化的教育带来第二次教育革命,印刷与世俗化、大众化教育形成第三次教育革命,而人工智能时代下即将到来的是第四次教育革命。[29]2-14 尽管学界对于第四次教育革命的划分方式存在分歧,但已经形成的基本共识是:在智能时代,教育体系必将迎来颠覆性的变革。

迈进智能时代,依靠标准化教育来批量生产人才的模式已经难以为继。[30] 从全球范围来看,传统教育面临五大难题:一是未能克服根深蒂固的社会阶层固化问题,二是教育制度僵化,三是教师因行政而不堪重负,四是大班教学抑制学习的个性化和广度,五是教育的同质化和缺乏个性化。[29]39-56 有学者甚至用"没有进步""不合时宜"和"变无可变"来形容现有的教育体系。[31] 具体而言,现有教育体系具有分学段标准化操作、统一课程与评估,以及过程化选拔等特征,这些特征禁锢了学生的发展空间、制约了教育质量提升的空间、限制了教育公平的实现,使现有教育体系"变无可变"。而在当下知识快速迭代的信息化时代、"机器越来越像人"的 AI 快速发展时代、"人人都(可以)是创业者"的时代,现有的教育体系再也无法满足社会对人才的需求,因为它不仅束缚了学生创新意识和创新素养的发展,也限制了人类灵活应对当下和未来社会发展不确定性的能力。

除此之外,以下因素也给传统教育模式带来了新的挑战。一是技术发展对人工智能环境下创新人才的培养提出了新的难题,包括人在创新活动中主体地位的阶梯式消解、智能化生存环境中人文情怀的缺失[32]、"机师"与"人师"的竞争与合作,等等。二是教育系统的韧性提升问题引发全球关注。新一轮国际测评 PISA 2022 发现:全球整体正遭遇前所未有的成绩下滑。[33] 因此,如何增强教育系统的韧性,从而在不可预见的变化中,更加动态和灵活地适应不确定的全球格局、满足

日益多样化的学习者需求,[34]以及如何激发学生内在的学习动力,提升学生的学习胜任力,使其在任何条件下都能够自主、有效地学习,已经成为教育工作者不能回避的重要课题。

传统教育模式日渐式微,新的教育体系将在"技术海啸"的冲击下得以"破土"。人工智能对教育的革命性改变体现为:传统的"教育工具箱"(如作业、考试等)将不再好用,必须重新思考教什么才是最重要的,教育的资源形态将重新组织,教育评价将遭遇巨大挑战,学习者模型将和教学策略模型协同进化,智慧的代际协同和群智发展将得到促进,从而推进"教育大脑"的构建。[35]

为了构建适应未来的、全新的教育体系,我们亟须重塑教育的底层逻辑。在此过程中,我们必须思考:当人工智能可以替代人脑时,教育的意义和价值何在?当人类与机器实现"人机一体"时,教育的方式和性质将如何改变?当技术可能失去控制时,如何保证教育的价值选择和方向?面对智能时代的道德难题,教育将面临怎样的伦理抉择?[36]以上种种,不仅为未来学习研究勾画了问题场域,而且也是未来学习研究应当重点关注、亟待深入探讨的关键问题。

五、为搏先机,未来学习研究刻不容缓

回到本节开篇提到的观点——知识和学习能够重新塑造人类和地球的未来。面对颠覆性的人工智能、复杂的大变局时代、崛起的α世代,以及日渐式微的传统教育模式,为了更好地适应未来世界的变化和发展,在激烈的国际科技竞争与人才竞争中搏得先机,我们迫切需要对"未来学习"开展系统深入的研究。

所谓"未来学习",一方面是"未来的学习",即探究未来社会和教育所需要的学习范式;另一方面,则是"学习向未来",即学习是为了未来,包括学习如何迎接未来、如何在与过去及当下的联结中创造未来。[37]因此,其中的"未来"既是方向和目标,指向未来"如何学",也是素养与能力,指向未来"学什么"。

研究未来"如何学",实际上是要探讨在未来的技术与社会背景下,如何更加

科学、更加有效甚至更加愉悦地学习。从学习者这一核心要素出发,从学习组织构成的角度来看,智能时代的学习方式可以分为四种类型:自主—定制学习、社群—互动学习、人机—协同学习,以及多人机—多元学习。[38]从学习者作为"关系主体"的角度来看,智能时代的学习者应充分发挥技术赋能学习的作用——运用技术反馈突破主体认知局限,利用技术升级提高主体行动意愿,采用技术预测实现主体智慧选择。[39]从学与教的范式转变来看,智能时代的未来学习新范式表现为:学习即人机交互,学习即跨界穿梭,学习即创造接口,学习即深度交融,学习即双向赋能。[37]为了实现未来学习的范式革命,需要促成学习环境的生态革命、学习理论的"去中心化"革命、学习资源的传递革命、学习体系的交互革命、学习主体的自主革命。[28]

研究未来"学什么",一方面是要探讨人类需要重点发展哪些人工智能根本无法实现的人类智能,才能更好地"立足于未来世界";另一方面则是要探讨未来社会的可持续发展需要人类具备哪些素养,从而"创造更好的未来世界"。

对于前者,世界人工智能教育学会会长、英国伦敦大学学院教育学院教授罗斯玛丽·卢金(Rosemary Luckin)指出,除了"学术智能"和"社交智能"等通用智能外,更重要的是一系列"元智能",即能够帮助人类更好地了解自己的智能要素,包括"元认识智能"(关于对知识及其意义和形成过程的认识的智能),"元认知智能"(对自己的思维、自己知道什么以及不知道什么的认知的智能),"元主观智能"(对自己的情绪、动机和人际关系的理解的智能),"元情境智能"(把握自己的身体与周围环境相互作用的方式的智能)以及"自我效能感"(对自己如何行动的认知以及控制自己行为方式的能力)共五类。[40]

对于后者,首先"学习胜任力"应是在充满不确定性的未来中促进学习者自由全面且可持续发展的核心能力,总体上分为认知胜任力、元认知胜任力和态度胜任力。具体包括:由学习建构力、学习迁移力和学习内动力构成的"会学"综合能力,由学习自觉力、学习自主力和学习共为力构成的"善学"综合能力,以及由学习理念力、学习情感力和学习品质力构成的"志学"综合能力。[41]其次,对于未来技术与社会的治理能力,也是创造美好未来世界的必备能力。为了促进"善治"与"善智"的相互建构,从而迎接新的发展阶段、提供新的发展动力、解决新的社会矛盾、构建新的世界秩序,必须构筑高质量发展能力、改革创新能力、社会治理能力、数字治理能力、全球治理能力。[42]

无论是未来"如何学",还是未来"学什么",都是当下刻不容缓的研究课题,都是利在千秋的长远大计,因此也都是未来学习研究必须回答的"时代之问"。

第二节 ‖ 构建聚焦学习的研究体系

为什么要强调"未来学习研究"而非"未来教育研究"或"未来教学研究"?这是本节内容试图解答的问题。在世界各国积极推进教育现代化的背景下,"重教轻学"的教育传统依然盛行。学生往往是"被教会",而不是自己学会,甚至并不会学。我们已经对"如何教"的研究赋予了高度关注、倾注了大量资源,然而常见的结果却是:教师越教,学生越不会学,也不爱学。为何如此?路在何方?为了解答这一疑惑,本节将概述现有"教研"的历史贡献与时代挑战,指出"学研"的现实需求,并展望"教研"与"学研"互为补充、相互促进的未来趋势,以期为未来学习研究奠定必要性基础。

一、"教研"的历史贡献与时代挑战

我国的教研体系发展至今已有近70年的历史。1955年11月,时为教育部机关刊物的《人民教育》发表了题为《各省市教育厅局必须加强教学研究工作》的文章,被认为是我国第一个比较规范和系统的专门性教研工作文件。20世纪50年代中期以来,我国省、市(地)、县(区)三级教研体系已逐渐成熟。1990年6月,国家教委出台了《国家教委关于改进和加强教学研究室工作的若干意见》,指出"省、地(市)、县(区)都要设立教学研究室",首次以文件的形式确定了三级教研体系。2019年11月,教育部印发《教育部关于加强和改进新时代基础教育教研工作的意见》,明确提出"进一步完善国家、省、市、县、校五级教研工作体系……形成以教育行政部门为主导、教研机构为主体、中小学校为基地、相关单位通力协作的教研工作新格局"。[43][44]

行政的"助手"地位与业务的"指导"功能,是中国教研体系的定位与定性。[45]在上述教研体系之下,教师既是教学责任人,也是课程参与主体;教研员既是行政的助手,也是课程领导者;市、县教研是"自上而下"与"自下而上"的联动处。[44]进入21世纪,尤其是在课程改革深化阶段,我国的教研员在角色上转变为关键领域变革的引领者、课程建设的引领者、新时代教师队伍建设的组织者,以及义务教育均衡发展的服务者,[46]并在新课程的推进与实施、新课改教学实验的组织、教学质量监测评价制度的建立、偏远地区教学指导工作等方面作出了巨大贡献。[47]

与此同时,我国的教研工作在发展过程中也逐渐暴露出一些问题。从教育行政的角度来看,由于对党政体制的结构背景认识不清,更多是从单一行政的角度加以理解,教研在行政的"助手"地位与业务的"指导"功能的定位与定性上常常发生偏失。[45]行政主导的教研体系运行机制、功利化的评价制度导致的"非自愿性"和"低效性",则影响了教师参与的自觉性、积极性和主动性。[48][49]从基层实践的角度来看,教研过程"形式化"、教研内容"碎片化"、教研方式"大众化"、教研制度"无序化",以及教研引领"表层化",导致了教研低效甚至无效。从教研主体的角度来看,教师的内在需求并未引起应有的重视,教师的参与意识有待提高,参与热情有待激发,教研过程有待做真做实,研究素养有待提升。[50]

之所以会出现上述问题,一大原因在于长期以来课程改革基本上是以"自上而下"的方式进行推动的,哪怕在"新课程与新教材如何落实"以及该过程中"课堂教学如何设计与实施"这些方面,落实到课堂教学的"最后一公里",仍然侧重的是

"如何改变教师的教学行为"。因此,教研的研究重点自然而然地聚焦在"教师如何教",甚至可以说,这难免造成自上而下的行政"推力"过大,以及自下而上的"内需"不足、从内到外的"生态"不佳。要想突破教研的局限,还得从"研"的对象、内容和重心等方面的调整入手。

二、"学研"的现实需求与体系构建

学习先发生,教育才产生。正如著名教育家陶行知先生所言:"先生的责任不在教,而在教学生学。教的法子必须根据学的法子。"因此,基础教育领域应将研究视角从单一地关注"教师如何会教",转变为同时关注"学生如何会学"。

研究学习如何发生,学生如何学会学习并且乐学爱学,是教育永恒的核心命题。早在上个世纪末,联合国教科文组织在《教育——财富蕴藏其中》报告中就提出教育和生活的五大支柱:学会认知、学会做事、学会共同生活、学会生存与学会改变。自此,全球范围内展开了轰轰烈烈的 21 世纪终身学习和全民教育视域下的核心素养研究及教育变革。聚焦学习者的学习,成为世界各国教育改革与政策探讨的价值共识。

然而,相对于发展成熟的"教研"体系,我国的"学研"体系还较为薄弱。在现有的五级教研体系中,很少有聚焦于"学研"的专业机构或专管部门,而校本化的"学研"行动则多数缺乏科学性和影响力。虽然也有高校专注于学习科学等领域的研究,但因为"进入现场的困难"等问题,许多研究成果难以贴近一线教与学的实际。面对智能时代的学习范式革命,针对学习的元认知问题,包括"学什么""怎么学"以及"怎么评"等,[35]目前还缺乏来自"学研"体系的长期性、系统性研究。

为把握"学习为基点"的世界基础教育改革趋势,积极迈向《中国教育现代化2035》所提出的"实现教育现代化,迈入教育强国行列"的战略目标,需要形成以"学习研究"为中心的基础教育行动框架与实践体系。所谓"学研",是"以学生为中心"及"以学习为中心"的教育理念在教科研领域的具体实践,涉及从研究对象、研究内容到研究重心的全面调整。相对于"教研"而言,"学研"的研究对象从教学转变为学习,研究内容从教法转变为学法,研究问题从教的问题转变为学的问题,教师从教的专家转变为学的专家。[51]而"学研"体系中的教学,则是倡导"把课堂的时空留给学生,把合作的方法教给学生,把探究的情趣带给学生,让学生成为快乐学习的主人"。[52]这样的研究转向,有助于引导教师关注学生需求而非行政任务,关注学习成效而非考核绩效,因此将有效突破"教研"的局限,激发教师参与研究的内需与原动力,提升教师开展研究的主动性和积极性,使基层教育改革的面貌焕然一新。

三、"教研·学研"相互促进的未来趋势

未来,"教的研究"与"学的研究"两者的相互补充,将成为基础教育研究与实践体系的发展趋势与必然要求。从理论与实践两个方面来看,"教研"与"学研"之间的相互促进既具有必要性,又具有优势性。

从理论上看,"学"与"教"的关系本就是相互依存、相互促进的。学是教的核心目标和成效体现,教是学的重要引导和促进手段。当然,两者在行为主体、目的侧重、作用形式等方面也存在区别。联合国教科文组织在2015年发布的《反思教育:向"全球共同利益"的理念转变?》报告中,阐述了知识、学习与教育之间的关系:"知识"是通过学习获得的信息、理解、技能、价值观和态度;"学习"是获得知识的过程以及这个过程的结果,既是手段也是目的,既是个人行为也是集体努力;"教育"则是有计划、有意识、有目的和有组织的学习。根据上海师范大学袁雯校长的观点,我们可以从"教育强国"与"学习型大国"的角度理解教育与学习的关系:"教育强国"关注教育本身,关注人力资源的质量,强调人才的适配性,更多关注学历教育体系的高水平与高效能;"学习型大国"则关注学习者,强调学习者的全面和终身发展,旨在提高国民追求美好生活的能力,更多关注学习机会的开放、

包容、便捷与适需;两者的融合意在使学历教育与非学历的学习方式衔接紧密,两者的目标都是实现中国式现代化、实现人民对美好生活的追求。[53]

从实践上看,"教研"与"学研"相结合有助于两者实践优势的倍增。一方面,在我国的教育管理体制下,已经发展成熟的"教研"体系具有无可比拟的"治理优势",能够运用政治与行政相结合的治理理性,[45]动员最广泛的基层参与力量,高效汇集和调动教育发展所需的资源。另一方面,在新理念、新方法、新技术的加持下,"学研"新机制将激发"创新活力",不仅能让教师聚焦实践中的真问题、学生的真需求,而且能够调动"政产学研用"各界围绕"学习"或"学习者"这一中心开展跨学科、跨领域、跨国界的研究。总的来看,"教研"和"学研"都是关系教育质量的大事。在现有"教研"相当成熟的基础上,探索并建立基础教育阶段的"学研"工作体系非常有必要且有前瞻性。"教研"和"学研"两者并重的体系,将使两者的优势充分结合并产生倍增效应,为未来教育与未来学习的发展注入新的活力。

第三节 ‖ 创新未来学习的研究范式

未来学习研究与以往的学习研究有何区别?这是我们在推广和开展未来学习研究前就必须明确的核心理念与行动取向。要回答这一问题,需要明确:我们倡导的未来学习研究相比于未来学范式下的学习研究有何突破?未来"学"的研究相比于"教"的研究有何不同?未来学习研究相比于传统学习研究有何创新?本节将围绕上述三个具体问题展开讨论。

一、超越"未来学"研究:兼顾问题导向与未来指向的研究选题

提起未来学习研究,人们难免会联想到未来学的相关研究,将未来学习研究

与"预测""展望"等动词联系到一起。诚然,我们倡导的未来学习研究也包含对未来学习发展趋势的预测与展望,但相对于未来学范式下的学习研究而言,在研究选题上具有显著的突破。

未来学这一概念最早由德国学者奥西普·弗莱希特海姆(Ossip Flechtheim)在1943年提出,[54]被定义为一门研究未来发展的学科,旨在通过科学的方法预测和分析未来可能发生的变化。[55]未来学的主要研究内容包括但不限于社会预测、科学预测、技术预测、经济预测、军事预测、环境问题预测等,[56]不仅关注技术进步对社会的影响,还关注人类行为、文化、政治体制等多方面的发展。从研究类型来看,未来学大致可划分为理论未来学和应用未来学两大类。[57]其中,前者着重于分析、比较、归纳、整理、综合各种预测结果或未来研究成果,以定性方法为主;后者则重在为特定的规划、计划、管理、决策、发展战略等工作提供依据,定量方法更为常用。未来学中常用的研究方法包括:德尔菲法、形态分析法、类推法、关联树法、交互影响矩阵分析、时间序列分析、回归分析、系统动态分析,等等。

而本书所倡导的未来学习研究与未来学范式下的学习研究的不同之处在于,未来学习研究的研究选题具有兼顾"问题导向"与"未来指向"的特征。"问题导向"是指研究围绕当前基础教育面临的实际问题、挑战或需求,直面基础教育改革与发展中的热点、难点或痛点,具有明确的实践意义和改革价值;"未来指向"是指研究方向与实践方案具有前瞻性,能够预见并适应未来科技进步、社会发展,以及人才培养的需求变化,引领教育发展的方向。也就是说,未来学习研究不仅要构建愿景,也要批判现实;不仅要预测未来走向,也要解决当下问题;不仅要关注"未来的学习",也要关注"学习向未来"。实际上,研究聚焦"未来",既蕴含着对当今教育体系诸多问题的反思与批判,也表达了对更加理想的教育样态的主动谋划;[58]对传统教育的批判与反思,暗含着推动教育系统持续变革的内在动力与建设性功能。[59]因此,突破纯粹的"预测"之举,兼顾对当下与未来、现实与理想的观照,是本书所倡导的未来学习研究得以超越未来学范式下的学习研究的显著特征。

二、超越"教的研究":基于学习科学的未来学习研究

未来学习研究不同于传统的教育研究或教学研究,而是基于学习科学,聚焦于"学习"的研究。基于学习科学的未来学习研究,相比关注"教师如何教",更加关注"学生如何学",在研究重点上真正做到以学生为中心、以学习为中心。而学习科学的指导,使得未来学习研究能够突破以往社会科学研究范式下教育研究或教学研究的局限,汇聚多学科方法的力量,提高对学习的科学性认识。

学习科学是多学科交叉的研究领域,着眼于从不同的人及其所处的不同场景来揭示人类学习的复杂机制,以建立关于"人是如何学习的"的系统知识体系。[60] 学习科学借鉴建构主义、认知科学、信息技术、社会文化研究、知识工作等相关领域的研究成果,汇集和整合关于脑的研究和内隐学习、非正式学习、正式学习等对于学习的已有研究,采用多种现场研究的方法,对不同情境脉络中的学习发生机制进行分析和探索,提出若干关于学习的新观点,并通过创新性项目的实践和基于设计的研究,创设新型学习环境,革新学习实践。[61]

认识学习科学,需要明确以下几点:第一,学习科学是一个松散的、正在发展中的跨学科领域,涉及认知科学、教育心理学、计算机科学、信息科学、生物医学工程、人类学、社会学、教育学等众多研究领域。第二,学习科学不仅研究正规的学校情境中的教与学,还研究非正规学习。立足真实情境是学习科学区别于以往在实验室中开展的学习研究的突出特征。第三,学习科学不仅重视对真实情境中学习的理解,还强调通过设计对学习进行干预。因此,它既包括一般意义上对学习的科学研究,也包括对学习的设计与开发。[62] 此外,目前学习科学的发展迎来了第二次重大转折,即教育与认知神经科学的崛起,研究者们正致力于整合对大脑、心理与经验的探索,将学习研究的微观、中观和宏观"三个世界"统一起来。

基于学习科学,未来学习研究可以更加科学地认识学习的过程与机制。《人是如何学习的Ⅱ:学习者、境脉与文化》中指出,学习有不同的类型,过程复杂多样;学习是学习者不断协调统筹多种类型学习的过程;知识的发展是个整合的过

程;主动学习机制对成功学习非常关键。[63]这些观点有别于传统教育研究或教学研究对于"教育过程"或"教学过程"的认识,是真正以学习者为中心所得出的科学规律,因此能够为教育工作者提供切实有用的行动建议。除此之外,学习科学还对学习类型、学习动机及学习技术等进行了深入的研究,能够从多方面打开学生学习过程的"黑箱",帮助教育工作者更好地认识学习的机制,助力学生更加科学有效地学习。

基于学习科学,未来学习研究可以创新研究方法、丰富研究技术"工具箱"。自20世纪80年代以来,学习科学在方法论上取得了三大主要突破,分别是:以基于设计的研究为代表的新基本框架,以会话分析为代表的新研究方法,以复杂性科学为代表的新思维模式。[64]近年来,随着互联网、大数据、人工智能的发展,学习科学领域也采用了许多新方法和新技术,例如多模态学习分析技术、复杂网络分析技术、认知网络分析方法、支持在线学习知识建构特征与模式可视化的方法和工具,等等。[65]未来学习研究将充分利用这些新方法和新技术来开拓新领域、取得新成果。

基于学习科学,未来学习研究将进一步聚焦智能时代未来学习者的发展及其学习支持等研究内容。未来,学习科学将重点关注"婴幼儿、儿童、青少年的认知与学习的神经机制、影响因素及培养策略研究""基于课堂教学的对话分析、师生互动、学习评价等学习分析研究""基于模拟、仿真、游戏、VR/AR等新技术的认知工具设计研究""智慧学习环境设计研究""在线学习和混合式学习研究"等研究议题。[66]这些议题同时也是本书所倡导的未来学习研究的重点关注课题。除此之外,未来学习研究还将借助学习科学的研究视角、理论基础及方法技术,以未来学习样态的研究为起点,在未来课堂新结构、未来课程新形态、未来环境新生态、未来评价新模式、未来教师新素养、未来学校新图景等实践领域开展富有意义的探索。

三、超越"传统学习研究":基于计算教育学的研究范式

回顾历史,教育科学发展经历了三个阶段:一是基于学说、凭感觉的经验教育

学阶段,二是基于脑科学、心理学等学科的实验教育学阶段,三是基于专家知识、大数据和机器学习的计算教育学阶段。[67]这三个阶段,同时也代表了三种不同的研究范式,传统的学习研究以前两个阶段的研究范式为主。

经验教育学以个人经验和直观感受为主要依据来研究教育问题,研究方法涵盖了观察、实验、统计分析、案例研究等。其特点在于经验性、直观性、个人主义倾向和实用性。研究者通过直接观察教育现象并总结经验,力图揭示教育的内在规律和有效方法,以此引导教育实践。这种研究范式不仅为教育学研究积累了宝贵的实践经验,而且为教育学的进一步理论化和系统化发展奠定了坚实的基础。

实验教育学以脑科学、心理学等学科作为研究基础。其中脑科学的研究成果,如神经可塑性、神经网络的形成与调整等,为教育学提供了更为可靠的实证依据。针对学习者心理特征、学习动机、学习策略等的研究,有助于解释学习过程的内在机制。心理学的实验方法通过更加精确地控制变量,可以用于探究教育干预的效果以及影响学习效果的因素。实验教育学研究范式的形成,标志着教育学研究方法的成熟与深化,同时也为教育实践提供了更为科学的理论指导。

计算教育学的发展,正在推动未来学习研究实现研究范式上的新突破。计算教育学是通过技术赋能,基于数据密集型的研究范式,解释信息时代的教育活动与问题,揭示教育复杂系统内在机制与运行规律的新兴交叉学科。[68]计算教育学的学科基础包含了多个学科不同程度的交叉,涉及教育学、信息科学、数学、心理学、脑科学等众多学科,这些学科的基本理论与方法技术为计算教育学研究提供了新的视角、方法与经验。[68]计算教育学也是一种新兴的教育研究范式,它以大数据为研究对象,以算力为支持,以复杂计算为主要研究方法,以实践创新为基础,以解决教育问题、揭示教学规律、构建教育理论为目标,具有鲜明的跨学科和综合性的特征。[69]计算教育学的研究范式具有以下突出特征:一是得益于体量庞大的数据,相较于精度,研究中更追求从宏观层面对数据进行洞察;二是研究的起点是"基于数据"而非"基于假设"的,强调让数据"开口说话";三是在数据收集上倾向于获取"即时数据"。[70]因此,采用基于计算教育学的研究范式,使得未来学习研究有别于传统的学习研究,更有利于推动未来学习走向精准、走向科学、走向个性、走向效能。[71]

第四节 未来学习研究的全球图景

本节对当前较有影响力的国际报告中有关未来学习的重要观点进行了梳理,对全球主要国家的未来学习研究与实践进展进行了盘点,并对我国促进未来学习研究与发展的战略与行动进行了概述,旨在为广大教育工作者擘画未来学习研究的全球图景,提供未来学习研究的思考方向和行动指南。

一、全球视角

关于未来学习研究与发展,国际上具有深远影响力的机构,如联合国教科文组织(UNESCO)、经济合作与发展组织(OECD,简称经合组织)、世界经济论坛等,均发布了具有里程碑意义的报告。这些报告不仅展现了全球教育发展的脉络,而且对时代产生了深刻影响,为未来学习研究提供了宝贵的全球视野。通过这些报告,我们得以洞察未来学习的趋势,了解教育在全球范围内的转型和创新进展。纵观这些报告,可以发现以下几个重要的关注点:

1. 面向未来,教育必须改变

1972年,联合国教科文组织发布《学会生存:教育世界的今天和明天》报告,其中强调"归根到底,教育必须培养人类去适应变化,这正是我们时代的显著特征"。这是教育领域第一次提出"教育要面向未来社会而不是传统社会培养人才",即所谓的"教育预见"。与此相对应,报告提出贯穿其始终的核心理念——"终身教育""完人教育"以及"教育民主"。

经合组织自 2008 年开始,每三年发布一次《塑造教育的趋势》报告,预测经济、社会、科技等领域的发展趋势对教育造成的影响,勾勒未来教育的发展图景。迄今为止发布的 6 份报告中,全球化、老龄化、信息技术的发展、职场的变化是共同的关注点。最新发布的 2022 年版报告强调:未来教育不再仅仅是技术驱动下的教育演变。因此,报告分别从经济增长、工作与生活、知识与权力、身份和归属以及变化着的世界五个维度,对教育在当前和今后的演变趋势进行了研判。

2019 年,联合国教科文组织成立了"教育的未来"国际委员会,提出"教育的未来"倡议,旨在重新想象知识和学习如何能够塑造人类和地球的未来。该倡议纳入了广泛的公众和专家参与,旨在促进全球辩论,讨论在一个日益复杂、不确定和脆弱的世界中,应当如何重新思考教育。

2021 年,联合国教科文组织发布《一起重新构想我们的未来:为教育打造新的社会契约》,强调变革教育方式的紧迫性。报告指出,"我们迫切需要改变方向,因为人类的未来取决于地球的未来,而这两者目前都处于危险之中……我们面临的某些困难源于我们的教育方式。"基于上述思考,报告提出建立一项新的教育社会契约,一份旨在重建我们与彼此、与地球、与技术之间关系的社会契约——它以人们有权接受终身优质教育为基础,将教与学视为人们共同的社会事业和共同利益。报告同时呼吁各国政府、社会各界、学校内外都树立起契约精神,开展公共对话和集体行动,为教育的未来、人类的未来作出更大努力。

2. 适应未来,学生需要学什么

1996 年,联合国教科文组织发布《教育——财富蕴藏其中》,凸显教育"以学为本"的理念,提出了学习的四大支柱:一是"学会认知",即掌握如何学习,不只是获得具体的知识,还要能够独立思考判断;二是"学会做事",即掌握必备技能,具有能够妥善应对环境、工作、场合的变化与转换和不可预知处境的合作能力;三是"学会共处",能够与他人一起参加所有活动并进行合作;四是"学会生存",充分发挥主体性、判断力、责任担当及创造力,并使之实现最大化。2003 年,联合国教科文组织在此基础上,又提出了第五个"学会",即"学会改变",强调个体不仅要学会接受及适应改变,也要展开行动成为积极改变的主体,甚至应主动引领改变以促进人类的发展。

2020年,世界经济论坛发布《未来学校:为第四次工业革命定义新的教育模式》,提出了教育4.0全球框架,旨在培养年轻一代学习者难以被现代技术取代的独特技能。这些重要的技能包括:全球公民技能(global citizenship skills)、创新创造技能(innovation and creativity skills)、技术技能(technology skills)和人际关系技能(interpersonal skills)。这些技能都是在第四次工业革命影响下未来社会所需的通用技能,我们需要帮助学生掌握这些技能,才能使他们为未来的工作与生活做好准备。

3. 未来学校,学生如何学

《未来学校:为第四次工业革命定义新的教育模式》报告所提出的教育4.0全球框架同时也提到,为使年轻一代学习者掌握那些难以被现代技术取代的独特技能,需通过创新教学法来改变他们的学习经历(learning experiences),并倡导个性化和自定进度的学习(personalized and self-paced learning)、无障碍和包容性的学习(accessible and inclusive learning)、基于问题和协作的学习(problem-based and collaborative learning)以及终身和以学生为导向的学习(lifelong and student-driven learning)。

2020年,经合组织出版了《回到教育的未来:经合组织关于学校教育的四种图景》,以多元的思维和视角对未来学校教育进行了描绘与想象,设想了四种可能的图景(scenarios),包括:学校教育扩展(schooling extended)、教育外包(education outsourced)、学校作为学习中心(schools as learning hubs),以及无边界学习(learn-as-you-go)。这些未来学校教育图景对未来学校形态及未来学习样态的发展进行了预测,为当下未来学习的研究与实践提供了方向性指引。

4. 未来学习,技术应有何为

2019年,联合国教科文组织发布了《北京共识——人工智能与教育》,这是联合国教科文组织首个为利用人工智能技术实现2030年教育议程提供指导和建议的重要文件。文件强调,通过人工智能与教育的系统融合,全面创新教育、教学和学习方式,并利用人工智能加快建设开放灵活的教育体系,确保全民享有公平、适合每个人且优质的终身学习机会。

也有国际报告关注对技术应用的反思,例如《2023 年全球教育监测报告:技术运用于教育:谁来做主?》针对人工智能等数字技术对教育领域的影响,审视了技术的应用是否有助于解决教育中最重要的三个问题——公平与包容、教育质量、效率。此外,报告还指出,要理解有关教育技术的讨论,有必要审视被用来推广教育技术的语言背后的隐藏因素,以及教育技术所服务的利益。这些洞见有助于世界范围内的教育工作者进一步认识技术应用于未来学习的过程中应当规避的风险。

二、国际行动

在新一轮科技与产业革命的作用下,世界各国对于科技和人才的竞争空前激烈。为了能在世界格局演变中行稳致远,各国陆续出台了着眼于未来的人才培养规划和教育发展战略,并根据本国特点开展了未来学习与未来学校的探索和实验项目。

1. 美国的"未来学校"

美国在 2006 年成立了全球首家以"未来学校"命名的教育机构,这所学校以其创新的教学模式和前沿技术的融合而著称。该校由费城学区与微软公司合作建立,政府负责提供资金支持,而微软公司则负责提供学校的设计概念、教育指导、信息化课程体系及技术支持。该校的教育目标是为学生的未来职业生涯和个人生活做好全面准备。学习方式方面,学生利用网络和现代移动设备,突破时间和空间的传统界限,实现灵活的学习安排;课程内容强调将学习与现实生活紧密结合,重点培养学生的分析问题和解决问题的能力。学习支持方面,学校以 21 世纪技能为基础,通过定制化的学习计划,鼓励学生自主管理学习进程。学校提供一对一的学习支持,包括校长、教师以及微软公司的教育技术专家在内的多方人员参与教学活动。此外,学校为每位学生配备笔记本电脑,通过在线互动教学法,充分挖掘学生的潜力。

2. 新加坡的"智慧国"计划

2006 年,新加坡信息通信发展管理局与教育部联合启动了为期十年的"智慧国 2015"项目。在教育领域,该项目具体体现为"未来学校"计划,其目标在于激励学校充分利用高科技信息通信技术,拓展教学和学习的广度与深度,为学生提供高效能的学习体验,并提升学习成效,进而不断提高学生的技能,以应对未来挑战。该计划采取试点校的方式,自上而下逐步推广。2007 年,新加坡教育部甄选了首批 5 所"未来学校"进行试点,随后逐步增加其他学校,到 2015 年共建立了 15 所"未来学校"。这些学校作为信息技术应用于教育、创新课程和教学的示范窗口,各自展开了具有学校特色的未来教育模式实践探索,以满足不同学习者的个性化学习需求。2014 年,在成功完成 2006 年制定的"智慧国 2015"计划后,新加坡进一步提出了"智慧国 2025"计划。该规划是对前十年计划的完善与升级,标志着新加坡成为全球首个勾勒"智慧国"蓝图并致力于建成"智慧国"的国家。

3. 欧盟的"未来教室实验室"

2012 年 1 月,欧洲学校联盟在布鲁塞尔启动了"未来教室实验室"项目,该项目旨在为欧盟 30 国教育部的信息技术决策者提供决策支持。其核心职能包括展示未来教室的教学技术与方法、提供教师培训及持续专业发展课程等。实验室由六个功能区组成:互动区、展示区、探究区、创造区、交流区和非正式学习区。其中,探究区致力于开展探究式学习和项目式学习,以培养学生的批判性思维和问题解决能力。创造区鼓励学生规划、设计并制作个人作品,通过实际的知识创造活动进行学习。展示区的主要职能是促进学习成果的分享与交流,让学生与更广泛的受众互动,利用多种工具和技能展示作品并获取反馈。互动区利用技术提升传统学习空间的互动性和学生参与度,通过个人设备如平板电脑和智能手机、交互式电子白板和互动学习内容,促进全体学生的积极参与。交流区的主要职能是促进交流,包括面对面和同步交流,以及在线和非同步的同伴合作。非正式学习区通过营造轻松的环境,为学生提供非正式学习和自我反思的空间。

4. 日本的"超级高中"和"社会5.0"计划

2014年,日本秉承"教育信息化愿景",启动了"超级高中"建设项目,旨在培育具有国际视野的高科技人才。该项目计划在日本国内建立200所超级科学高中作为示范性研究基地,通过构建云技术教育信息化平台,推动"超级高中"的发展,并以此带动日本基础教育的全面改革。

2016年,日本政府提出了"社会5.0"概念,这是指一个虚拟空间与现实空间高度融合的社会系统,旨在通过这种新的社会形态实现经济发展和社会问题的解决,以人为中心。

到了2021年,日本进一步明确了"社会5.0"的愿景,特别强调教育的数字化转型,并系统性推进STEM教育。当前日本的教育改革,目标是通过信息教育提升学生的学习力和适应"社会5.0"时代的生活力,将信息素养、语言能力、问题发现与解决能力作为学生必备的三大核心能力。为配合这一改革,日本政府推出了旨在改善学校信息化基础设施的"五年计划"(2018—2022年),该计划强调利用人工智能等先进技术,构建"社会5.0"时代的学校信息化环境,以提高学生的信息素养,促进个性化学习,并培养学生的合作意识以及问题发现与解决能力。

5. 印度的"数字印度"战略

在当前全球数字化浪潮中,印度以其迅猛的数字化进程领先于众多国家和地区,尤其在数字工程师的培养方面表现突出,为全球产业数字化发展贡献了大量人才。据相关调查,硅谷超过30%的工程师以及7%的高科技企业CEO为印度裔。

2015年,莫迪政府启动了"数字印度"战略,目标是通过数字基础设施建设、数字化政府服务和公民数字教育三个维度,推动印度向数字赋能的社会和知识经济体转型。在高等教育层面,印度政府与IT行业及印度软件和服务业组织合作,积极构建"数字人才库",包括增加数字人才培训投入、促进政产学研合作培养模式、增设数据科学与大数据分析等学位课程。

在基础教育层面,印度广泛实施了"智慧教室"计划,将平板电脑、笔记本电脑、虚拟现实技术、互联网和交互式投影仪等现代技术和设备引入课堂,显著改变了教师的教学方法和学生的学习方式,从而逐步实现数字学习。印度国家教育研究与培训委员会(NCERT)响应政府人力资源发展部(MHRD)的倡议,开发了一系列教育电子资源,包括教科书、音频、视频和期刊等,并将其展示和传播于印度中央教育技术研究所(CIET)官网首页,为全国提供在线教育服务。

6. 澳大利亚的"数字经济战略2030"

澳大利亚政府在2021年发布了《数字经济战略2030》,旨在实现到2030年将澳大利亚建设成为领先的数字经济体和社会的宏伟目标。在此背景下,澳大利亚的教育信息化进程显著加快。澳大利亚首都领地于同年推出了"未来教育战略"的第二阶段计划,该计划致力于支持学校采用现代化、基于证据的、以学生为中心的教学方法,以推进学习进程。该战略确保了数据的可获得性,以便定制教育产品满足学习需求,并支持教师进行卓越教学。

南澳大利亚随后推出了"数字化战略"(2022—2025年),该战略旨在利用数字技术为K-12阶段的学生提供世界一流的教育,助力青少年在数字世界中健康成长。该战略描绘的未来教育蓝图包括:实施数字化教学,确保所有学习者都能获得优质的数字学习体验;增强各级学校的数据能力并持续改进;确保所有教育工作者具备必要的技术和数字能力,以提供世界一流的服务、计划和政策。这些举措共同推动了澳大利亚教育的数字化转型,为培养适应未来社会需求的人才奠定了基础。

7. 英国的"充分释放教育技术的潜能"政策

2019年4月,英国教育部发布了《充分释放教育技术的潜能》政策文件,该文件明确了教育技术发展的当前和未来愿景,并设定了以下目标:支持教育部门开发和整合技术,旨在提升效率、消除教育障碍,并最终促进教育成果的提高,同时支持教育科技业务部门的活力发展。为实现这些目标,英国推出了"教育技术变革框架"(EdTech Framework for Change),该框架分为三个阶段实施:首先,明确中小学在教学、管理、评估及教师专业发展等信息技术领域的愿景;其次,通过加强教育信息基础设施建设、提升师生数字技能、确保数据安全和完善政府服务采购等措施,消除技术和制度障碍,充分发挥技术效能;最后,深化教育数字技术的应用,推动教育信息化的有序演进,加速教育创新步伐。

三、中国探索

为实现基础教育高质量发展,以教育强国建设支撑引领中国式现代化,为百年未有之大变局提供建设性的正能量,我国坚持教育、科技、人才一体化发展,牢牢把握教育的政治属性、战略属性和民生属性,为未来教育的发展谋划了一系列的战略部署,并针对未来学习的发展开展一系列的研究探索。

1. 未来教育的战略部署

在顶层设计方面,2019年,中共中央、国务院印发《中国教育现代化2035》,提出到2035年,总体实现教育现代化,迈入教育强国行列,推动我国成为学习大国、人力资源强国和人才强国。到2035年,要发展中国特色世界先进水平的优质教育,构建德智体美劳全面培养的教育体系和科学的评价体系,形成高水平人才培养体系。为此,需要创新人才培养方式,深化教学改革,推行启发式、探究式、参与式、合作式等教学方式以及走班制、选课制等教学组织模式,促进学生主动把学习、观察、实践同思考紧密结合起来,保护和激发学生的好奇心和学习兴趣,注重对学生创新精神与实践能力的培养。同年,《加快推进教育现代化实施方案(2018—2022年)》提出了推进教育现代化的十项重点任务。其中包括大力推进教育信息化,着力构建基于信息技术的新型教育教学模式、教育服务供给方式以及教育治理新模式,促进信息技术与教育教学深度融合,支持学校充分利用信息技术开展人才培养模式和教学方法改革。鉴于教育评价事关教育发展方向,2020

年,中共中央、国务院印发《深化新时代教育评价改革总体方案》,提出系统推进教育评价改革,发展素质教育,引导全党全社会树立科学的教育发展观、人才成长观、选人用人观,推动构建服务全民终身学习的教育体系。为此,方案对改革学校评价、改革教师评价、改革学生评价提出了明确的要求。2022年,党的二十大报告中指出,教育、科技、人才是全面建设社会主义现代化国家的基础性、战略性支撑,其中教育摆在首位。要加快建设高质量教育体系,以教育评价改革为牵引,统筹推进育人方式、办学模式、管理体制、保障机制改革,激发教育活力,提升各级各类学校育人质量。

针对基础教育领域,2019年,中共中央、国务院印发《关于深化教育教学改革全面提高义务教育质量的意见》,对深化教育教学改革、全面提高义务教育质量提出了六大方面的意见。其中强调:坚持"五育"并举,全面发展素质教育,强化课堂主阵地作用,切实提高课堂教学质量。为此,应优化教学方式,注重启发式、互动式、探究式教学,引导学生主动思考、积极提问、自主探究;融合运用传统与现代技术手段,重视情境教学;探索基于学科的课程综合化教学,开展研究型、项目化、合作式学习。同年,国务院办公厅印发《关于新时代推进普通高中育人方式改革的指导意见》,为统筹推进普通高中新课程改革和高考综合改革、全面提高普通高中教育质量明确了改革目标,并提出了构建全面培养体系、优化课程实施、创新教学组织管理、加强学生发展指导、完善考试和招生制度、强化师资和条件保障等重点任务。为深化课堂教学改革,需积极探索基于情境、问题导向的互动式、启发式、探究式、体验式等课堂教学,注重加强课题研究、项目设计、研究性学习等跨学科综合性教学,认真开展验证性实验和探究性实验教学,推进信息技术与教育教学深度融合,加强教学研究和指导。2023年,教育部办公厅印发《基础教育课程教学改革深化行动方案》,强调深化课程教学改革,加强机制创新,指导、发动各地和学校深化育人关键环节和重点领域改革,更新教育理念,转变育人方式,坚决扭转片面应试教育倾向,切实提高育人水平,促进学生德智体美劳全面发展。为此,该行动方案提出五大重点任务,包括:课程方案转化落地规划行动、教学方式变革行动、科学素养提升行动、教学评价牵引行动,以及专业支撑与数字赋能行动。

2. 未来学习的研究探索

未来已来。为应对时代挑战、落实国家战略,我国教育领域的不同主体也对未来学习开展了前瞻性规划和创造性实践。有关未来学校、未来教育和未来学习的研究与探索如火如荼,尽管切入点和侧重点各不相同,但都对未来"学什么"及"如何学"开展了相关的探讨。

探索未来学校新图景,中国教育科学研究院启动"中国未来学校创新计划"。中国教育科学研究院于2013年启动"中国未来学校创新计划",并于2014年成立未来学校实验室,致力于探索未来学校的发展模式,旨在为学校创新提供理论支撑和实践指导。该实验室专注于K12教育领域的五大核心研究方向:学校空间的重塑、教学模式的创新、教育技术的融合、教育课程的开发,以及教育组织管理的优化。2016年,未来学校实验室发布了《中国未来学校白皮书》及《中国未来学校创新计划》,随后在2018年推出了《中国未来学校2.0:概念框架》,并在2020年和2022年分别发布了《中国未来学校创新计划2.0》和《中国未来学校创新计划3.0》。其中,《未来学校创新计划3.0》进一步明确了六大行动计划,旨在深化未来学校的理论探索与实践应用:一是中国特色未来学校的培育行动;二是课堂教学质量提升行动;三是未来教师能力提升行动;四是青少年科学素养提升行动;五是未来学校助力乡村教育振兴行动;六是拓展国际交流合作,赋能学校教育教学创新行动。这些行动计划共同构成了未来学校研究与实践的框架,旨在推动中国教育的现代化进程。

谋划未来教育新优势,国内多所高校设立未来教育研究中心。2016年,北京市政府支持成立北京师范大学未来教育高精尖创新中心,旨在推进人工智能与教育的深度融合,研究智能时代的认知科学规律,研发智能教育技术与产品,推动人才培养模式的转型和变革,创新智能教育公共服务,孵化面向未来的教育新生态。2019年,北京师范大学创新发展研究院发起设立未来教育研究中心,目标是成为教育经济领域高质量学术研究、高规格行业研讨及中高端国际合作的重要智库和基地,不断探索未来教育发展,推动中国基础教育创新。近年来,我国各地高校掀起创建未来教育研究机构的风潮:2021年,南方科技大学正式成立未来教育研究中心;2024年,厦门大学成立未来教育研究中心;同样是2024年,同济大学成立未来教育研究院。这些机构,共同燃起了中国未来教育研究的星星之火,为中国教育改革与发展积蓄了重要力量。

推动STEM教育新实践,联合国教科文组织在上海设立国际STEM教育研究所。2023年,联合国教科文组织在中国上海设立了国际STEM教育研究所,这标志着该组织一类中心首次在中国落户。此举不仅彰显了STEM教育在全球范围内的重要地位,也反映了中国STEM教育与国际标准接轨的步伐正在加快。国际STEM教育研究所的核心职能在于推动从幼儿至成人的各个教育阶段实现包容、公平、适宜和优质的STEM教育。该研究所将作为信息交流、网络构建、资源共享和能力建设的平台,服务于教科文组织的战略目标和会员国的需求,为联合国可持续发展议程及世界和平与发展作出贡献。通过这一平台,中国将有机会深化STEM教育教学改革,提升教育现代化水平,同时与国际社会分享中国在STEM教育领域的理念与实践,为全球教育发展贡献中国智慧和力量。

构建未来学习新生态,上海成立聚焦"学研"的上海市未来学习研究与发展中心。2023年6月,上海市教育委员会和宝山区人民政府共建成立上海市未来学习研究与发展中心,试点探索基础教育从"教研"为重转变为"教研"与"学研"并重的工作机制,旨在转变"重教轻学"的传统观念,以学习科学研究为基础,教育数字化转型为重点,打造集创新研究、应用推广、交流合作于一体的教育协同创新共同体。该中心依托上海市宝山区"科创中心主阵地"的发展定位,已开展问题化学习、学生好问题大赛、心育大健康、未来学校联盟、区域教育大脑等探索。未来,该中心将通过市、区联合进行实验性探索项目、推广性实践项目和委托性合作项目的研究,以及市、区联合建设重点实验室、博士后创新实践基地、学研团队、未来学校联盟、国际教育交流等机制,为未来学习研究与发展贡献理论成果、实践经验与政策建议。

第二章
未来学习的基本特征

未来无法定义,但研究未来需要预想与实践。

  教育的核心是学习。随着科技进步和社会的飞速发展,人类学习的范式正在经历前所未有的变革,这不仅影响着每个学习者的成长和未来发展,也极大影响着教育的生态与发展方向。在近未来的基础教育范畴内,未来学习的探索始终聚焦学习者、学习、课堂、学校等核心要素。本章将围绕这四个核心要素,追溯并认识学习、课堂、学校的本质,探讨并预测未来发展的方向,从而厘定面向未来的学习者应该具备怎样的基础素养。

第一节 ∥ 学习的本来与未来

学习是人类永恒的主题,它承载着人类对知识的追求和对未来的探索。学习的本来与未来,反映了人类学习活动的起源和发展趋势,体现了人类对知识、技能和能力的不断追求和提升。从人类诞生开始,学习就成为了人类生存和发展的必备条件。最初,人类通过模仿和经验积累来获取知识和技能,以适应环境的变化和生存的需要。学习(learning),作为结果,指由经验或练习引起的个体在能力或倾向方面的变化,作为过程,指个体获得这样变化的过程。与成熟、适应、疲劳、药物等引起的变化不同的是:第一,能相对持久保持,而非短暂保持。第二,由后天的经验或练习引起,不包含由生理成熟引起的变化。[72]未来学习是学习的未来发展方向和趋势。随着信息技术的飞速发展和全球化进程的加速,未来学习将呈现出全新的面貌和特征。未来学习将更加个性化和定制化,注重发展学生的创新能力和综合素质,培养学生适应未来社会需求的能力;未来学习也将更加数字化和智能化,利用人工智能、大数据等技术手段,为学生提供更加高效、便捷的学习方式和工具;未来学习还将更加跨学科融合和全球化,强调跨文化交流与合作,促进全球教育资源的共享和互通。因此,学习的本来与未来既有延续性又有变革性,认识学习的本质和未来学习的特征有助于明晰未来学习的发展方向,更好地回应人类对知识的不断追求和对未来的无限憧憬。

一、认识学习的本质

古文中"学"和"习"两个字是分开来用的。许慎《说文解字》中称"学"字原本写作"斅",篆文中省去了"攵",意思是"觉悟","学"是一个由不知到知的过程,是一个自觉的过程。"习"(習)字在甲骨文中由上下两部分组成,上半部分为"羽"的象形符号,下半部分为鸟巢的象形符号,表示鸟在巢里振翅试飞。《说文解字》

中对"习"的解释为"数飞也",意思是小鸟反复试飞。

"学"和"习"组合成一个词,首次出现在《礼记·月令》中的"鹰乃学习",意思是:每到夏季六月,雏鹰开始学习飞翔。《论语》中"学而时习之"强调知识的学习需要自觉,不断实践。通过对"学习"一词的分析,可以看到"学习"在本原上特别强调人的能动性与实践性。然而随着学校教育的兴起,学习行为很大程度上背离了学习的本原,甚至变成了一种被动行为。未来学习需要回归学习本质,应当是一种主动而非被动的学习,是一种注重联系实际而不唯书本的学习。[73]

学习作为个体的认识过程,既包含对外部世界的发现与探索,也包含个体对精神世界的自我觉醒。向外的探求是为了认识自然世界并进行实践创造。而曾子在《论语》中有云:"吾日三省吾身",这里的"三省吾身"说的就是向内的反省,检讨自己品德与修养存在的不足之处。因此"学习"的内涵,可以理解为知识上的向外探求与灵魂上的向内反省,既有助于认识客观世界,又有助于完善个人人格。

人类学习的本质是发现问题与解决问题。因为纵观人类社会,无论是思想的发展史、社会的进步史,还是科学的发现史、技术的革新史,无一不是在不断发现新问题的过程中解决问题,又在解决问题的过程中发现新的问题。人类对于问题的探索是一种本能。正是问题更新了我们对世界的发现,而每个人又在不断地自我追问中实现精神的成长。

要真正回归学习的本质,需要深刻理解人是如何学习的。德国哲学家伽达默尔说:"我们可以将每一个陈述都当作是对某个问题的反应或回答,而要理解这个陈述,唯一的办法就是抓住这个陈述所要回答的那个问题。"这句话几乎完美地阐释了学习的本质。人类学习的本质在于对问题的主动求索中,认识自然、发现自我、改造社会。因此,学习就是回归对问题的探求,在问题解决中增长知识、转识成智,发展技能、适应变化,持续发展理性的精神,不断获取精神的力量。

学习领域的研究重新思考人是如何学习的,并深入理解学生学习的过程,关于学习的种种新观念不断涌现:(1)学习是社会协商;(2)学习是思维技能,核心是批判性思维;(3)学习是知识建构;(4)学习是概念的转变;(5)学习是境脉的变化,学习者建构的知识不仅包括内容,还包括体会知识所处的情境;(6) 学习是活动,是在行动中思考和学习;(7) 学习分布在共同体中间;(8) 学习是在环境变化中自适应学习;(9) 学习是一种自组织现象。

学习共同体是学习科学的重要关键词之一。学习和共同体作为两个来自不同学科领域的概念,共同诠释了今天人们对于学习的理解正在超越传统的教育心理视角,开始反映人类学习的社会性基础和交互本质,反映日益丰富的知识基础对新型学习机制的呼唤。更重要的是,学习共同体的思想起源于对现有学校学习制度的反思,凝结了情境学习的要旨,提示着一种新的学习组织的结构和实践。[74]

日本学者佐藤学[75]认为,学习是对话与修炼的过程,通过同事物的对话、同他人的对话,以及同自身的对话,建构客观世界之意义的"认知性实践",建构伙伴关系的"社会性实践",以及探索自身模式的"伦理性实践"。由此可见,学习也是一个社会协商的过程。

从脑科学的角度来说,学习的本质是大脑神经元产生新连接。学习使得大脑神经元发生了新连接。一般人大脑神经元的连接量大概会达到一百万亿,这就是通过学习而实现的。知识通过转变为声音、视觉等刺激,促使大脑中一个神经元的树突和另一个神经元的轴突发生连接,这个过程就是学习的本质。因此,对每个人而言,学习实际上是有物质反应的,它在你的大脑里面形成了新的连接。如果我们记住了某一小段信息,实际上它的物质变化大概有一千个这样的连接,如果通过学习不断刺激、反复加强,这些突触会不断地加强,从而使这个内容很难被遗忘。学习的过程能让大脑发生连接,这实际上与基因是有关系的。学习就是通过刺激我们的各种神经器官,产生电信号和神经递质来刺激我们的基因,制造蛋白质,让大脑神经细胞发生连接。可以说,学习实际上就是一个生命体和基因之间互动的关系。[76]

从人类学习能力进化史的角度分析,人天生就带有内隐学习的基因。学习母语都是在不知不觉中学会的,成为一种本能,这是外显学习所做不到的。1965年,里伯(Reber)发表了第一篇以"内隐学习"为题的文章——《人工语法的内隐学习》[77],分别从不同角度证实内隐学习及内隐知识的存在性、广泛性、有效性及相对独立性,涉及情感、认知、技能等各个领域。关于内隐学习的研究,对认知学习理论中以理性思维为中心的外显学习理论而言既是挑战,又是必要的补充,为人们提供了新的视角去理解学习的本质。

具身认知理论是建构主义学习理论的分支,强调亲身参与和实践体验。该理论认为,认知是身体与环境相互作用的结果,是认知结构发生改变的前提。内隐学习包含具身认知的灵魂,因此几乎无意识的内隐学习无疑是轻松而快乐的。然而,目前我们的学校教育恰恰与此背道而驰,甚至在扼杀学生的内隐学习,同时也在扼杀学生的学习兴趣、动机和本能。

学习天然是快乐的,孩子天生爱学习。教育就是与人的天性合作,要善用好奇心,宽容好玩心,激发好胜心。"三心"汇聚,学习就会快乐,教育就会轻松。

二、未来学习的特征

从学习目的来看,未来学习是为了追求人对美好生活的向往,而面向未来最核心的学习素养是面对不确定性的主动适应性能力。

未来社会将由"互联网+"和AI技术体系所构建,学校教育也在数字化和"互联网+"思维下逐步发生深刻变革。未来学习的主要特征包括以下几点:

学习时间变革——未来学习重组课时、突破时间限制。未来学习将重组课时,突破时间限制,实现更加灵活多样的学习方式。传统的学习模式受限于固定的课时安排,未能充分满足学生个性化、自主化的学习需求。未来学习将通过在线学习、混合式教学等方式,打破传统的课时限制,让学生可以根据自己的节奏和需求进行学习,实现更加高效和自主的学习体验。这种灵活多样的学习方式将帮助学生更好地发挥自己的潜能,培养批判性思维和创新能力,适应未来社会的发展需求。

学习空间变革——未来学习空间逐渐呈现开放式布局。未来学习空间将逐渐实现开放式布局,打破传统教室的束缚,创造更加开放、灵活的学习环境。传统教室往往是封闭的空间,学生只能在固定的桌椅之间进行学习,这限制了他们的活动和思维。未来学习空间将采用开放式布局,包括开放式教室、多功能学习区等,让学生可以自由选择学习方式和场所,促进学生之间的互动和合作。这种开放式布局将激发学生的创造力和创新能力,培养他们的团队合作精神和沟通能力,有助于他们更好地适应未来社会的发展需求。

学习内容变革——学习内容逐渐链接生活,走向整合设计。未来学习的内容将逐渐链接生活,走向整合设计。传统学习往往将知识划分为不同学科和领域,学习内容与生活经验相对独立。未来学习将强调知识的整合和应用,将学习内容与现实生活相联系,使学生能够更好地理解和应用所学知识。学习内容将更加贴近生活实践,注重解决实际问题和应用技能。通过整合设计,学习将变得更加有意义和实用,有助于提高学生的学习积极性和学习成效。这种整合设计的学习方式将培养学生的综合素养和创新能力,使他们能够更好地适应未来社会的发展需求。

学习方式变革——学习方式多元化、个性化,凸显由学生驱动的学习和终身学习。未来学习将呈现多元化、个性化的趋势,强调由学生驱动和终身学习。传统教育注重教师的教导和灌输,学习方式相对单一。未来学习将更加注重发挥学生的主体性和创造性,让学生根据自身兴趣和需求选择学习内容和方式。学习方式将更加多样化,包括在线学习、项目学习、实践学习等,以满足不同学生的学习需求。这种个性化的学习方式将激发学生的学习兴趣和动力,提高学习效果。同时,未来学习也将强调终身学习,认为学习是一个持续的过程,不仅局限于学校教育阶段。通过个性化、多元化的学习方式,未来学习将培养学生的自主学习能力和终身学习意识,使他们能够不断适应社会变化和提升自己的能力。

学习组织变革——学习组织形态走向支持个性发展的灵活样态。未来学习组织形态将走向支持个性发展的灵活样态。传统学习组织形式通常是以班级、年级为单位,学生按照固定的课程表和学习计划进行学习。未来学习将更加注重个性化发展,学习组织形态将更加灵活多样。学生可以根据自己的兴趣和需求选择学习内容和学习方式,自主安排学习进度。学习组织将更加倾向于小组学习、项目学习等形式,强调学生之间的合作和交流。这种灵活的学习组织形态将激发学生的学习热情和创造力,提高学习效果。同时,未来学习还将注重学生的个性发展,通过个性化的学习方式和评价体系,帮助每个学生发挥自己的潜能,实现个性化发展。

学习供给变革——学习资源逐渐跨界开放性供给。在未来,以平台化、社群化、在线化为特征的新型协作组织方式将逐渐成为主流,[78]学习供给将转变为"消费驱动"。制作学习资源,获取更多人的关注,促进学习资源的流通,将给学习资源建设者带来实际价值。越来越多的人参与学习资源的制作,并且不受中心化的限制,基于大众互助的学习资源供给模式将成为主流模式。联合国教科文组织在《反思教育:向"全球共同利益"的理念转变》报告中提出"一切有价值的信息、知识及技能都可能成为知识",知识已经不再是传统意义上相对稳定、结构化的知识,也不再局限于少数人手中。未来,在互联网环境中,每个人都是知识的节点,个体的信息、经验、情感、价值观等都是重要知识,教师不再局限于拥有教师资格证的人,拥有情境知识或技能型经验的普通大众,也可以通过视频直播平台或短视频平台形成学习资源并供他人学习和使用。这不仅增加了学习资源的供给主体,也丰富了学习资源供给,实现学习资源的跨界开放供给。[79]

学习管理变革——学习管理走向人技协同的科学共治。学习管理从相对规模化的"一刀切"转向量身定制。对于学生而言,未来人工智能驱动的学习管理能够支撑个性化、高效的学习。人工智能算法可以分析学生数据,创建个性化的学习路径,以满足每个学生独特的优势、劣势和学习风格。人工智能算法持续监测学生的表现,实现作业、测验和练习的即时反馈循环,不断优化学习过程管理,提高学习效率,促进更深入的理解。对于教师而言,未来的人工智能工具将简化教学任务,使教师能够专注于个性化教学。数据驱动的洞察实现了对学生表现的实时分析，教师可以确定个体的学习差异、定制教学并调整学习计划，从而促进更深入地理解和强化技能。人工智能驱动的反馈，能够支持教师根据学生的个人需求调整课程内容，找出他们需要更多解释、练习或挑战的领域。人工智能算法可以自动执行重复性的管理任务，简化行政管理工作，例如评分作业、安排课程和学生管理，从而使教师有时间专注于与学生进行更有意义的互动和课程开发。

第二节 ‖ 课堂的本来与未来

　　课堂是学校教育活动的核心场所，通常被定义为一个有计划、有组织的教学活动，是教师和学生共同参与的教学过程。现代教育学之父赫尔巴特将教学过程分为"清楚、联想、系统和方法"四个阶段，他的学生齐勒尔和赖因又发展为"准备、提示、联想、概括和运用"五个阶段，苏联教育学家凯洛夫又将其演变为"复习、引入、讲解、总结和练习"五步法，为第一线的广大教师提供了一个更容易理解、掌握和运用的教学模式，也成为了近现代课堂教学的基本结构。随着未来学习样态与范式的重塑，未来课堂的时域场域、互动方式完全有可能呈现全新样态。尤其是随着人工智能在学习与生活中的全场景黏着性应用，基于智能体的人机协同学习将重新定义课堂的主体与互动方式，改变知识建构的方式认知路径，从而深刻地影响课堂变革。本节将围绕课堂的本来与未来展开讨论，探索未来课堂的发展趋势和教学模式的变革。

一、理解课堂的本质

　　一般认为，课堂是进行教学活动、教师给学生授课的地方。然而从不同的维度，包括教学互动维度、主体关系维度、认知建构维度、文化环境维度，可以帮助我们更好地理解课堂的本质。

从教学互动维度来看,课堂的本质是指通过课堂的教学实现教与学的统一,从而达到教学的目的,具体体现为"老师的教"与"学生的学"之间的互动过程。关于教学活动的认识是一个逐步深化的过程,有的将教学看作教师的教授活动,有的将教学看作通过教师的"教"促进学生学习的活动,有的将教学看作教师"教"与学生"学"的双边活动。

课堂是"教学做合一"的过程。追寻宝山教育之根,伟大的人民教育家陶行知先生倡导的"教学做合一"教学方法论的具体内涵是:教的方法根据学的方法,学的方法根据做的方法。事怎么做便怎样学,怎样学便怎样教。教与学都以做为中心。在做上教的是先生,在做上学的是学生。先生与学生相学相师,相教相学,"做"成了教学之中心。陶行知先生提出"做"是指在劳力上劳心,并且"做"含有三种特征:行动、思想及新价值之产生。[80]

课堂中的"互动三主体"。从课堂主体关系维度来看,古往今来,师生关系不仅是教育学研究的重要命题,也是认识课堂本质的重要基点。新中国成立以来,从"教师主导、学生主动说"到"教师主导、学生主体论",再到"教师学生双主体论",以及体现后现代"主体间性"的"学习共同体"思想,师生关系日趋平等,课堂是主体与主体间互动对话的交往过程。如果从学习者即当事人的视角出发,课堂就不只是"教师与学生"之间的关系,而是"学生自己、同伴及老师"三者之间的互动关系。[81]

以学习为中心的课堂,需要从"上帝"的视角走向"当事人"的视角,也就是从"教师教学的视角"走向"学习者学习的视角"。"互动三主体"形成了学习共同体,同伴是学习共同体中重要的互学者,教师是重要的、具有引领性的同行者。学生自己、同伴、老师都是课堂主体,他们都是以具有独立人格的"主体—主体"模式进行相处。

从认知建构维度来看,课堂本质上是一种问题逻辑。人类学习的本质是对问题的发现与解决,这也是知识产生的过程。因为问题是学习的灵魂、教学的载体。

问题的发现与解决是课堂基本的过程与形态。传统教学中,课堂通常就是教师提问,学生回答问题,学生回答不出,教师就自问自答。未来的课堂需要变老师提问为学生提问,变老师追问为学生追问,变老师组织问题系统为学生自建问题系统。对旧课堂的解构包括对碎片化的容忍、对不确定的接纳,对新课堂的建构包括三位一体聚焦核心问题、持续追问建构问题系统、合作解决问题。课堂本质上是问题逻辑,人、事、物抽象的统一体是"问题",关系维度是三位一体,素养与知识维度是问题系统转化器,活动维度是"五力"模型,行为维度是提问追问等"六会"体系。

从文化环境维度来看,课堂既是一个学习空间,也是一个社会空间,更是一个文化空间,是学生生命成长的精神家园。课堂是学生学习的场所,狭义的课堂是指教室内,教室课桌椅的摆放体现不一样的互动方式,教室区域的设置实现不一样的教学功能。广义的课堂包括了教室之外的空间,学校的每一寸空间都是潜在的课堂,广阔的大自然也可以是学习的课堂,正如陶行知先生所说,"社会即学校",社区、社会皆为学生学习的课堂。大自然、杏坛、庙宇、私塾、书院等都可以成为课堂,都可以成为教育教学活动的发生地,成为情感交流、文化滋养与精神成长的场所。

二、未来课堂的特征

首先,未来课堂是以学习为中心的场域。未来学校课堂的变革聚焦学生高阶思维和关键能力,灵活、常态化使用的课堂环境,以及学生主导、自主、探究、互动的教学模式。[82] 从"教学"转向"教学做合一",从"课堂"转向"学堂",从"教室"转向"学室",从"为集体授课而建"转向"为个性学习而建",实现课堂内场的多功能建构、智能化和课堂外场的开放化。未来课堂将以学习为中心,注重学生的主体地位和参与性,倡导探究式学习和合作学习。传统课堂往往以教师为中心,教师主导教学活动,学生被动接受知识。未来课堂将转变为以学习者为中心,关注学生的学习需求和兴趣,激发其学习动力和创造力。未来课堂将提倡探究式学习,鼓励学生通过自主探究和实践,构建知识体系,培养问题解决能力和创新思维。同时,未来课堂也将强调合作学习,倡导学生之间的互动和合作,促进共同学习和共同成长。未来课堂将成为一个开放、多元、灵活的学习空间,为学生提供自主学习和个性化发展的机会,实现教育的个性化、多样化和全面发展。通过以学习为中心的课堂教学模式,未来课堂将培养学生的综合素质和创新能力,使他们能够适应未来社会的发展需求,成为具有创造力和竞争力的终身学习者。

其次,未来课堂是突破时空的立体学习场。实现三方面的连通:一是教室内部桌椅之间的连通,教室空间从固定功能向灵活功能转换,突破师生互动的限制,实现课堂多种活动并存。二是同一年级和不同年级之间教室与教室的连通,实现跨级混龄教学。三是教室与学校其他空间的连通,突破教室边界,从封闭空间向开放空间转换,突破正式学习与非正式学习的界限。未来课堂将成为突破时空限制的立体学习场。传统课堂受制于固定的时间和空间,学生需要在特定的时间和地点上课,受限于教室的大小和设施。未来课堂将通过技术手段,突破时空限制,创造更加灵活和多样的学习环境。首先,未来课堂将实现时间的突破。通过在线教育平台和远程教学技术,学生可以随时随地进行学习,不再受制于特定的上课时间。他们可以根据自己的时间安排学习进度,自主选择学习内容和学习方式,实现个性化学习。其次,未来课堂将实现空间的突破。通过虚拟现实技术和增强现实技术,学生可以在虚拟的学习环境中进行学习,不再受制于实际教室的大小和设施。他们可以与全球各地的学生和教师进行互动和合作,拓宽视野,开阔思维。此外,未来课堂还将实现跨学科的突破。传统课堂往往按照学科划分,学生只能分别接受单一学科的教育。未来课堂将倡导跨学科学习,将不同学科的知识和技能进行整合,培养学生的综合素养和跨学科思维能力。未来课堂将成为一个突破时空限制的立体学习场,实现时间、空间和学科的多维度拓展,为学生提供更加丰富和多样的学习体验,促进其全面发展和终身学习。

再次,未来课堂是学生生命成长的情境场。教室内部要营造沉浸式和以人为本的学习环境,沉浸式学科教室是一种未来发展方向,未来课堂的设计应处处体现对师生人性的关怀。教室空间应将绿色环保理念融入其中,更关注学习空间对学生积极学习的影响,让教室本身成为一种教学资源。面向未来,课堂不应局限于教室内部空间发生的教育教学活动,要打造"学校—家庭—社会"多方位课堂,让课堂真正转变为学生交往和社会化的重要空间,让学习场中所有要素实现自由流转与良性互动。未来课堂将成为学生生命成长的精神家园,不仅仅是知识的传授场所,更是学生全面发展的重要环境。传统课堂往往注重知识的灌输和应试技能的培养,忽视了学生的个性和兴趣。未来课堂将更加关注学生的生命成长,注重培养学生的情感、品德、创新等方面的素养。未来课堂将成为学生探索世界、认识自我、实现梦想的舞台,为他们提供丰富多彩的学习体验和成长机会。未来课堂将通过多样化的教学方式和丰富多彩的学习资源,激发学生的学习兴趣和创造力,引导他们积极探索、勇于创新。未来课堂还将注重培养学生的社会责任感和团队合作精神,使他们具备应对未来社会挑战的能力和信心。通过成为学生生命成长的精神家园,未来课堂将培养出更多有理想、有担当、有智慧的新时代人才,为社会的发展和进步注入强大的动力。

最后,未来课堂是连通学习与社会的交往场。人类的本性是非常社会化的,学习与认知受到人类当时所处环境的制约。人类大量的学习来自对他人行为的观察和榜样作用,涉及人与人之间的交互以及从周围人那里获得知识与技能。因而,人类的思维过程部分取决于大脑,部分取决于外部世界,强调在行为习得过程中各种认知活动与环境因素的交互作用和自我调节功能。在一个良好的课堂学习环境中,学习者可以得到必要的资源和工具,例如图书馆、实验室、计算机设备等,可以帮助学习者更好地获取知识和信息。此外,环境还提供了一个安静和专注的学习氛围,使学习者能够集中精力学习。一个整洁、舒适、安静的学习环境能够降低干扰和噪音,提高学习效果。更为重要的是,社会交互也是有效学习的重要组成部分。通过与他人交流和互动,学习者可以分享和讨论想法,获取不同角度的观点和反馈。这种交流可以激发思维,促进深入思考,并帮助学习者更好地理解和应用所学知识。因此,有效的学习需要环境支持和社会交互,未来课堂将会是连通学习与社会的交往场。

第三节 ‖ 学校的本来与未来

学校通常被定义为一种专门的教育机构,旨在通过系统的教学和管理,促进学生知识、技能、价值观和态度的全面发展,兼具社会化、文化传承等功能。在传统的学校教育模式下,学校往往是一个封闭的教育机构,教师主导教学活动,学生被动接受知识,学校的功能主要是传授知识、培养技能,如今已远远不能满足社会和学生的需求。未来学校将转变为一个开放、多元、灵活的育人空间,学校将以学生的全面发展为宗旨,注重培养学生的创新思维、合作能力和社会责任感。本节将立足学校的本质,回答新时代教育的根本问题,即"培养什么人,怎样培养人,为谁培养人"。这既是"中国之未来学校"的基本内涵与发展导向,也彰显了立德树人的学校根本任务。为此,需要探究未来学校的基本特征,解决未来如何促进人才培养模式发生革命性变化,实现多元化、个性化的育人方式,让每一位学生的人生出彩,促进学校教育的创新发展。

一、追溯学校的本义

教育是一种社会活动,学校是开展这一活动的主要机构,教育的起源早于学校的产生。学校的产生标志着教育成为独立的社会活动,也标志着人类教育活动进入一个自觉的历史时期。我国学校教育萌芽于原始社会末期,创立于夏、商、周三代。学校从农耕时代的学校1.0,逐步进化到工业时代的学校2.0,其中有计划、有组织地开展系统性教育是学校2.0时代的显著特征。学校(School)是指教育者有计划、有组织地对受教育者进行系统的教育活动的组织机构。中文的"学校"一词起源于民国时期,预示着中国现代教育的起步。如果说工业化时代已经开启了人类知识的大爆炸时代,那么后工业时代下,以后现代主义为特色的学校3.0时代,其变革的核心问题是如何从适应工业化时代的规模划一转向按个人需求和偏好制定的个性化教育,即向"为每一位学生提供合适的教育"转变。[83]16

同时,教育的数字化转型也带来四个元认知问题,值得我们深思:学习是怎么发生的?人为什么要到学校?技术能帮助教育做什么?技术不能帮助教育做什么?首先,当智慧学习无处不在,我们为什么还要到学校去?到学校去是为了交流,交流是为了印证,印证是为了帮助我们发现自己。伽利略曾说:"人不能被教,只能帮助他发现自己。"在学校里要把大量的时间留给交流、印证,这是到学校去的原因。其次,学习到底是如何发生的?学习的发生是一个人在与人、物、环境交互当中建构概念、经历的过程,交流情感、增强体质、建立信念、发现自己,这都是学习的结果。再次,技术可以帮助教育做什么?技术非常擅长加快概念的建构、丰富学习资源、加强感官刺激、增进学习的反馈。最后,技术不能帮助教育做什么?技术不能代替情感、体验、交流。有人曾说,教育就是一棵树摇动另一棵树。教育是一个充满爱心的事业,从这个角度来说教育行业是难以"被消亡"的。很多工作会被改变、替代,但需要人投入爱心的工作永远不可能消亡。[84]

"未来学校"概念的首次提出,应该上溯至杜威的著作《明日之学校》(*Schools of Tomorrow*),书中提及的葛雷学校、帕克学校、"村舍学校""森林小学校"等进步学校,都代表着杜威眼中未来学校的发展趋势。进入21世纪以来,随着教育改革的不断深化,尤其是"互联网+"教育的兴起,探索面向未来的新型学校形态成为新的研究热点。

华东师范大学李政涛教授认为,未来不只是用于畅想和猜测的,更是用来设计和建构的。真正的未来,是设计、建构出来的未来。未来学校是通向"智能技术"的学校,也是通向"人文艺术""社会社区"与"天地自然"的学校。在通往未来学校的路途中,相对而言技术"热",社区"闹",人文"冷",自然"淡"。每所学校不一定"面面俱到",可以选择其中一点作为突破口,但它们都同等重要。它们的并存让学校天地骤然宽阔起来,展现出理想学校的样子。只有科技与人文的平衡、社会与自然的交汇,才能让学校成为安顿生命、温暖生命、超拔生命价值的场所。

现代学校出现的时间并不长,只有两百多年的历史,它自始至终都没能让学生爱上学习,然而它的首要目标恰恰是引导学生愿意学习。由此可见,在通向未来学校的进阶道路上,学校的意义在于引导孩子热爱学习,获得面向未来追求美好生活的基本技能与基础素养,同时也是通向自然、连接社会、滋养生命、温暖灵魂的栖息地,这正是学校的本义。

二、未来学校的特征

未来学校是目前全球教育发展的一个重要主题,为此世界上很多国家和地区都设立了专门机构或项目来开展研究。澳大利亚于2018年成立的"未来学校联盟"(FSA)通过咨询30位全球知名教育家和思想家,认为最重要的8个原则依次为:(1)灵活性;(2)与社区深度融合;(3)成就所有人;(4)高素质的师资;(5)师生共建学习;(6)赋权学生;(7)自我发展;(8)核心技能发展。

2018年,《中国未来学校2.0:概念框架》提出,重新定义学校需要考虑未来学校的中国特色维度、中国特色学校的未来维度,以及中国特色未来学校的全球化维度。教育部学校规划建设发展中心发布的《未来学校研究与实验计划》认为,具有以下六大特征的学校可以称为未来学校:一是绿色、智能和泛在互联的基础设施;二是集成、智慧、因变的新学习场景;三是灵巧学习及创新的赋能场;四是开放融合的学习生态;五是创新的知识和信息网络拓扑结构;六是与人工智能融合的教师—课程智慧系统。

《走进学校3.0时代》围绕"教学管办评"等教育主要环节,设计了学校3.0时代的13个场景:每一位学生都有一个数字画像,由数据驱动学校进化和教学转型;每一位教师都有一个人工智能助手,面向每一位学生的因材施教成为可能;每一门课程都有知识图谱,自适应学习得以实现;每一项教学业务都可能外包,学习资源与服务供给更加多元;每一所学校都是虚拟学校的组成部分,虚实融合的校园无处不在;每一种学习都会被记载,屏读成为常态;每个人的作业都是不一样的,个性化和智能化如影随形;每个人的学程都是定制的,学习与工作、就业与创业的边界将越来越模糊;每一种学习方式都会被尊重,不再追求学更多的知识,而是追求学习方式的多样化;每一场教育都注重协作共生,学习将从竞争逐渐转向共生;每一个家庭都形成独特的教育场,家校共育将成为教育治理的主阵地;每一种教育装备都趋向智能化,技术和资源将深度嵌入学习系统;每一所学校都被隐性课程环抱,学生将会有更多的展现与互动平台。我们认为,未来学校将会变成学习中心,体现以下几个特征:

教育新理念——为个性化学习服务。未来学校将致力于为个性化学习提供服务。传统教育往往采用一刀切的方式,忽视了每个学生的独特性和发展需求。未来学校将通过支持个性化学习的方式,更好地满足每个学生的学习需求和兴趣。个性化学习将允许学生根据自己的学习节奏和方式进行学习,使学习更加高效和有针对性。未来学校将注重发掘和培养每个学生的优势和潜能,帮助他们实现自己的理想和目标。通过支持个性化学习,学校将培养出更具创造力和适应力的人才,为社会发展注入新的活力。

学制新突破——创新人才贯通培育。未来学校将致力于创新人才贯通培育,培养具有综合素质和创新能力的人才。传统教育注重知识的传授,忽视了学生的综合素质和实践能力。未来学校将通过创新人才贯通培育的方式,培养学生的创新思维和实践能力,使他们能够在不同领域中具备竞争力。创新人才贯通培育将注重跨学科的学习和实践,使学生能够综合运用各种知识和技能解决实际问题。未来学校将为学生提供丰富多彩的实践机会和项目学习,培养他们的团队合作精神和创新意识。通过创新人才贯通培育,未来学校将培养出更多具有创造力和实践能力的人才,为社会的发展和进步提供强大的人才支持。

管理新模式——基于教育数据治理。未来学校将基于教育数据治理,实现教育的科学化、精细化管理。随着信息技术的发展,学校可以收集、分析和利用大量的教育数据,包括学生学习情况、教学效果、教师教学水平等,为教育决策提供科学依据。教育数据治理将帮助学校更好地了解学生的学习需求和特点,个性化地设计教学方案,提高教学效果。同时,教育数据治理还可以帮助学校评估教师的教学水平,促进教师专业发展和提高教学质量。未来学校还可以利用教育数据为学生提供个性化的学习指导和辅导,帮助他们更好地发现和发展自己的优势。教育数据治理还可以帮助学校进行资源配置和教学管理,提高教育资源的利用效率,实现教育公平和可持续发展。通过教育数据治理,未来学校将实现教育管理的科学化和智能化,为学生提供更优质的教育服务,推动教育事业的发展和进步。

学校新结构——虚拟与现实融合学校。未来学校将是虚拟与现实融合的学校,利用虚拟现实、增强现实等技术,创造出更丰富、更生动的学习环境。传统学校的教学往往受限于时间和空间,学生只能在固定的教室内接受教育。未来学校将通过虚拟技术,打破时空的限制,创造出虚拟的学习环境,使学生可以在任何地方、任何时间进行学习。学生可以通过虚拟现实技术参与到各种虚拟场景中,与历史人物对话、探索宇宙奥秘,提高学习的趣味性和参与度。同时,未来学校还将利用增强现实技术,将虚拟内容融入到现实环境中,为学生提供更加真实和丰富的学习体验。通过虚拟与现实的融合,未来学校将为学生创造出更加开放、灵活、多样的学习环境,提高他们的学习效果和学习动力。未来学校还将注重培养学生的数字素养和创新能力,使他们能够适应数字化社会的发展需求。未来学校的虚拟与现实融合将推动教育的变革和创新,为学生提供更加个性化和优质的教育服务。

超越物质世界——走向教育元宇宙。未来学校将走向教育元宇宙,创造出虚拟世界中的教育空间,实现学习的全球化、数字化和个性化。教育元宇宙是指利用虚拟现实、增强现实等技术,在虚拟世界中构建出逼真的教育场景,使学生可以在其中进行学习和互动。教育元宇宙将打破传统教育的时空限制,让学生可以在虚拟世界中参观世界各地的名胜古迹、参加虚拟实验等活动,拓展视野、增长知识。教育元宇宙还将提供个性化的学习体验,根据学生的学习习惯和需求,定制专属的学习内容和路径,提高学习效果。同时,教育元宇宙还将注重学生的互动和合作,通过虚拟世界中的社交功能,让学生可以与全球范围内的学生交流合作,促进跨文化交流与理解。通过教育元宇宙,未来学校将为学生打开具有无限可能的学习空间,提供更加丰富、多样的学习体验,推动教育的变革和创新。

未来学校将是教育理念、教育制度、管理模式、学习空间等领域的系统性变革创新。未来学校致力于打破学科壁垒,推动跨学科融合,为学生提供更广阔的学习空间和更丰富的学习资源,激发学生的学习热情和创造力。未来学校还将注重学生的个性发展,倡导个性化教育,为每个学生提供适合自己发展的学习路径和方式。未来学校将以学生为中心,关注学生的兴趣、需求和特长,引导他们自主学习、自我发展,实现个性化成长。未来学校还将重视全球视野和跨文化交流,培养学生的国际意识和跨文化沟通能力,使他们能够胸怀世界、面向未来。所以,未来学校将成为一个以学生发展为中心,注重个性化、多元化、开放性的学习空间,为学生提供全面发展的机会和平台,助力其成为具有创新精神和全球视野的未来领袖。

第四节 ‖ 面向未来的学习者

面向2035年国家发展的战略目标,作为全球发展中发挥更多引领作用的未来学习者,在很多领域需要成为领跑者,这就意味着学习者已经无法追随前人的脚步,未来不是追随出来的,未来是需要自己走出来的。因此未来的学习者要习惯面对不确定性,具备面向未来的基础素养,最终承担起社会责任,成为未来社会的领跑者,践行人类命运共同体的责任与担当。

一、为什么:习惯面对不确定

随着社会的持续发展,人类和地球面临的威胁持续增加。社会变革、经济波动等因素会影响未来社会的发展趋势,使预测社会发展变得困难。为追求增长和发展,人类已经让自然环境不堪重荷,并反过来危及人类自身的生存。在世界上很多地区,环境污染和过度捕杀让物种加快灭绝,导致自然生态链失去平衡。迅猛发展的技术更新变革着生活的许多方面,但这些创新很少在促进公平正义方面发挥作用。同时,个人生命受到健康、家庭、职业等众多因素的影响也变得难以预测。这些隐患和变化,让人类所处环境充满高度不确定性。

当今世界正处于一个转折点。我们已然明了,知识和学习是实现人类世界更新和变革的基础。然而,传统的教育未能充分发挥以教育塑造人类和平、公正和可持续未来的功能,其滞后性也不能有效培育学习者面对不确定未来的知识、技能和情感。我们必须重新构想为何学习、如何学习、学习什么、在何时何地学习。正如联合国教科文组织总干事阿祖莱在《一起重新构想我们的未来:为教育打造新的社会契约》报告的发布仪式上所言,"如果有什么东西将我们聚集起来的话,那就是我们当下的脆弱感和对未来的不确定感。"学习是贯穿我们一生的活动,长期以来在人类社会变革中发挥着根本性的作用。教育需要着力培养面向未来具有"主动适应性能力"的学习者,所谓"主动适应性能力",即面对不可预测的变化与复杂问题时,学习者应该具备的智慧与能力。传统的学习方式已经不能满足当今社会快速变化所产生的需求,我们需要培养学生面对不确定性的能力,以适应未来的挑战和机遇。

因此,面向未来的学习者是学习的自主建构者、问题的合作解决者和人生的自我教育者,其关键能力包括学习者面对未知世界所表现出来的好奇心与学习热情,自主发现问题与持续探索精神,自主规划能力与付诸实践行动,独具个性特色与协同创造成果。

二、怎么做:面向未来的基础素养

2013年,联合国教科文组织推出的"横向能力"框架描述了学生面向21世纪所需要的能力,分为六个核心领域:批判与创新性思维、人际间技能、反省技能、全球公民素养、媒体与信息素养、身体素养与宗教信仰。2016年,国际教育技术协会(ISTE)发布的新版ISTE学生标准包括了七大能力素质维度:赋权学习者、数字公民、知识建构者、创新设计者、计算思维者、创意沟通者、全球合作者。如此看来,未来学习者应具备一些关键要素,包含批判与创新、沟通与合作、终身学习、数字化与信息化、国际化与全球化等,未来社会中的未来学习者是数字土著、终身学习者、世界公民及个性化的人。[85]《21世纪学习的愿景》认为需要促进学生"学科心智、整合心智、创造心智、尊重心智与伦理心智"五种心智的综合发展。

从个体成长历程及其影响因素的角度来看,人的发展可以分为内生发展和外生发展。人的内生发展,体现为从基础的学力发展(如兴趣与习惯、知识与能力等)向发展层的心力发展(如情感、态度、价值观)递进,最后实现人的自由发展(心能焕发)。外生发展中的个体从自律走向自信、自觉,经历从自尊到尊他,最后实现他尊的发展历程。智能时代的未来学校就是通过培养学力、心力、心能,培育学生的自律、自信、自觉,实现自尊、尊他、他尊的依次跨越,促进人内生和外生相融合的和谐发展。[86]面向未来的基础素养是指适应未来社会发展需求的基本素质和能力。随着科技的迅速发展和社会的不断变革,未来社会对人才的要求也在不断提高。面向未来的基础素养需要兼顾人的内生发展和外生发展。

未来学者米勒(Riel Miller)在2006年第一次提出"未来素养",并将其定义为"通过发展和解释有关可能的、合理的和优选的未来的故事来发掘当下潜力进而改造未来的能力"。[87]联合国教科文组织也给出了类似的定义:未来素养是一种"使人们能够更好地理解未来在他们所看到和所做的事情中所扮演的角色的技能"。[1]未来素养是面向未来的学习者不可或缺的基础素养。未来学家伊纳亚图拉(Inayatullah)认为未来素养应包括"六大支柱":(1)反思的能力,即对自己的过去、现在和对未来的期望形成理解;(2)对新问题的分析能力;(3)把握未来时机的能力;(4)意识到现实认识论基础的最简单假设类型,并能够进行批判性分析;(5)创造替代性未来的能力;(6)改变未来的能力。[88]未来学家于金申和米勒在交谈中表示未来素养应包括：接受变化的信号；挑战性的假设；从多个角度看待问题；识别反趋势的倾向；理解复杂性；看到全局的能力；理解进化的变化；质疑共识；理解效率的危险；等等。[89]。在瞬息万变的社会中，面对不确定的未来，未来素养的构成要素也在不断发展中，尚未形成定论。在当下，我们只能寻求对于未来素养的基本共识，包括对未来的了解、如何影响现在、如何研究和衡量未来，以及如何创造行动途径。

综上所述，面向未来的基础素养包括创新能力、批判性思维、沟通能力、团队合作能力、信息素养等多方面的能力和素质。只有具备这些素养，学生才能持续学习，具备适应不确定未来的能力，快速调整自己的学习和生活方式，应对变化的环境。人才才能适应未来社会的发展需求，实现自身的成长和发展。

三、未来怎么样：走向命运共同体

联合国教科文组织早在1996年发表的《教育——财富蕴藏其中》就提出了"四个学会"——学会认知、学会做事、学会生存、学会共处，后来又增加了第五个支柱即学会改变。[90]报告中对新世纪充满了一种理想的追求、一种乐观的心态。在2015年发表的报告《反思教育：向"全球共同利益"的理念转变》中，反思教育应当提出人文主义的价值观——教育不能单纯为经济发展服务，教育要为人类的持续生存和发展服务。报告指出人文主义教育价值观应当将教育与人类的命运连接在一起，核心是增强人的能力和社会责任感。[91]

2011年发布的《中国的和平发展》白皮书[92]提出，要以命运共同体的新视角，寻求人类的共同利益和共同价值的新内涵。命运共同体是中国政府反复强调的关于人类社会的新理念。当今世界面临着百年未有之大变局，面对世界经济的复杂形势和全球性问题，任何国家都不可能独善其身。人们不论身处何国、信仰如何、是否愿意，实际上已经处在一个命运共同体中。与此同时，一种以应对人类共同挑战为目的的全球价值观已开始形成，并逐渐获得国际共识。

2021年11月,联合国教科文组织发表全球性未来教育报告《学会融入世界:为了未来生存的教育》[93],提出面向2050年的七项教育宣言,倡导重构教育以改变人类在世界中的地位和作用,学会与世界和谐共处、融为一体,实现未来教育的范式转变。七项教育宣言继承了联合国教科文组织全球性的教育视野和改变未来的教育使命,抛弃了以人类为中心的教育立场和二元对立的教育思维,重塑了生态生存的教育逻辑和命运与共的教育道义。

在这个大背景下,学习者身处学习共同体,在一个学习共同体中首先是从"你、我"走向"我们",即大家共同遵守一致的规则,共同奔赴相同的愿景。同时又在"我们"中尊重每个人的不同、发现每一个人的独特价值,让每一个人的价值被看见。这是指在尊重集体价值的同时,尊重每一个不同的个体,倡导"君子和而不同"。

未来学习要走向命运共同体,意味着教育不再局限于传授知识和技能,而是要培养学生的全面素养,使他们具备应对未来社会挑战的能力,同时也强调了教育的全球化和多元化。要实现未来学习走向命运共同体的目标,需要从以下几个方面进行思考和行动。

首先,跨文化交流与合作是实现未来学习走向命运共同体的关键。在全球化的背景下,各国之间的联系日益紧密,跨文化交流与合作能够促进不同文化之间的理解和尊重,培养学生的国际视野和跨文化交流能力,使他们能够更好地融入全球化的社会。

其次,教育资源的共享与开放是实现未来学习走向命运共同体的重要手段。通过互联网等技术手段,可以实现教育资源的共享和开放,使得学习者可以随时随地获取优质教育资源,促进教育的普及和提高教育质量。

另外,注重人文关怀与社会责任是实现未来学习走向命运共同体的必要条件。教育除了关注学生的学术成就,还应该注重培养学生的人文素养和社会责任感,使他们具备担当社会重任的能力,为构建人类命运共同体作出贡献。

最后,为了实现未来学习走向命运共同体,需要加强国际合作与交流。各国应该加强教育政策的沟通与协调,促进教育资源的共享与交流,共同推动全球教育事业的发展,为构建人类命运共同体奠定坚实的基础。

未来学习要走向命运共同体,需要跨文化交流与合作、教育资源的共享与开放、人文关怀与社会责任,以及国际合作与交流等多方面的努力和探索。只有共同努力,才能实现教育的全球化和多元化,推动人类社会的发展和进步。

第三章
未来学习多样态

未来不是学得更多,而是经历更多样的学习。

　　人类的学习经历了本能化、书本化、信息化和智能化学习的进化,这既是人类文明发展的生动写照,也是人类不断适应环境和超越自我的过程。从依赖身体和自然工具进行具象学习,到基于书本的文化学习兴起,再到信息时代的网络学习、数字化工具的广泛应用,尤其是人工智能的崛起带来了学习重塑,这一过程见证了人类学习方式的深刻变革,也预示着未来学习将拥有更广阔的前景,包括与天性合作的自然学习、多样态的混合学习、量身定制的个性化学习和基于智能体的人机协同学习。在这个前所未有的大变革时代,人类学习还将发展出更加多样的实践样态。

第一节 ‖ 学习的进化

人类学习的基本范式包括"书中学""做中学"和"交往中学"。"书中学"较多体现的是一种客观主义的认识论基础,学习即掌握知识。客观主义者把现实看作是独立并外在于知晓者的,因而是绝对的,等同于真理。[94] 客观主义认为知识是通过经验获得的,而经验可以分为直接经验和间接经验,直接经验可以通过"做中学",间接经验则通过"书中学"。"做中学"被认为是实用主义的代表,学习即实践操作。实用主义认为学习可以是外在客观的,也可以是内在解释的,知识是从经验和推理协商中获得的。真实和有意义的学习实践也是"做中学"的本义,陶行知所倡导的"教学做合一",强调了教法取决于学法,而学法取决于做法,做出来的过程,即是实践出真知的过程。项目化学习是在实践操作中的新路径和新方式。"交往中学"则倾向于一种解释主义的认识论基础,学习即交往对话。解释主义者不太关心知识在绝对意义上是否正确,他们认为知识取决于知晓者的参考框架,知识是建构的。当然,学习还可以在"问中学",学习即自主疑惑,是问题化学习的过程,是审辨思考、理智论辩、输出表达的过程,因为人类学习的本质是为了发现问题与解决问题。

人类学习的范式帮助我们从认识论视角理解学习的本质,同时也对学习进化的历史脉络有更深刻的认识。从原始时代的本能化学习,进化到有文字和印刷之后的书本化学习,再到网络时代的信息化学习,以及有人工智能参与的人机协同学习(智能学习或智慧学习),每一次都不是简单的范式转化,而是在迭代中获得更深刻的演进。

一、本能化学习

人天生就有学习的能力,学习是人的本能。李政涛教授认为,人类最初的学习是一种自然学习,是在天地自然中学习。"自然"既是学习的场所,即在"大自然"和"自然生活"中学习,也是学习的方式:没有刻意为之、系统设计的"学习计划"和"学习内容",一切都在"天地自然"中,以"自然而然"的方式学习。这正是人类学习的原初状态:自然与学习、生活与学习的混沌不分,自然即学习,生活即学习。[37]倪闽景认为,人类初始阶段的学习包含了动物性学习阶段、劳动性学习阶段和语言学习阶段,每个阶段都包含前面阶段学习计划的成果。在这个阶段,人类学会了直立行走,学会了用火,学会了制造和使用工具,也掌握了语言能力。[95]因此,原始时代人类的学习主要是为了生存,学习是人的天性,也是一种本能的行为。

原始时代人类的本能化学习以口头传授和实践操作为主,缺乏书面记录,学习内容主要与生存技能和部落文化相关。从学习媒介来看,通过口头传授如长者讲述故事、传说和历史,以及实际操作如狩猎、采集和工具制作。从学习方式来看,本能化学习体现了"自然习得"和"经验传承"的特征,人们通过观察和模仿长辈的行为来学习,通过实践和经验积累来掌握技能。从学习能力来看,这个阶段的学习速度较慢,依赖于个体的记忆力和模仿能力,学习内容较为有限,主要围绕生存和文化传承。

那么,哪些因素在人类学习的形成过程中发挥了重要的作用?首先,从"劳动创造人"的观点来看,劳动促使人类身体结构和技能进化,如手部精细动作、脚部步行能力等,增加生存繁衍机会。同时,劳动促进人类思维与认知发展,帮助人类认识自然规律,掌握生产技能,形成复杂的社会组织和文化体系。

其次,感觉与知觉对于解决"人如何将个体以外的知识变成自己的知识""人如何把已经知道的知识从知道升级为理解和掌握"这两个问题至关重要。感觉是学习的起点,通过感官接收外界信息,知觉则是对这些感觉信息的解释和组织,受经验、知识、期望的影响,帮助人类理解信息,转化为有意义的知识。感觉提供信息,知觉解释信息,二者在学习过程中共同促进学习。

再次,意识是学习的根本。意识的价值在于以下三点:一是具有导向功能,人意识到学习需求时,能主动寻找资源,提高学习效果;二是提供动力支持,人意识到学习对个人成长的重要性时,会产生内在动力并努力克服困难;三是能够自我监控调节,包括监控学习进度,及时调整策略,当意识到自己不足时能主动求助或改变方法。

最后,语言的发展为学习的进化提供了坚实基础。语言不仅是沟通工具,更是人类智慧和文化的结晶,作为信息传递媒介,它使知识和经验能够跨越时空传递,为学习的进化奠定基础。同时,语言也是人类思维的工具,能用于表达思想、交流观点、解决问题。语言的多样性、逻辑性、创造性、情感性和社会性在学习的进化中发挥了重要的作用。由此看来,人类的劳动、感觉与知觉、自我意识和语言的发展不仅是学习产生的重要因素,也促进了人类学习的进化。

总而言之,本能化学习是生物体直接与自然环境互动,通过观察、感知和尝试获取知识和技能,学习内容与生存直接相关,具象且自发,生活空间与学习空间重合,学习过程与生存紧密相连,无须外部指导,依赖于感官和经验。此阶段的学习,有助于人类主动性和探索精神的培育,其核心目的是提高生存能力,适应环境、获取资源、避免危险,提高存活率。原始时代的本能化学习,为生物的生存繁衍提供了重要基础。随着生物进化环境的变化,生物体逐渐发展出更加复杂、高级的学习方式,以适应多变的环境。

二、书本化学习

人类从本能化学习进化到书本化学习,以符号文字发明为标志,并推动教育活动的发展。文字发展初期,阅读为权贵专利,印刷术的发明,则解决了学习需求与资源不足之间的矛盾,推动了学习的进化,使多数人享受系统的文化学习成为可能。

文字的产生是本能化学习进化到书本化学习的关键。在文字出现前,人们使用结绳、契刻等方式记事,但无法有效交流思想。随着社会发展,利用图画表达思想的方式诞生,但过于烦琐。于是,人们简化图画,形成最初的文字,并经历了漫长的演变,如汉字从甲骨文到小篆的变迁经历了大约1000年。甲骨文的出现标志着我国进入有文字可考的历史阶段。文字的产生基于符号系统、共同语言和文化背景,改变了人类记录和传播信息的方式,推动了社会的发展和进步,成为从自然本能学习到书本文化学习的分水岭。

当书面文字成为主要的知识传播媒介,教育体系开始形成,学校和图书馆成为学习的主要场所,书本时代的学习就开始了。从学习媒介来看,书本化学习以书籍、手稿和印刷品为学习媒介,学习内容主要通过书本和其他书面材料传播。从学习方式来看,书本化学习强调文字和符号的系统学习,教育体系更加系统化和结构化,学习过程受到课程大纲和教学计划的指导,学校教育体现了教师的传授,学生通过听讲、阅读和记忆来学习。从学习能力来看,书本化学习相较于本能化学习效率大大提高,书面材料的复制和传播加快了知识的传播速度,过目不忘的记忆力和逻辑推理能力在书本化学习中备受推崇。

阅读,成为书本化学习的主要方式。大脑与阅读之间的关系极为密切,它们互相交织,共同构建知识世界。阅读是复杂的大脑活动,通过视觉输入信息至大脑,经解码、关联和归类后理解。大脑的颞叶区域在阅读时尤为关键,负责处理记忆、感官和情感信息。阅读对大脑发育有益,能够扩展知识面,提高注意力和记忆力,激活大脑区域,辅助发育。长期阅读可保持大脑活跃,提升思维能力和判断力,同时也是减压方式。但过度阅读可能消耗大脑营养,产生代谢废物,需合理安排时间。总之,阅读是获取知识、锻炼大脑的重要方式,我们应充分利用,让大脑在阅读中成长进步。同时,应注意适度阅读,避免用脑过度,保持大脑健康。

书本化学习强调深入理解和掌握知识,需投入大量时间和精力阅读、思考、讨论,把握核心思想和价值观念。书本化学习注重阅读经典,传承历史文化,也注重博览群书,形成知识广度。正所谓"读万卷书,行万里路",书本化学习也提倡学以致用,将所学知识应用于实践,与现实生活结合,促进个人和社会进步。总之,书本化学习不仅是知识积累,更是思维发展和文化传承,对个人成长和社会发展具有重要意义。

与本能化学习相比,书本化学习更加彰显目标与规划感、设计与建构、理解和创生,学习从"自然"走向了"不自然",即改变了自然本能的状态,以"人为干预与介入"的方式,创生了新形态或新样态。这一切都源自文字诞生与书本创生。在此阶段,学习和文化的代际传承与赓续发展已经密不可分了。

三、信息化学习

随着信息技术的快速发展,尤其是互联网的普及,信息量爆炸性增长,获取知识的途径变得五花八门。从学习媒介来看,互联网作为主要的学习媒介,提供了广泛的信息资源和在线学习平台。学习者通过搜索引擎、在线课程、论坛和社交媒体等获取信息和知识。学习方式以自主学习和协作学习为主,学习者有更多的自主权来选择学习内容和学习节奏,强调个性化学习路径。学习者可以通过在线论坛、社交媒体等平台与他人进行交流和合作。信息化学习强调信息素养的培养,包括信息检索、评估和利用的能力。从学习能力来看,信息化学习的重点在于提高学习者的信息处理能力,包括筛选、分析和整合互联网上的信息。学习者需要具备自主学习和终身学习的能力。

互联网时代的学习和书本时代的学习在学习媒介、学习方式和学习能力等诸多方面有着明显的区别:(1)从学习媒介来看,书本化学习依赖于纸质书籍、教科书和其他印刷材料,信息是静态的,一旦出版,内容就固定不变;信息化学习依赖于互联网资源,包括在线课程、电子书籍、视频教程和互动平台,信息是动态的,可以实时更新和扩展。(2)从学习环境来看,书本化学习通常在物理空间如图书馆、教室、个人书房中进行,环境相对安静,适合深度阅读和集中注意力;信息化学习则可以在任何有网络连接的地方进行,灵活性更高,但同时也需要较高的自主性与自我调控能力。(3)从学习路径来看,书本化学习通常是线性的,按照章节顺序阅读,强调深度阅读和对文本的深入理解;信息化学习是非线性和模块化的,学习者可以根据自己的需要选择学习路径,强调信息检索、多任务处理和快速浏览。(4)从互动性来看,书本化学习通常是单向的信息传递,学习者与作者的互动有限;信息化学习可以包括在线讨论、实时反馈和协作学习,学习者可以与教师和其他学习者进行实时交流。(5)从资源获取来看,书本化学习的资源获取可能受到物理限制,如图书馆的藏书需要物理存储空间;信息化学习的资源获取不受物理限制,学习者可以访问全球的知识和信息。(6)从成本和可访问性来看,书本化学习可能需要购买书籍,成本相对较高,对于偏远地区或资源有限的学习者而言,可访问性较低;信息化学习中许多在线资源是免费的,对于有网络连接的学习者而言,可访问性较高。(7)从学习效果来看,书本化学习适合系统学习和深入理解复杂概念,信息化学习适合快速获取信息和技能提升,有助于培养信息素养和数字技能。

四、智能化学习

人工智能(Artificial Intelligence,简称AI)是新一轮划时代的科技革命,能够使计算机去做过去只有人才能做的智能工作。人类在与人工智能的交互中学习,也可称之为"智慧学习",其基本特征是:人类智能在与人工智能的交互生成中学习与成长。无论是自然学习,还是书本与网络的学习,都涉及到技术工具的使用,但到了智能化学习阶段,以 ChatGPT 等为代表的人工智能技术不再只是学习者的工具,而是成为学习伙伴,从单向使用变成交互生成,人类由此进入智能化学习的新阶段。在这里,迭代升级的不仅是工具技术本身,还有学习者与技术的关系,从"单向被动"走向"双向协同、双向共生"。[37]

从学习媒介来看,智能化学习利用人工智能、机器学习等技术提供个性化的学习体验和支持,通过大数据分析学习者的行为和表现,其学习系统能够根据学习者的进度和理解能力自动调整难度和内容。从学习方式来看,智能化学习通过游戏化学习、模拟和互动体验进行学习,通过基于数据的个性化学习路径实现自适应学习。由于人工智能代替了人类一部分的学习,智能化学习要求人类学习者更具有创新思维和问题发现能力,更具备跨学科的知识技能创生以及终身学习的能力。

基于互联网的网络学习和基于 AI 的智能化学习分别代表了技术发展和学习进化的两个不同阶段,它们在学习媒介、学习方式和学习能力等方面有着明显的区别。特别是大型语言模型(LLMs),以 ChatGPT 为代表的人工智能技术,提供了更高程度的个性化学习体验,AI 可以根据学习者的行为和反馈定制学习内容。智能化学习更加强调人机互动,学习者可以通过对话与 AI 进行更加自然的交流。因此智能化学习除了强调信息处理能力,更强调批判性思维和创新能力,因为学习者需要评估 AI 所提供信息的准确性和适用性,也需要适应快速变化的技术环境,并能够利用 AI 工具来提高学习效率和深度。

在本能化学习、书本化学习、信息化学习的演进中,学习始终是塑造个体大脑与人际关系的核心过程。如今,随着生成式人工智能与脑机接口技术的飞跃,人类正迈向一个前所未有的学习阶段。此阶段将突破人脑的自然界限,实现人脑与电脑的深度融合,其核心矛盾将聚焦于学习者思维情感的多样性与知识获取的机械化之间的冲突。生成式人工智能与脑机接口技术将成为智能学习的关键驱动力。智能化学习将呈现高度的个性化特征,借助智能算法与大数据分析,为每位学习者量身定制学习内容与路径,提升效率,挖掘潜能。脑机接口将构建计算机与大脑的信息通道,开启学习新纪元。未来,通过链接多个大脑形成"生物计算机"或"大脑网络",可凝聚智慧,实现人机系统的超级学习。这种超技术驱动的学习模式,将极大提升人类的竞争力、适应力、创造力及创新能力,推动个人全面发展与社会进步。

智能化学习的到来是历史必然,它将重塑学习生态,提升人类潜能,激发创造力,促进个人成长与社会发展。在这一进程中,既需要积极拥抱技术变革,也需要保持对人性本质的深刻理解与尊重,确保技术服务于人类的全面发展,共同迎接智能时代的未来学习。

每个时代的学习都与当时的技术发展和社会需求密切相关,无论是哪种学习阶梯,在人类学习的过程中,都有其不可替代的教育价值。例如,与天性合作的、自然而然的本能化学习在智能时代同样不可或缺,它和书本化学习、信息化学习、智能化学习都不能相互替代,处在你中有我、我中有你的交融共生状态。

第二节 ‖ 未来学习的发展趋势

一、与天性合作的自然学习

在人类的学习旅程中,我们时常会发现,那些最纯粹、最深刻的认知往往源自我们最本真的天性。好奇、好动、好胜,这些看似简单的天性,实则蕴含着无限的学习动力和潜能。当我们尝试与这些天性合作,而非与之对抗时,一种全新的、自然的学习方式便应运而生。

好奇,是驱动我们探索未知世界的原动力。孩子们天生对周围的一切充满好奇,他们想要了解每一片叶子的脉络、每一颗星星的闪烁。这种好奇心,正是内隐学习的源泉。它驱使孩子们在不知不觉中吸收新知,形成对世界的初步认知。正如福禄贝尔所言,"游戏是儿童发展的最高阶段",在游戏中,孩子们以最纯粹的方式与世界互动,他们的创造力、想象力得以充分释放。因此,我们应该珍视并保护孩子的好奇心,为他们提供丰富的探索环境,让他们在自由的游戏中自然地学习、成长。

好动与好胜,则是孩子们接触世界、认识世界并主动学习的双翼。在玩耍中,孩子们不仅锻炼了身体,更在无形中培养了解决问题的能力、团队合作的精神以及创新思维。玩耍,让孩子们在轻松愉快的氛围中学习新知,体验成长的乐趣。同时,好胜心如同催化剂,激发孩子们不断挑战自我、追求卓越。在竞争中,孩子们会为了取得胜利而不断努力、不断进步。这种好胜心,不仅能够帮助他们克服学习中的困难,更能够激发他们的学习热情和创造力。然而在现代社会,随着科技的发展,孩子们越来越沉迷于虚拟世界,忽视了现实生活中的玩耍与学习,甚至过于依赖技术,沦为无动力的一代。这无疑是对好动天性的一种压抑,也是好胜心被误用的体现。

因此,我们应该鼓励孩子们走出家门,走进自然和社会,通过亲身实践来感知世界、理解世界。在玩耍与竞争中,孩子们将学会如何与他人相处、如何面对挑战、如何创造美好。这要求我们在教育实践中,不仅要尊重孩子的天性,更要善于引导和激发这些天性。我们可以通过设计富有创意的游戏和活动,将学习内容融入其中,让孩子们在玩耍中学习、在竞争中成长。同时,我们也要关注孩子们在玩耍和竞争中的表现,及时给予肯定和鼓励,帮助他们树立正确的竞争观念和学习态度。

此外,与天性合作的自然学习还意味着要营造一个宽松、包容、鼓励的学习氛围。在这个氛围中,孩子们不会因为犯错而受到指责或嘲笑,他们会因为敢于尝试而受到肯定和鼓励。这种氛围能够激发孩子们的自信心和勇气,让他们敢于面对挑战、敢于追求梦想。同时,这种氛围也能够促进孩子们之间的交流和合作,让他们在共同的学习中共同成长、共同进步。

总之,与天性合作的自然学习是一种全新的教育理念和实践方式。它尊重孩子的天性、关注孩子的内在需求、激发孩子的学习热情和创造力,帮助孩子们更好地认识自己、理解世界,为他们的未来发展奠定坚实的基础。

二、多样态的混合学习

未来不是学得更多,而是经历更多样的学习。因此,多样态的混合学习是未来学习的重要理念,它融合了多种学习类型与方式,旨在满足不同年龄段、不同学习风格和不同能力水平的学生的需求。它以"多样态"为起点,强调学习方式的多样性和灵活性,包括个性化学习、问题化学习、项目化学习、游戏化学习、沉浸式学习、合作学习、体验学习等多种形态,为不同年龄段、不同学习偏好和不同能力层次的学生量身提供多样化的学习方式与选择。

在多样态的混合学习中,学生不再局限于传统的接受式学习,而是可以根据自己的兴趣、能力和学习目标,选择最适合自己的学习方式和路径。例如,对于喜欢"做中学"的学生,可以通过实验探究来深化理解;对于喜欢"议中学"的学生,可以通过合作学习来解决问题;对于喜欢"玩中学"的学生,则可以通过游戏化学习来激发学习动力和兴趣;对于喜欢"书中学"的学生,可以支持他们博览群书,从而上知天文下知地理。

同时,多样态的混合学习还注重"优组合"策略的应用。这意味着教师需要根据学习者模型,精心构建不同的学程,将多种学习方式有机地结合起来,形成高效的学习组合。例如,在教授"山水之美"这一主题时,可以将语文、地理、历史、艺术等不同学科的学习进行融合,通过诗中山水、画中名胜进行文学鉴赏,通过山水旅行进行古迹探访、地理实践,通过高山流水、古筝古琴进行艺术体验等,以多种方式帮助学生更丰富地感悟"山水之美"。

此外,多样态的混合学习还强调"个性化"目标的实现。每一位学生都可以选择更适合自己、更容易切入或更喜欢的方式来进行学习,老师也可以为学生的学习提供个性化支持,并且在人工智能的支持下,通过构建数字赋能的"教育大脑",可以更加精准地理解每个学生的学习风格、学习能力和学习需求,从而推送个性化的学习任务和资源。这种个性化的学习方式不仅可以提高学生的学习效率和效果,还可以激发他们的学习潜能和创造力。

展望未来,"多样态""优组合""个性化"这三大核心思想将继续引领多样态混合学习的发展方向,推动学习变革和教育创新。在这一过程中,学习将不再是简单的知识传递,而是成为一种促进个体全面发展、激发学习者创新活力的强大力量。我们有理由相信,随着技术的不断进步和教育理念的不断升级,多样态混合学习将在未来的教育领域取得越来越多人的共识。

三、量身定制的个性化学习

在未来的教育领域,量身定制的个性化学习无疑将成为一场颠覆性的革命,它不仅彻底改变了传统教育的面貌,更以独特的定制化和精准性,为每一位学习者提供前所未有的个性化成长空间。

量身定制的个性化学习,目标是个性化,实现方式的精髓在于"定制"二字。它让教育不再是千篇一律的标准化产品,而是根据每位学习者的独特需求、兴趣、能力和发展目标,精心打造出专属的学习方案。

这种定制将深入到学习的每一个细节,从学习者的学习习惯、思维方式、情感需求到未来职业规划,进行全面而细致的考量。通过大数据和人工智能技术的支持,教育者可以收集并分析学习者的多维度数据,包括学习行为、成绩变化、兴趣偏好、情绪状态等,从而精准地把握学习者的学习特点和需求。在此基础上,教育者可以为每位学习者设计出一套独一无二的学习方案,确保他们能够在最适合自己的节奏和方式下高效学习。

在个性化学习的过程中,学习者将享受到前所未有的学习体验。他们可以根据自己的兴趣和目标,自由选择学习内容和学习方式。同时,学习者还可以根据自己的时间安排和学习进度,灵活调整学习计划,确保学习的高效性和连续性。通过智能学习平台,学习者可以与教育者、同学以及其他学习者进行实时互动,分享学习心得和成果,共同探讨问题解决方案。这种互动不仅促进了学习者之间的交流与合作,还激发了他们的学习热情和创造力,有利于及时调整学与教的策略和内容,确保学习的精准性和有效性。

总之,未来量身定制的个性化学习不仅满足了学习者的个性化需求,还促进了学习者的全面发展和创新能力的提升。在不久的将来,个性化学习将成为重要的趋势,引领教育向更加高效、灵活和人性化的方向发展,并努力确保每位学生都能享受适合自己的优质教育。

四、基于智能体的人机协同学习

智能体(Intelligent Agents,也称智能代理)是一种具备感知、学习、适应能力,并能在特定环境中自主执行任务或者作出决策的智能系统。智能体涉及四个关键词:第一,能够感知,意味着它能够通过传感器不断地获得信息。第二,能够自我学习,说明它不是一个机械化的操作程序。第三,能够适应,意味着它能够针对不同的服务对象作出合理的反应。第四,可执行,它能够在特定环境中自主执行任务或者作出决策。这是一个智能系统,既可以是一个物理实体,也可以是一个软件,还可以是一个应用程序,是人类社会走入智能时代最重要的标志。

智能体的构建是一个非常深刻的技术迭代过程,现在绝大部分的大模型已经引导大家构建自己的智能体,例如IBM构建了"深蓝",AlphaGo构建了下围棋的智能体。

从技术趋势的角度来看,智能体包括符号型智能体(symbolic agents)、反映型智能体(reactive agents)、基于强化学习的智能体(reinforcement learning-based agents)、基于迁移学习和元学习的智能体(agents with transfer learning and meta learning)和基于大语言模型的智能体(large language model-based agents)。

大语言模型具有跨时代的意义,当下基于大语言模型的智能体正在不断崛起,其最主要的特征就是基于智能体来执行人类智慧才能实现的工作,而这些工作包括相关的各种模型创建、文字输出、任务解决。评价一个智能体的核心逻辑在于:在流程上的节点上完成了多大程度的自动化。

智能体的关键属性主要包括以下四点。一是自治性(autonomy),即可以在没有人类或他者直接干预的情况下运行,表现出独立发起和执行动作的能力,并对其行为和内部状态具有一定程度的控制。二是反应性(reactivity),即可以感知周围环境的变化,快速处理来自环境的信息,并迅速采取适当的行动。三是主动性(pro-activeness),即不仅能对环境作出反应,而且能够在行动中进行推理、制订计划、采取主动措施,以实现特定目标或适应环境变化。四是社交能力(social ability),即可以通过某种智能体沟通语言与其他智能体(包括人类)进行互动,包括合作与竞争、扮演不同角色以模拟现实世界中的社会分工,多个不同身份的智能体还能形成智能体社会。

智能体在各个行业的典型应用包括单智能体、多智能体、人机协同智能体。单智能体例如支付宝智能助理,包括 AI 生活管家、AI 金融管家、AI 就医助理等。多智能体例如心理健康服务智能体,由于个体的心理疾病可能需要应对各种问题,如学业问题、成长问题、健康问题、社交问题,还包括针对心理疾病的预警系统、医疗建议,是一个复杂系统。人机协同智能体,是指在人机协同(human-machine synergy)的框架下,集成人类智能和人工智能的系统,它能促进人机自主交互和协作共赢。这种人机协同智能体能够结合人的感知、认知能力和计算机的运算与存储能力,形成一种"1+1>2"的智能增强形态。在这种模式下,AI 充分体现了智能体的互动性、自主性和适应性,接近于独立的行动者,而人类则更多地扮演监督者和评估者的角色。

基于智能体的人机协同学习,是一种融合了机器学习、多智能体系统和人机交互等多个领域先进技术的新兴学习方式。在这种学习方式中,人类用户与软件智能体(如机器人、虚拟助手)形成了紧密的合作关系,通过双方的互动来实现学习目标。值得注意的是,在人机协同学习的过程中,除了智能体在学习和成长,人类也在与智能体的互动中不断汲取新知,实现自我提升。基于智能体的人机协同学习,还形成了一种"智能学共体"(intelligent learning community),即通过智能体技术构建的学习共同体。

智能体在未来学习中不可替代,它的主动性如同领航员,根据目标和环境主动调整策略,引领协同学习高效前行;社会性如同默契伙伴,通过交互共享信息、协同决策,共同谱写精彩乐章;进化性体现在智能体不断积累知识、适应新环境,追求卓越,提升学习效果。智能体陪伴下的人机协同学习犹如置身魔力世界,共享任务,互补能力,共创佳作。这种双向学习可以实现心灵对话,智能体与人类相互学习、成长。自适应界面如同贴心朋友,灵活调整交互,让学习之旅充满愉悦和惊喜。

第三节 ‖ 未来学习的实践样态

样态一：基于问题的学习

从国际上看，PBL作为一种教学方式在全球范围内流行，其中包括基于问题的学习（problem-based learning）与基于项目的学习（project-based learning），它们都简称为PBL。基于问题的学习强调把学习设置于复杂的、有意义的问题情境中，让学生以小组合作的形式共同解决复杂的、实际的（real-world）或真实的（authentic）问题，学习隐含于问题之中的科学知识，以促进解决问题、自主学习和终身学习的能力发展。

【案例链接】上海市宝山区的问题化学习

上海市宝山区问题化学习研究团队，为突破课堂长期以来知识体系建构与学生问题探究难以兼顾的突出问题，寻求学科"知识逻辑"与学生"心理逻辑"的有效沟通，历经20年探索，形成了指向素养的全学科适用、全学段推广的中国特有学习方式与教学实践体系。[96]

问题化学习是指学习者在情境中自主发现并提出问题，聚焦核心问题，持续探索追问、形成问题系统，独立及合作解决问题的自我建构学习。[97]其显著特征就是通过系列的问题来引发持续性学习的活动，它要求学习活动以学习者对问题的自主发现与提出为开端，利用有层次、结构化、可扩展、可持续的问题系统贯穿学习过程和整合各种知识，通过系列问题的解决，实现知识的整体建构、学习的有效迁移与能力素养的逐步形成。

问题化学习（problem-systematized learning）作为本土建构的理论成果，其广义的问题解决适用于不同知识类型的学习，实现了学科逻辑顺序与学生心理顺序的沟通：一是依托"三位融合"（即学生问题为起点、学科问题为基础、教师问题为引导）聚焦核心问题，在学习追求个人意义的同时，实现学科素养的共同目标；二是依托问题系统化，在持续解决问题中建构学科知识体系，发展高阶思维，实现学习经验多维度结构化，使素养得以落地。

问题化学习研究所的学术领衔人王天蓉老师指出："学习是为了追寻意义，如果孩子们不能自己去提出问题，所有的问题都来源于教师的话，他们就会找不到学习的意义。"20年来关于问题化学习的探索形成了学与教的变革路径：学生自主提问——主动学，师生聚焦核心问题——有效学，学会追问——持续学，学会建构问题系统——深度学，学会合作解决问题——互动学，学会自我规划——设计学。

样态二：基于项目的学习

基于项目的学习（project-based learning）是以学科的概念和原理为中心，以问题为导向，以项目为基础，以制作作品或形成产品为目的，在真实世界中借助多种资源开展的一种探究性学习方式。这种学习方式通过集中关注学科或跨学科的核心概念和主题，设计驱动性的问题，引导学生自主或合作完成基于项目任务的问题解决过程。在这个过程中，学生积极学习和自主建构，生成知识和培养素养。

【案例链接】上海教育科学研究院的项目化学习

上海教育科学研究院夏雪梅博士开展了项目化学习的研究。项目化学习的具体定义为：学生在一段时间内对与学科或跨学科有关的驱动性问题进行深入持续的探索，在调动所有知识、能力、品质等创造性地解决新问题并形成公开成果的过程中，形成对核心知识和学习历程的深刻理解。[96]

项目化学习与基于问题的学习、探究性学习一样，都是一种以问题为驱动，注重持续性深入探究的学习方式。区别在于，项目化学习需要解决某个问题，产生可见的公开成果，引导所有参与者和公众对成果进行评论和分析，成果的修订、完善、公开报告的过程被看作学习的重要组成部分。基于问题的学习和探究性学习并不特别强调成果，最后的结论可以是开放的。[98]

夏雪梅博士将项目化学习的实施类型分为"学科项目化学习""跨学科项目化学习"和"活动项目化学习"。她提出在素养背景下实施项目化学习，一是要指向个体和社会价值的整合，二是要指向核心知识的深化和思维迁移，三是要关注学科和跨学科课程的协调。2018年开始，夏雪梅博士致力于在学科中进行项目化学习，通过双线设计融通学科素养与跨学科素养，提出学科项目化学习的本土实践路径：(1) 转化学生提出的真实问题；(2) 基于某个关键知识网的创造性、批判性问题解决；(3) 某个学科关键知识在多学科情境中的创造与实践。

【案例链接】芬兰的现象式学习

芬兰在教育改革领域一直走在全球前列，尤其在2016年完成的新一轮国家课程大纲改革中，现象式学习法(PhBL)的引入成为标志性事件。这一创新方法不仅跨越了传统学科界限，更在实践中推动了高效学习法的应用，使芬兰在全球教育改革舞台上独树一帜。

现象式学习法强调系统思维和全球竞争力的培养，将多学科融合、跨学科教学的理念融入教学实践。它打破了学科壁垒，通过整合不同学科的知识和技能，为学生提供了一种体系化、完整的学习体验。在芬兰最新的国家核心课程大纲中，明确提出了21世纪横贯能力培养的目标，旨在挖掘各学科资源，发挥其在人才培养中的作用。这七项横贯能力包括思考与学会学习，文化感知、互动沟通和自我表达，自我照顾与管理日常生活，多元识读，信息交流与技术素养,职业技能和创业精神,以及参与、影响和构建可持续发展的未来。[99]这些能力的培养不仅有助于学生应对当前挑战,更为他们未来的生活和工作奠定了坚实基础。

现象式学习法涉及不同学科的整合,使学生能够从多角度看待一种现象。它除了关注学生的知识掌握,更重视系统思维的培养,避免单一学科的片面性思维。通过现象式学习,学生能够形成解决问题的高级技能和创造性思维的潜力。

在现象式学习中,学生深入关注与全球或生活实际相关的话题,如水、碳足迹、移民等。这些话题能够激发学生的兴趣和好奇心,促使他们主动探索和学习。通过对不同学术角度的关注,现象式学习提升了基于项目的学习水平,使学生能够更加全面、深入地理解问题,并找到解决问题的有效方法。芬兰现象式学习法的引入,不仅打破了学科界限,更推动了高效学习法的应用,为全球教育改革提供了宝贵经验和启示。

样态三:实践导向的学习

陶行知认为,"教"与"学"都必须以"做"为中心,实行"教学做合一"。他认为教育要与生活结合起来,在"做"中教,在"做"中学,在"做"中不断进步。他认为好的方法莫过于在"做"上学,即"劳力者劳心"。[100]

当前教学中,我们似乎缺失了陶行知先生所强调的"做"。随着未来科技的飞速发展,知识获取将变得更加便捷,在此背景下,强调以亲身参与和实践活动为导向的学习会成为一种主流的学习形态。实践导向的学习,其精髓在于实践,它跨越了书本知识和生活世界的鸿沟,实践先于学习,学习助力实践,促使学生在实践中探索自我,明确人生意义与职业方向,为未来的职业生涯奠定坚实的基础,游刃有余地应对未来社会中多元的、充满不确定性的挑战。

未来实践导向的学习会推动教育与产业的深度融合,与企业、行业建立更加紧密的联系,共同设计实践课程和项目,为学习者提供真实的职业体验。通过实践导向的学习,学习者可以逐渐提升团队合作能力。实践导向的学习有多种实践样态,例如实验室实践、企业实习、社区服务、项目研究、劳动实践等。

【案例链接】美国米尔顿中学搬到农场里的学习

The Mountain School 这所学校只有11年级一个年级,虽然附属于美国顶尖精英私校米尔顿中学(Milton Academy),却是对全国学生公开招生的。被选中的学生将在佛蒙特州的一个农场里度过11年级一整个学期(分为秋季和春季两期),每批只有45个学生,他们与学校的老师和管理人员同吃同住。[101]

在这里,学生除了完成正常学业之外,还要在专门老师的指导下承担起农场里的一切事务,比如喂养家畜(羊、猪、牛、鸡等),清理谷仓,晒干草垛,制作枫糖,种植蔬果,照料温室。这所学校的理念是希望通过这样一学期的劳作体验,学生能对农业有所了解,对食物有所敬畏,对别人劳动的付出有所感恩。

The Mountain School 还有一个特点,因为地处大农村,那里没有手机信号,网络使用也是有限制的,特别适合学生过一个只有阅读、思考、交流、劳动和运动的学期。学校里没有社交网络的喧嚣,有的只是跟小伙伴们一起上课、讨论、做作业、干农活、吃有机食物。

农场学习项目在全世界其他学校也有类似的实践,例如与 The Mountain School 理念相似的学校,还有推崇"瓦尔登湖式"森林生活的 Vergennes Union High School 和与动物每天共处的 Zoo School。在中国,上海市宝山区罗泾镇享有"中国最美村镇"的美誉,与宝山区教育局共同打造了劳动教育实践基地"第三空间",作为学生开展生产劳动与服务性劳动的实践场所,让田间地头成为孩子们的劳动场所,体现了"行知行"实践导向的学习理念。关于劳动教育实践基地"第三空间"的学习,详见本书第五章第三节"未来课程的实践样态"的样态三"面向生活的体验性课程",其中有更加具体的介绍。

【案例链接】湖北省宜昌市的"研学旅行"综合实践活动

在湖北省宜昌市,研学旅行被纳入教育教学计划,是中小学生的必修课,人人要参加。宜昌市始终坚持落实立德树人根本任务,紧紧抓牢校外实践活动育人载体,采取线上线下相结合,常态化组织系列研学旅行活动。

一是全面组织七年级学生综合实践活动。宜昌市教育局统筹安排全市七年级综合实践活动,按照每周一期制定各初中学校的时间安排表,在宜昌市青少年综合实践学校组织学生集中开展防溺水、防震、消防、禁毒、救护、国防等实践教育活动。从城区学校推广到全市,实现全市七年级学生综合实践活动全覆盖。

二是全面推动全市中小学生研学旅行活动。统一规定各学段研学旅行时长,确保全市各中小学各年级所有学生全覆盖:小学低年级每学年1—2天,高年级3—4天,以宜昌市内开展为主;初中4—5天,以湖北省内宜昌市外开展为主;高中5—7天,以国内湖北省外开展为主。同时,深入推进"宜荆荆恩"城市群、宜昌与武汉地区中小学生研学旅行互动,与上海、西安、长沙等营地开展常态化研讨交流,推动全国、全省研学实践教育发展。

三是大力开展研学旅行公益活动。先后组织新疆、西藏、香港等地区中小学生开展"三峡行"专项活动,组织"宜昌万名学生红色行""革命老区学生三峡行"等红色教育实践活动,组织"宜昌学生武汉行""武汉学生三峡行"研学旅行活动等。近年来,加强线上线下资源开发,推出系列线上研学旅行实景课堂,惠及全国近百万名中小学生。

湖北省宜昌市的"研学旅行"从政府倡导到学校实践,作为贯彻实施《关于推进中小学生研学旅行的意见》的成功案例,2020年获湖北省校外教育年会创新案例一等奖第一名。

样态四：具身学习

具身学习是基于身体感知的认知建构过程。除此之外，反思和体验在认知加工中扮演了辩证性角色，具身学习既是学习者通过反思重构自身体验的过程，也是基于自身体验进行反思的过程。[102]因此，身体、体验、认知和反思成为具身学习的四大要素。具身学习既包括学习者基于自我身体感知的自我学习建构过程，也包括学习者之间交互学习建构的过程。具身学习具有以下几个特点：

境脉化：具身学习遵从情境学习理论机理，认为学习是学习者个体与情境化的学习环境相互作用的结果。情境化的程度决定着学习的效果，因此进行具身学习时要重视学习情境的营造。

身体力行：具身学习的本质是学习者身心一体的实践活动。学习者通过身体的感觉运动系统与周围环境的互动，促使自身的认知、心理和情感水平发生变化。

基于感知：学习者的行为和认识依赖于自身的知觉、感受和经验。具身学习的发生基于学习者身体作用于环境的实践过程，对意义的建构来源于学习者身体感觉器官对周围环境的感受。

从学生视角来看，具身学习有助于产生更深层、更持久的记忆痕迹，提高测试成绩和知识记忆的保留率。具身学习的提出，为我们提供了一种新的学习视角和方法。它强调身体在学习过程中的重要性，鼓励学习者通过亲身体验和实践来获取知识，实现真正意义上的学习。同时，具身学习也为我们提供了一种新的教学理念和方法，促使教育者在教学过程中更加关注学习环境的营造和学习者的实践活动，以提高教学效果和学生的学习质量。

【案例链接】江苏省无锡市洛社中心小学的儿童具身学习

无锡市洛社中心小学是古运河畔的一所百年老校，创办于清光绪年间。"儿童具身学习的实践研究"是该校李勤校长主持的江苏省教育科学规划"十三五"重点资助课题,2018年获批江苏省基础教育前瞻性教学改革实验项目。[103]

学校将具身学习作为一种契合儿童认知特点和学习规律的新型范式进行了大量的行动研究,通过课堂教学深化、主题活动设计、资源平台建设等方面的系统建构,探索了儿童具身学习的实践操作样态,初步实现了从"理论"到"实践"的落地和从"理解"到"行动"的转化。通过数年的儿童具身学习课程建设,学校教育生态得到进一步优化,学校的课程也逐渐变得丰富而生动,儿童在亲历中体验了"成长的节拍",教师在研究中找到了"前行的罗盘",学校具身学习项目获得无锡市教学成果特等奖。江苏省无锡市洛社中心小学将进一步优化儿童学习空间,进一步彰显学生身体主体价值,让课程"动"起来,让儿童的成长在生命的律动中闪光和实现。

样态五:游戏化学习

狭义的游戏化学习(game-based learning,简称 GBL)是将游戏尤其是电子游戏用到学习中。广义的游戏化学习是将游戏或游戏元素、理念或设计用到学习中。[104]蒋宇在《玩出智慧:游戏化学习的魅力》中提到,游戏化学习应至少包括两个方面的含义:一是利用游戏的教育价值,将游戏应用于学习活动中;二是使学习游戏化,即遵循游戏的机制,给没有游戏元素的学习场景添加、设计游戏规则,提高学生的参与度,让学生产生心流,沉浸在学习活动中。

指向未来的游戏化学习是指用游戏的思维来组织学习,也称基于游戏的学习。游戏化学习的核心思想是利用游戏的趣味性、互动性和挑战性来激发学生的学习兴趣和动力,从而使学习变得更加有趣和高效。根据经济合作与发展组织(OECD)的研究,游戏化学习有两个主要的成分:一是机械元素,包括快速反馈、徽章和目标、参与和渐进式挑战;二是情感元素,包括叙事和身份、合作和竞争。

游戏化学习的应用领域非常广泛,未来可以应用于各个学科和年龄段的学习。例如,在数学学习中,可以通过设计有趣的游戏来帮助学生理解数学概念;在语言学习中,可以通过模拟真实的语言环境来提高学生的口语和听力能力。需要注意的是,游戏化学习并不是简单地将学习内容转化为游戏形式,而是需要精心设计游戏元素和机制,使其与学习内容紧密结合,真正达到提高学习效果的目的。

【案例链接】浙江省安吉县的"安吉游戏"

"安吉游戏"是浙江省安吉县开展的幼儿园游戏化学习,是在户外的、以运动为特征的综合性游戏。它契合了当今世界学前教育发展的方向。迄今为止,已引起138个国家的关注,先后有50多个国家、300多位国外专家学者及政府官员前来安吉考察学习。其独特的教育理念和实践模式,得到了国际学前教育界的认可和赞誉,被世界经济论坛评为16个未来教育模式(教育4.0)之首,成为中国学前教育界的一张"金名片"。

安吉各幼儿园规模不同、层级不同,在户外环境与材料上却存在很多共同点:户外环境的创设大都遵循自然、野趣的原则,设置了大片的沙池、高低起伏的草坡与隧道、原生态的泥地、大树与秋千,几乎看不到塑胶场地,也很少有花花绿绿的大型塑胶玩乐设施。

"安吉游戏"更多是自发性、开放性的,并且是幼儿自己玩的。例如在一次"安吉游戏"中,教师为幼儿提供了一个沙坑和一些小铲子,让幼儿自由探索。在游戏中,一名幼儿用小铲子在沙坑上搭建了一座小桥,并成功地走了过去。其他幼儿看到后也纷纷尝试搭建自己的小桥。在这个过程中,幼儿们不仅锻炼了自己的动手能力和创造力,还学会了合作和分享。

诸多案例表明,"安吉游戏"不仅能够满足幼儿的兴趣和需要,促进他们的自主发展,还能够培养幼儿的合作意识和社交能力。同时,"安吉游戏"也需要教师具备较高的教育素养和观察能力,以便更好地引导幼儿的游戏过程和支持他们的发展。

【案例链接】上海市宝山区的户外自主游戏探索

自 2021 年起,上海市宝山区幼儿教研领域便踏上了探索幼儿户外自主游戏学习方式的征程。研究者们聚焦真实问题,悉心倾听一线园长与教师的困惑与需求;他们深入真实情境,将研究视野从室内游戏拓宽至户外自主游戏现场;他们秉持真实理念,深刻领会"幼儿发展优先"的核心价值,坚守户外游戏中以儿童为本的立场。

2024 年 2 月 27 日,一辆满载北国冰雪的冷冻车跨越三千公里,抵达上海市宝山区小海螺幼儿园,为南方的孩子们带来了一场前所未有的"北雪"盛宴。孩子们惊喜地捧起玩雪工具,与这来自远方的"洁白精灵"亲密互动。他们触摸雪的温度,观察雪的状态,沉醉于雪的奇妙世界。有的孩子好奇地思考,为何玩雪时起初手冷,而后却渐感温暖;有的孩子乐此不疲地做着实验,反复扔下雪球再拾起,探究雪球的软硬变化;还有的孩子凝神观察小冰球与雪球的不同,眼中闪烁着对雪之百态的好奇与探索。在这片户外天地,每个孩子都用自己的独特方式,揭开雪的神秘面纱,感受大自然的鬼斧神工。

宝山区户外自主游戏探索项目的研究,一方面激发了幼儿好动、好奇的天性,让他们对周围世界充满浓厚兴趣,自发探索与认知环境,自主选择活动材料、伙伴、内容及方式,创造性地表现与反映生活经验,发明个性化游戏;另一方面以游戏为桥梁,助力教师的专业成长,帮助教师深刻理解游戏、幼儿、教师、课程之间的相互依存关系,重构儿童立场下的幼儿主动学习环境,使幼儿在游戏中的探索之旅成为一段既有趣又富有意义的学习经历。

【案例链接】上海市黄浦区复兴东路第三小学的"乐探老城厢"

上海市黄浦区复兴东路第三小学地处上海城市历史的发祥地,有着得天独厚的地理优势,目前学校由复兴东路的旧校址搬迁至光启路的新校舍。学校以"乐探老城厢"为总主题设置课程内容,分为社区寻根、豫园品美、环城探路三大模块和"6+N"大主题。"一馆""一园""一环"分别对应于一街之隔的豫园社区文化中心(低年级)、豫园(中年级)、11路环线(高年级),老城厢文化在循序渐进、螺旋上升的课程设置中得以渗透。

图3-1 "乐探老城厢"课程体系

面对校园新空间,为打造丰富而有内涵的课间文化,在老城厢里的新校园,设计了极具特色的"老城厢文化长廊",让学生在校园中就能够充分感受到老城厢文化之美。基于校园"老城厢文化长廊"的设计理念,课题组老师将富有趣味的弄堂游戏与学校大课间活动相结合,从低年级"社区寻根"板块的"老城厢风情风貌"主题出发,设计了"老城厢弄堂游戏长廊"。学生首先通过研学活动深入了解老城厢弄堂游戏的种类、形式和方法。在校园新空间中,他们尝试并体验这些游戏,通过真实的体验提升了整理归纳、分类记录的能力。随后,学生根据学校环境和自身特点,对游戏进行创意改编,如为套圈子游戏贴上11路公交车站名,围场地改变打弹子游戏规则等,将传统文化巧妙融入校园。在准备和展示的过程中,学生分工明确,责任意识增强,交往能力提升。最终,他们成功设计了"弄堂游戏长廊",让低年级学生在趣味课间活动中感受老城厢文化的魅力。

诸多游戏活动依据学生身心发展特点,以寻、探、玩、创等多种形式,在一系列团队研学和活动探究过程中,与学生一同感受老城厢"市井生活"之趣,丰富学生学习经历和生活体验,发展学生设计创编、团队协作的能力,提升学生的创新意识及责任意识,同时有效提高学生的身体素质。

样态六:协作学习

个体知识建构的社会性要求个体参与群体建构,因为群体建构是个体建构是否成功的参照,通过群体建构个体会反思并修正自己的理解[105]。协作学习就是一种典型的群体知识建构的方式,是以交互为主要特征的学习活动,其成效源自小组成员在协作学习过程中丰富而集中的交互,以及交互过程中详细解释的出现、意义协商、论证结构的质量以及认知过程的相互管理。[106]

协作学习作为一种高效且富有创新性的学习策略,已受到普遍认可并广泛应用于教育领域。同时,它被视为解锁未来潜能的关键,能够助力应对日益复杂多变的挑战。面向未来,协作学习将展现出更加多元化、个性化和智能化的特征。虚拟现实(VR)与增强现实(AR)技术将提供高度互动与实践性的学习环境,深化学习者的理解与体验。物联网(IoT)技术将促进学习设备的智能互联,为协作学习提供便捷高效的工具与平台。同时,区块链技术将确保学习数据的安全性与可追溯性,为精准的评估与反馈提供坚实保障。

随着数字技术的发展,可以看到线上协作学习将越来越普及,但必须强调的是,线下协作学习仍然具有其独特的优势,如面对面的交流和情感沟通。未来,线上与线下相结合的协作学习模式将成为主流。总之,协作学习将以前所未有的姿态,引领着教育向更加智能、高效与个性化的方向发展。

【案例链接】学习共同体的本土化实践

在一次日本访学之旅中,华东师范大学教育学博士、学习共同体研究院院长陈静静走进东京大学,真正感受到佐藤学教授的"学校教育高度化专业"具有强烈的临床实践研究的特点。当时佐藤学教授的课主要采用"课例研究"与"现场研究"的方式,这给了她很大触动,"原来使用'蚂蚁之眼'做教学研究可以如此落地。"[107]

从2016年开始,陈静静博士开始以暑期研究坊的方式进行学习共同体的本土化实践推广。她认为,学习共同体的愿景是保障每个孩子的学习权,其核心在于通过构建平等、倾听、润泽的课堂环境,促进每一位学生的高品质学习。她强调,教师应该成为"学"的专家,以专家身份保障每位学生的学习权,并致力于实现教育的深度转型。学习共同体倡导构建基于平等互信原则的开放式学习共同体,强调教师、学生、教学内容和教学方法等多方面的协同合作。课堂应该是一个宁静润泽的环境,让学生感到安心和舒适,从而能够专注于学习。她提倡设计互学同伴的学习环境,让学生之间能够相互学习、相互支持,同时提倡自主学习和协同探究的教学方法,鼓励学生通过自主学习和合作学习来提升学习的品质和效果。

陈静静博士的学习共同体理念已经在众多学校得到了实践和推广,取得了显著的成效。她认为,随着研究的不断深入和实践的持续推进,学习共同体将进一步促进教育的公平与优质发展。同时,她也期待更多的教育工作者能够加入学习共同体的实践中,共同推动教育的进步。

【案例链接】跨学科项目中的协作学习

嘉定区方泰小学以"上海国际赛车场旅游推荐卡设计与制作"为核心,引导学生在协作学习中,深入探索赛车场的旅游资源,整合多学科知识,设计并制作出创新又实用的旅游推荐卡。

在项目启动之初,学校对全体教师进行宣讲动员,组建教师项目组。根据项目需求,学校打破班级壁垒,让学生根据个人兴趣、特长和意愿进行团队组建。在此过程中,教师团队加以引导,力求每个学生团队的成员多元化,使团队涵盖数学、语文、道德与法治及信息技术等不同学科背景的学生。团队组建后,给予各小组充分的空间和时间进行初步的讨论和分工,明确各自的角色和责任,为后续工作打下坚实基础。

在收集文献资料的过程中,学校鼓励学生团队成员分工合作,充分利用图书馆丰富的藏书资源和便捷的现代网络技术,广泛搜集相关文献资料。在此过程中,教师项目小组指导学生如何筛选、整理和分析信息,确保学生能够精准地提取出针对推荐卡的设计具有核心价值的内容。

表 3-1　评价量表：小组汇报展示评价表

分类	评价内容	评价标准			自评	互评	师评
		★★★	★★	★			
过程性评价	展示筹备	在筹备过程中体现出很强的团队合作意识和协商能力	在筹备过程中体现出较强的团队合作意识和协商能力	在筹备过程中能配合团队合作，共同协商	☆☆☆	☆☆☆	☆☆☆
总结性评价	展示讲解	能自主、自信、清楚、全面、流畅地介绍推荐卡	能模仿他人，清楚、全面地介绍旅游推荐卡	能在组员的补充下完成对推荐卡的介绍	☆☆☆	☆☆☆	☆☆☆

组员姓名：_____　组长签名：_____　教师签字：_____

在创意构思的每一个环节，学校都鼓励学生勇于尝试、敢于创新，并通过持续的讨论、反馈与迭代，不断优化设计方案，力求达到最佳效果。这一过程不仅锻炼了学生的创新思维和团队协作能力，也为他们的个性化发展提供了宝贵的实践机会。最终，学生发挥创意，结合手工制作技巧，为推荐卡增添独特的个性化元素。在教师指导下拍摄推荐卡的实物照片和视频资料，为后续展示和宣传做准备。随着项目的圆满落幕，学校组织师生团队共同策划旅游推荐卡成果展示会。

本项目关注学生在团队协作中学会沟通协作，共同创意设计，在制作过程中提升合作解决问题的能力，为未来学习研究奠定了坚实的基础。

样态七：泛在学习

泛在学习（U-Learning）以其独特的魅力和无限潜力，正逐渐改变着我们的学习方式和习惯。泛在学习倡导的是一种无时不在、无处不在的学习理念，它利用先进的信息技术，使学习者能够在任何时间、任何地点，利用任何可获得的科技工具进行学习。这种学习模式的核心特征是技术无缝地融入生活,使学习成为一种自然而然的行为,不再受时间、地点和设备的限制。智能空间支持的泛在学习更是将这一理念推向了新的高度,它具备了泛在性、连续性、社会性、情境性及连接性等核心特征,不仅实现了正式学习与非正式学习的无缝链接,还极大地丰富了学习的形式和内涵。

【案例链接】"天问杯"学生好问题活动

2023年6月,上海市教委和宝山区人民政府联合举办了首届"天问杯"学生好问题征集评选活动,旨在激发学生好奇心与科学探索实践,培育面向未来的创新人才,促进青少年跨文化的交流合作,构建面向未来的人类命运共同体。

据统计,学生好问题活动在国内累计有超100万名学生参与,涉及全国15个省市,贡献了200多万个好问题,这些奇思妙想激发了学生之间的科学大讨论。"天问杯"的命名灵感来源于中国古代伟大诗人屈原的长诗《天问》,屈原用质朴而深刻的语言提出了关于宇宙、自然和人类生存的众多哲学问题,这些问题代表了人类对世界的终极思考与探索精神。"天问杯"激励学生继承先贤的好奇心与探索精神,天天都能提出问题,也希望天下的学生一起来问问题,最重要的是鼓励孩子们天马行空地不断突破思维的边界,培养独立思考的能力和创新意识,成为具有全球视野的未来科技人才。

学生好问题活动建立了完善的组织框架,从"提出问题""问题研究过程""问题解决方案"和"问题展示与答辩"四大维度,对学生提出的问题进行全面考核。好问题专题网站开辟"我来问"和"我来答",组织中国K12学生参与并提出问题,覆盖数学与思维、生命科学、物质与化学、工程技术等领域。经过初评、复评、决选、博览会,最终专家团队根据科学性、新颖性、独创性、逻辑性和应用性,评选出天问、善问、好问等奖项。学生好问题活动旨在为孩子们打造提问和交流的平台,将"提问"塑造成一种持续的学习态度和思维习惯,从而培养一代具有好奇心、想象力、执着探索、勇于创新的未来学习者。

学生好问题活动通过开创多元创新活动形式,如大咖面对面沙龙、学校好问题节、校外名师"周周播"、好问题系列微课程等,助力学生形成创新的问题思维模式,引导青少年敢于提问、善于提问。同时,建立好问题学校授牌制和导师制,确保活动顺利进行。此外,学生好问题活动平台作为拔尖人才"蓄水池",通过顶级高校研学活动以及院士大咖结对等方式,以"好问题"撬动"大智慧",助力创新拔尖人才的早期发现。学生好问题活动现已成为学习新样态。

样态八:智能时代学习新样态

在人工智能蓬勃发展的新时代,学习资源与学习路径的丰富性、广泛性和多元性达到了前所未有的高度。在线学习、虚拟现实学习、智能学习辅导、人机协同学习,以及新兴的元宇宙学习模式,正逐步成为人类学习体系中不可或缺的重要组成部分,为学习者开辟了前所未有的广阔天地。自适应学习作为其中的佼佼者,借助高度智能化的自适应性学习支持系统,精准捕捉并应对学习者个体在学习过程中的差异性。这一系统本质上构建了一个支持个别化学习的在线环境,能够因人、因时制宜,为每位学习者量身定制个性化的学习资源、学习过程和学习策略。自适应学习不仅涵盖了发现学习,即鼓励学习者通过自主探索来发现知识,还包含了解释学习,侧重于对知识的深入理解和阐释。此外,"例中学"和"做中学"也是其重要组成部分,前者通过具体案例引导学习者掌握知识点,后者则强调通过实践操作来深化理解和应用。

【案例链接】日本 N 高中的线上线下混合式学习

N 高中是日本一所创新型在线函授学校,成立于 2016 年,目标是通过充分利用信息技术,提供独特的学习体验,改变函授学校的负面形象。[108]

在短短 4 年中，N 高中就成为日本规模最大的高中，目前拥有学生 15 000 多名。N 高中的学生遍及全国，既有来自繁华的关东、大东京地区，也有来自人烟稀少的其他地区和孤岛，网络教育系统为每个人提供了平等的教育机会。

学生们除了每年一次的 5 天在校学习时间外，其余时间可以用适合自己的学习方式来制订学习计划，根据自己的进度自由在线学习。通过让学生主动管理时间，制订学习计划，从而培养其独立性。而且，因为学生不再受制于固定课程表，所以他们有更多时间去发展兴趣，参加课外活动。

在 N 高中，学生们使用学校自主开发的学习软件"N 予備校"进行学习。这款软件可以让学生观看点播视频课程、阅读教材并提交作业。有了这款软件，学生只要能上网，就可以随时随地学习。这款学习软件还能让学生参加直播课，这样他们可以通过举手提问、发表评论、参加小测验等方式与其他学生和老师进行互动。除了毕业要求的必修课外，学校还开设了一系列选修课，帮助学生掌握未来工作所需的能力和技能，如编程、人工智能机器学习、网页设计、娱乐商务等。此外，学校还与当地政府合作，为学生提供当地企业的实习和工作机会。其中有超过 20 个项目可供选择，包括鱿鱼捕捞、乳品业、剑术、造船、传统的马塔基狩猎等等，这些独特的课程让学生在真实生活体验和实践过程中培养了人际沟通技能。这些各种各样的学习经历不仅可以帮助学生发展他们的兴趣，也可以帮助他们去思考未来的打算。

【案例链接】浙江省杭州市建兰中学基于 AI 的个性化学习

浙江省杭州市建兰中学利用 AI 技术开展初中数学个性化教学探索，对学生的数学学习进行科学诊断、规划和赋能。在多维度、可视化和动态化评价的基础上，为学生提供个性化数学学习任务，量身定制学习路径，帮助学生走出"题海战术"陷阱。

个性化数学教学实践通过采集行为数据、挖掘内在联系、深入分析成因，对学生的学习兴趣、学习风格、知识水平和学习进度等作出解读与预测,并以可视化方式呈现分析结果、评估学习过程、发现潜在问题、预测未来表现,从而进行个性化干预指导,同时利用数据高效调配师生时间,提供规划路径,促进有效学习的发生。

建兰中学基于学生画像,为每个学生设定数学学习进阶目标,制订数学学习个性方案,提供精准的学习资源,布置适合的作业。在技术赋能教学的过程中,教师也有能力透视学习特征和差异,针对不同学生的学情差异改进教学行为,优化教学方式,创新大班教学下的个性化数学学习课堂,实现学生学业负担减轻与数学学业水平提升的双目标。

个性化教学推动了学生学习方式的变革,也优化了数学学习策略。在大数据的帮助下,学生的数学学习不再只是完成既定的学习任务,而是结合数据分析结果和教师个性化指导开展多元辅助学习。通过开展个性化教学,有利于教师更新教育观念、创新教学模式,从单纯的知识传授者转变为引领学生个性化学习的学习导师。

第四章
未来课堂新结构

课堂没有边界,学习无处不在。

未来学习的新样态,将带来未来课堂的新结构。从原始社会的口耳相传,到现代课堂的系统教学,每一次变革都伴随着人类文明的进步。如今,技术与教育的深度融合正引领我们迈向超智课堂的新纪元。未来课堂将打破传统教室的物理边界,通过虚拟与现实的交织,重建课堂互动模式。在这里,学生可以在虚拟实验室中探索科学奥秘,在跨级混龄的课堂中交流思想,在智慧教室中享受个性化学习的乐趣。展望未来,课堂将是一个充满活力、鼓励创新、滋养智慧的生命场。

第一节 ‖ 课堂的进化

自人类诞生伊始,不论东西方,作为教与学的时空结合总是存在的。这些教与学的过程,无固定地点、时间,无固定内容课表,无固定程序,但却都有四个不可或缺的要素——教者、学者、教学内容和活动展开的特定时空。[109]

原始社会并没有现代意义上的课堂,其教育主要是基于生活和劳动实践。人们通过狩猎、采集、制作工具等日常活动,将经验和技能口头传授给年轻一代,也包括生活与劳动中道德规范和社会习俗的传承。这种教育形式没有固定的时间和地点,也没有明确的教师和学生角色。年轻一代通过观察成年人的行为和言语,模仿他们的动作和技巧,从而学习到所需的技能。

原始社会通常以群居的方式生活,人们通过共同劳动和合作来生存。在这样的社会结构中,教育往往是群体性的,而不是个体性的。因此,不存在专门为教育而设立的场所,如现代意义上的课堂。

原始的"课堂"虽然简单朴素,但对于人类文明的发展具有重要意义。它培养了人们的生存技能,传承了道德规范和社会习俗,促进了人类社会的稳定和进步,也成为了教育进化历程中不可或缺的一环。

一、教学场所化

原始社会为满足生活和劳动需要,教育活动并未与教学场所明确分离,而是与日常生活、宗教仪式等混同。教育内容涵盖社会、劳动、文化和军事等方面,与生产生活紧密相连。随着生产力发展和剩余产品的出现,教育内容逐渐从生产劳动中分化出来,形成了相对独立的领域,教学场所开始从其他活动中分离出来,这为课堂的形成提供了条件。

教学场所的初步分离:在夏朝时期,学校开始萌芽,虽然学校与宗庙、明堂等在同一地点的不同室,但已开始具有独立的形态和地位。尽管如此,大多数教学事件的发生、内容的选择、时空的确定都不是或主要不是事先筹划的,而是随机、偶发、流变的。[109]站在河边面对一去不复返的奔腾河水,孔子教诲道:"逝者如斯夫";面对前线的士兵,苏格拉底巧妙地"催产"了一个士兵对"勇敢"的理解。虽然没有固定的"课堂",但他们的教学方式和环境却非常独特,教师和学生在教学交往活动展开的时空结合点就是一种课堂的存在,充满了互动性和灵活性,对现代课堂教学产生了深远的影响。

教学场所的固定化:封建社会时期,官学制度的确立使得教学场所进一步固定化。例如,太学、国子监等官学机构拥有明确的教学地点。同时,私塾和书院也成为重要的教学场所,如宋代的岳麓书院、白鹿洞书院等,它们不仅有固定的教学空间,还有丰富的藏书和学术资源。雅典教育通常由父母和私人教师负责,授课在教师的家中进行,每个班级通常有10到20个学生,没有固定的教学流程,注重培养多方面和谐发展的人。教学方法包括口头讲解、学生讨论、背诵和模仿等。

教学场所的制度化:随着教学场所的固定化,相关的制度和规范也逐渐完善。学校开始有明确的学制、课程安排和教学计划,为教学活动的有序进行提供了保障。岳麓书院中升堂讲学,既具有较强的仪式性,又具有相对的灵活性。开讲前学生会向孔子行拜礼,再回到讲堂,引赞高喊"登讲席",讲师随后登上讲席,仪式完成后,学生向讲师敬茶,然后开始正式的讲学过程。在官学中,学生按年级分班授课,教师有明确的职责和分工,[110]形成了较为完善的教学管理体系。宋朝时期,太学采用了分斋授课的形式。一斋的规模类似于今天的小班,每斋设有斋长一名,相当于现在的班长。这种组织形式有助于教师更好地管理学生和进行个性化教学。

教学场所的功能化:教学场所不仅是进行教育活动的场所,还承载着社交、文化等多种功能。在书院等教学场所中,师生可以共同研究学术、探讨问题、交流思想,形成浓厚的学术氛围和文化气息。古希腊时期的学园,主要进行哲学、数学、天文学等学科的教学和研究。例如,柏拉图的学园不仅是教学场所,还是哲学思想传播的中心。这种功能性使得教学场所不仅仅是传授知识的地方,更是培养学生综合素质和创新能力的重要场所。

综上所述,教学的场所化对课堂的形成具有重要意义,是课堂形成的重要前提和条件之一,为课堂的形成提供了必要的物质基础和空间保障。没有固定的、专门的教学场所,教学活动就难以变得规范和有序,课堂也就难以形成。但同时,教学场所化并不是课堂形成的唯一因素。除了教学场所外,课堂的形成还需要其他条件的支持,如教学方法、教学内容、师生关系等。

二、班级授课制

从17世纪初期至19世纪初期,西方课堂经历了显著转型,这一过程由宗教主导逐渐走向世俗化,教学模式也从单一走向多元化,课堂环境从封闭转变为开放。这些深刻的变化不仅为随后的教育发展奠定了坚实基础,还显著影响了全球教育的走向。具体来说,随着工业革命和启蒙运动的蓬勃兴起,自然科学与人文科学日益受到人们的重视。在此背景下,课堂教学逐渐取代了传统的个别教学形式,并开始初步形成体系。在这一教育变革的关键时期,捷克教育家夸美纽斯的《大教学论》和德国教育家赫尔巴特的《普通教育学》等传统教学论的经典之作应运而生。[111]

捷克教育学家夸美纽斯在《大教学论》一书中正式提出班级授课制这一教学组织形式,并详细阐述了符合班级授课的统一的教学要求,如教材和时间等。班级授课制对课堂的发展起到了积极的促进作用。它使得课堂教学更加标准化、系统化、集体化、个性化和创新化,为学生的学习和发展提供了更好的保障和支持。

赫尔巴特倡导的课堂是真正意义上的现代课堂。在吸收了夸美纽斯的班级授课制后,赫尔巴特以伦理学和心理学为基础建立了教育学,为课堂找到了可诠释的"圣经"。他以统觉论和伦理学为基础,把课堂分解为"清楚、联想、系统、方法"四个阶段,有效地指导了教师的活动,并以思辨的方式论证了其存在的合理性。他的学生席勒发展形成的"准备、呈现、联想、概括、应用"的"五阶段说",在世界各地受到普遍认可。[109]然而,"五阶段说"也成为了所有课堂的死板公式,教学变成了缺乏生气又没有热情的刻板程序。

二战结束后,以应试为主导的课堂模式成为文凭化社会的直接产物。追求文凭成为社会的普遍心态,学习的主要目的也变成了获取文凭,使得"千军万马过独木桥"的现象愈发明显。在这种背景下,各种教育理论,如巴格莱的要素主义、赫钦斯的永恒主义、布鲁纳的结构主义,以及赞可夫的高速度教学和巴班斯基的教育教学过程最优化理论,都在应试教育的道路上被扭曲,成为应试课堂的附属品。这种现象在亚洲尤为严重。应试课堂深深根植于科技理性的时代背景之中,它局限于科学世界,将复杂问题简单化,忽视了师生丰富多彩的生活世界。它单调、封闭,扭曲了教育的本质,遮蔽了人们对生命意义的追求,使课堂变得"荒漠化"。[109]

三、现代教育课堂

约翰·杜威开创了一个时代,揭开了现代教育的序幕。他在不同凡响地提出对"经验"的理解后,高举经验主义大旗,以实用主义认识论为指导,从现代机能心理学和"互动理论"的社会学中寻找教学营养,创建了他的教学四条基本理论和解决问题的经典方法,并以此完成了"儿童为中心""做中学"的课堂范式。[106]他提出的课堂是生活化的课堂,是以儿童为中心的课堂。课堂上,教师的"教"演化为帮助和指导,主动作业消解了教和学、方法和内容的二元对立。这一理念促使教育者通过实践活动、项目学习等方式,让学生在实践中学习、在经验中成长,提高他们的实践能力和解决问题的能力。杜威的教育思想对现代课堂的形成具有深远的启示,例如以学生为中心的教学设计,实践与体验的教学方法,课堂中的综合评价与反馈等。

继杜威之后,还有许多教育家对现代课堂的形成产生了重大影响。布鲁姆提出了教育目标分类系统,包括认知、情感和动作技能三个领域,帮助教师明确教学目标,设计更加有针对性的教学活动,促进学生的全面发展。皮亚杰提出了儿童认知发展阶段理论,强调儿童在与环境的互动中建构知识,为教师提供了理解儿童学习过程的框架,有助于设计符合儿童认知特点的教学活动。马斯洛提出了需求层次理论,强调满足学生的基本需求是教育的前提,帮助教师关注学生的情感需求,创造更加和谐、积极的学习环境。罗杰斯提出了以学生为中心的人本主义教育观,强调学生的自主性和自我实现,促进了个性化教学和自主学习,使学生能够在教师的引导下自我发展和成长。加德纳提出了多元智能理论,认为人具有多种智能,且每个人在智能组合上存在差异,鼓励教师关注学生的多元智能发展,设计多样化的教学活动和评价方式,使每个学生都能得到全面发展。

这些教育家的教育思想,为现代教育课堂的形成提供了丰富的理论基础和实践指导,促进了教育理念和教学方法的更新与发展,促进了现代课堂多元发展,例如多样态的学习方式、跨学科的学习内容、互动开放的学习环境、多元智能的学习评价,等等。

四、未来超智课堂

超智课堂,作为服务于未来学习的创新模式,深度融合了现代教育理念与智能技术手段,构想了一种前瞻性的课堂概念。它致力于借助智能化的教学环境和个性化的教学策略,为学生打造更加高效、互动且个性化的学习旅程。未来超智课堂的基本特征是:课堂内不仅仅是师生关系,而是学习者在人类智能与人工智能的交互生成中学习与生长;人工智能技术不只是学习者的工具,还成为学习伙伴,于是课堂就形成了由教师、学生、同伴所代表的人类智能与人工智能交互成长的超级"智能学共体"。

首先,未来课堂是人工智能与人类智能双向协同、双向共生的创智天地:智能化教学系统将利用人工智能、大数据等技术,实现学习资源的智能推荐、学习路径的个性化规划以及学习进度的智能监测。通过智能分析学生的学习数据,为教师和学生提供精准的教学和学习建议。虚拟现实(VR)与增强现实(AR)技术将为学生提供沉浸式学习体验,让学生在虚拟环境中进行实践操作和模拟实验,提高学习效率和兴趣。云计算将实现教学资源的云端存储和共享,打破地域限制,让优质教育资源惠及更多学生;物联网技术可以实时监测教室环境、学生行为等,为教学提供数据支持。

其次,未来课堂凸显智慧化学习环境的构建:智能教室——未来的教室将配备智能教学设备,如智能黑板、智能课桌等,实现教学内容的快速展示和互动。同时,教室环境可以根据学生的需求和偏好进行个性化设置。智慧学习终端——学生将使用智慧学习终端进行学习,这些终端具备个性化学习推荐、智能答疑等功能,为学生提供便捷的学习支持。智能化学习资源——学习资源将实现数字化、网络化、智能化,学生可以通过智能学习平台获取丰富的学习资源,进行自主学习和探究。

未来课堂更关注交互式、可评估的学习过程:未来的课堂将实现人与机器的深度交互,学生可以通过智能教学系统进行自主学习和探究,与智能机器人进行对话和交流。利用智能体教学系统,实现师生之间的实时互动和反馈,提高教学效果和学生的学习体验。通过在线学习平台和协作学习工具,实现学生之间的远程协作和交流,培养学生的团队合作能力和沟通技巧。学习过程可追踪与可评估,可以实时追踪学生的学习过程,记录学生的学习行为和成果。通过数据分析技术,教师可以全面、客观地对学生的学习情况进行分析和评估,为学生提供针对性的学习建议和指导。这种可追踪和可评估的学习过程,有助于教师更好地了解学生的学习状况和需求,优化教学策略和方法。

未来课堂追求个性化学习与自主学习:超智课堂注重学生的个性化学习和自主学习能力的培养。通过智能推荐系统和学习路径规划功能,学生可以根据自己的兴趣和需求选择适合自己的学习内容和学习方式。同时,超智课堂还鼓励学生自主学习和自我管理,培养学生的自主学习能力和终身学习的习惯。

超智课堂以其技术集成与智能化、资源丰富与多样化、互动性强与参与度高、学习过程可追踪与可评估,以及个性化学习与自主学习等特点,为学生提供了更加高效、互动和个性化的学习体验,有助于培养适应现代社会需求的高素质人才。

第二节 ‖ 未来课堂的发展趋势

一、突破教室边界

未来课堂,正引领一场学习革命,其核心在于"教室边界的突破"。学习不再受限于传统的四壁之内,而是随着学习的发生,教室自然延伸。从侧重教师讲授的"教室"转变为强调学生主动学习的"学室",这一转变不仅体现在物理空间的拓展,更在于理念与实践的深刻变革,这包括"时空""进程""角色""资源"无边界。[112]

数字化技术的飞跃,让教室的物理边界得以无限延展,实现虚实融合、跨校同侪交流,以及生活与科学世界的无缝对接。学生可以在虚拟世界中探索未知,同时在真实世界中实践所学,形成数字孪生的学习生态。此外,自然与社会的广阔天地也成为学习的舞台,无论是青山绿水间的实地考察,还是社区文化场馆的深度体验,都让学生在学习中成长,在成长中学习。

无边界课堂或扩展学习空间作为这一变革的代名词,正逐步成为教育创新的前沿阵地。它打破了传统教室的局限,将学习环境拓展至更广阔的时间和空间,旨在提供更加个性化、灵活且富有成效的学习体验。

学习环境的多样性是无边界课堂的一大特色。从线上学习平台到线下实地探索,从图书馆到实验室,从社区中心到博物馆,学生可以在不同环境中学习和实践,深化对知识的理解与应用。技术的整合更是为这一模式插上了翅膀,在线学习管理系统、数字资源、社交媒体、VR/AR等技术的运用,不仅丰富了学习资源,更增强了学习的互动性和趣味性。

个性化学习路径的定制,让学生可以根据自己的兴趣、学习风格和进度来规划学习之路。教师则转变为指导者和辅导者,帮助学生明确目标、监控进度,并提供个性化的支持和反馈。同时,社区参与和合作也成为无边界课堂的重要组成部分,学生可以通过参与社区项目、实习、志愿者活动等,拓展学习经验,培养社会责任感,促进全球视野和跨文化交流。

灵活性和自主性是无边界课堂的另一大亮点。学生可以在不同的时间和地点学习,根据自己的节奏安排进度,实现学习与生活的平衡。这种灵活性不仅有助于学生的学术追求,还能更好地兼顾其他生活责任。

最终,无边界课堂旨在创造一个更加开放、灵活和个性化的学习环境,以支持学生的全面发展和成功。它强调终身学习的理念,鼓励学生不断追求知识更新和技能提升,以适应快速变化的世界。而这一切的关键在于做好课程规划、活动设计与学习评价,确保学习既回归学生的身心健康,又拓宽他们的生活视野和活动半径,实现真正的生命成长。

二、重建课堂互动

德国哲学家哈贝马斯区分了工具行为与交往行为,前者基于主客体关系,后者则强调主体间的互动。[113]他倡导交往行为,旨在通过相互理解和沟通建立"交往合理性"[114],促进社会和谐。这一理念在教育领域催生了学习共同体思想,尤其在课堂中,促使我们超越传统的"教师—学生"二元关系,转向学生、同伴及教师之间的三元互动。

重建课堂互动,意味着对传统模式的革新,以适应现代教育和学生发展的新要求。这要求课堂采用多元化的互动方式,打破"教师讲、学生听"的固有模式。通过小组讨论、角色扮演、案例研究、项目合作等多样化手段,激发学生的学习兴趣,促进师生、生生之间的多维互动。根据互动主体和内容的不同,可以细分为师生互动、生生互动,以及认知、情感和行为互动等;从意识层面看,还有内隐与外显互动之分;组织方式上,则涵盖个体间、个体与群体、群体间的多种互动形式。

在重建过程中,学生的参与和合作至关重要。鼓励学生主动融入课堂,与教师和同学深入交流,不仅有助于知识掌握,还能提升团队协作和沟通能力。同时,利用现代技术工具如在线学习平台、社交媒体、虚拟现实等,拓宽互动渠道,丰富学习体验,实现跨班、跨校乃至跨地区的广泛互动。特别是 ChatGPT 等生成式人工智能技术,只要加以科学合理地应用,无疑能为课堂互动带来新机遇。

此外,建立积极的课堂氛围也是重建课堂互动的关键。一个轻松、愉快、安全的学习环境,能让学生更愿意表达观点,促进深度交流。同时,需关注个体差异,为每位学生提供个性化的学习资源和互动方式,满足其独特需求。

综上所述,重建课堂互动是一个系统工程,涉及互动方式、学生参与、技术运用、氛围营造和个体差异等多个维度。通过综合施策,我们可以构建一个更加活跃、开放、有效的课堂环境,促进学生的全面发展。这不仅有助于提升教学质量,还能培养学生的批判性思维、创新能力和社会交往能力,为其未来成功奠定坚实基础。在数字化时代,我们应充分利用科技力量,不断探索和实践,让课堂成为学生成长的乐园。

三、多种活动并存

未来的教育环境中,课堂正经历着从传统讲授式教学向多元化活动并存的转型。这一转变旨在满足学生的多样化学习需求,提升学习效果,并通过丰富的学习活动和互动方式激发学生的学习兴趣与参与度。

多种活动并存的特点首先体现在多样性上。课堂不再是单一的知识传授场所,而是融合了小组讨论、角色扮演、案例分析、实验演示、在线互动、游戏活动等多元化的学习场景。这些活动可根据教学内容和目标灵活选择,确保每位学生都能找到适合自己的学习方式。

互动性也是多种活动并存的重要特征。在多元化课堂中,学生之间的互动和合作成为常态,促进了知识的分享与交流。教师则扮演着引导者和反馈者的角色,积极参与其中,为学生提供必要的指导和支持。

此外,实践性也是不可或缺的一环。许多活动强调实践操作和应用,帮助学生将理论知识与实际应用相结合,提高解决问题的能力。从"学以致用"走向"用以致学",让学生"做中学""用中学""创中学",在问题解决中学习与建构知识。

为了支持多种活动的顺利开展,现代课堂充分利用融媒体、网络技术等现代教学手段。这些技术不仅丰富了课堂环境,还提供了便捷的学习工具。同时,课堂还配备了丰富的学习资源,如教材、案例库、在线数据库等,为学生的课堂活动提供了有力支撑。随着人工智能技术的不断发展,未来学习智能体作为特殊的活动参与者,为课堂学习活动、资源推荐、过程评估提供全程智能支持。

另外,为了构建支持多种活动的课堂,教室还需要实现多个学习功能区域,包括创造区、探究区、展示区、交互区、合作区和发展区等。[115]每个学习区域都有其特定的侧重点,旨在培养学生的不同能力。例如,创造区关注学生的创造能力,引导学生利用信息技术进行策划、设计和创作;探究区则注重培养学生的批判性思维和问题解决能力,引导他们开展跨学科的学习;交互区关注学生的主动学习能力;发展区则侧重于培养学生的反思能力,引导他们在非正式学习过程中成为真正的终身学习者。

四、多样态学习共生

未来的课堂,无疑是多样态学习共生的,它构建了一个注重学习方式和内容多样性的教学环境,旨在为学生提供更加丰富、多元的学习体验。

在这样的课堂中,学生可以尽情探索各种学习样态,如项目化学习、问题化学习、游戏化学习、泛在学习以及同侪学习等。每一种学习样态都旨在激发学生的主动性和创造性,让他们根据自己的兴趣、特长和学习风格,选择最适合自己的学习方式。例如,喜欢团队合作的学生可以在小组讨论中深化理解,而热爱独立思考的学生则可以在独立研究中探索问题。

多样态学习的课堂不仅强调学生的主动性,还注重跨学科的融合。在这里,不同学科的内容和方法得到了有效的整合和应用,学生可以通过跨学科的学习,发现不同学科之间的联系和共通点,从而更全面地理解与认识世界。这种跨学科的融合,不仅拓宽了学生的视野,还培养了他们的综合素养和创新能力。

同时,多样态学习的课堂重视实践和应用。学生可以通过实验、项目、社会实践等方式,将所学知识应用到实际情境中,从而加深对知识的理解和记忆。这种实践和应用的学习方式,不仅提高了学生的动手能力和解决问题的能力,还培养了他们的创新精神和团队合作精神。

此外,多样态学习的课堂特别关注学生的个性化发展,满足学生的多样化需求,促进学习者全面发展。

当然,多样态学习的课堂离不开技术的支持。在线学习平台和移动学习应用打破了传统课堂的时空限制,智能教学系统能提供个性化的学习路径和资源推荐,虚拟现实(VR)和增强现实(AR)技术则为学生创造沉浸式的学习体验。这些技术的应用,不仅丰富了课堂的教学方式,还提高了教学的效率和质量。

可见,在未来的课堂学习中,多样态学习的课堂将成为主流趋势,为培养具有创新精神和实践能力的人才提供有力支持。

五、跨级混龄课堂

跨级混龄课堂是一种特殊的教学组织形式,它打破了传统的按年级和年龄分班的模式,将不同年龄段、不同认知发展水平的学生混合在同一个课堂里进行教学。这种教学模式旨在创造一个多元化、包容性的学习环境,让不同年龄、背景和能力的学生能够相互学习、交流和成长。它突破年龄限制,能够根据学生学习自主性、需求、兴趣、能力等灵活组队,让每一位学生获取最丰富的课程支持与学习体验,是支持差异化学习的新样态。作为一种更适合于组织学生群体的方式,混龄班被未来学校建设所青睐。

跨级混龄课堂有以下特点：课堂中的学生年龄和认知水平各异，他们有着不同的学习需求和兴趣爱好，这为学生间的相互学习和交流提供了丰富的资源；教师需要根据不同学生的特点和需求，设计个性化的教学方案，以满足每个学生的学习需求和发展潜力；跨级混龄课堂鼓励学生之间的合作学习，通过小组讨论、项目合作等形式，促进学生间的知识分享、经验传递和情感交流。

国际儿童教育协会（ACEI）认为混龄班可以让学习者与同一位教师接触较长时间，使教师更好地了解、帮助孩子；孩子们被视为独特的个体，并加以个别化对待；孩子们不会因能力差异被贴上标签，可以按自己的速度学习；孩子们与同学成为"学习者家庭"而互相照顾，大孩子有机会充当小老师和小领导的角色，孩子们更容易形成合作关系而不是竞争关系。不同于教育资源缺失时期的复式教学，《斯坦福大学2025计划》中提出的"开环大学"（Open Loop University），突破固定学习年限、学习空间的限制，学习机会不再局限于18—22周岁的学生，采取自定节奏教育、轴心翻转、使命性学习等设计，对于基础教育也是一种启发。

六、智慧课堂

在未来的教育图景中，智慧课堂正以其实质性的创新和深远的影响力，悄然引领教育领域的变革潮流。智慧课堂，作为科技与教育的深度结合体，不仅重塑了传统教室的物理形态，更在根本上颠覆了人们的学习观念。而智能体的融入，更是为这一变革进程带来了前所未有的动力与潜能。

走进智慧课堂，人们会发现这是一个融合了前沿科技的学习空间。智能屏幕与高清投影技术，共同为学生们构建起一个既逼真又富有想象力的学习环境。这些先进的显示设备，不仅能够生动展示教学内容，还能实时反馈学生的学习进展，使每位学生都能感受到自己在学习过程中的主角地位。与此同时，智能课桌、智能笔等智能设备的加入，让学习过程更加数字化、智能化，便于学生随时记录、分享学习心得。而智能体的存在,更是让这一空间充满了未来感。它们或是协助教师进行个性化辅导,或是管理课堂秩序,让整个学习环境更加和谐、高效。

在智慧课堂中,传统的"一言堂"向多元化、个性化发生深刻转变。教师不再是单纯的知识灌输者,而是成为学生学习旅程中的引路人和伙伴。智能教学系统根据学生的学习特点和需求,为其量身打造个性化的学习计划。智能体的参与,更是为这一变革增添了"翅膀"。它们能够基于学生的学习数据,进行智能分析和预测,为教师提供精准的教学建议。此外,智能体还能模拟各种实验和场景,让学生在虚拟环境中进行实践操作,从而培养他们的实践能力和创新思维。

智慧课堂将实现教学资源的全面优化和共享。数字化教学资源库的建立,使学生们能够轻松获取全球范围内的优质学习资源。这些资源涵盖了各个学科领域,既有专业的学术文献,也有生动有趣的科普视频。学生们可以根据自己的兴趣和需求,在知识图谱中任意链接、跳转、选择。学习智能体在这一过程中扮演着重要角色,它们能够协助学生进行资源搜索、筛选和整理,使资源共享和交流变得更加高效便捷。

在智慧课堂的背后,教师积极与同行、学生、家长以及智能体进行沟通和交流,共同推动智慧课堂的建设和发展,以及学习智能体的智慧成长。

第三节 ‖ 未来课堂的实践样态

样态一:同侪课堂

同侪课堂是一种利用新一代信息技术,如媒体技术、人工智能、大数据、5G等,对传统课堂进行革命性重塑的未来课堂新样态。通过国内首创的智能教学终端,构建交互式数字化教育环境,实现跨时空的智慧共享和全体人的同侪共进,打破了地域与时空限制,构建"1+N"教育联合共同体,即一个主课堂与多个分课堂之间的紧密合作。智慧同侪课堂的优势在于:实现"1+N"同步备课、"1+N"同步上课,让不同学校、不同地区的师生能够共享优质教育资源;支持"1+N"同步教研、"1+N"同步研训,促进教师之间的交流与协作,推动教育教学的创新性发展;提供"1+N"同步课后延时服务,满足学生多样化的学习需求,促进个性化发展。

同侪课堂扩大了优质资源的覆盖面,让更多的师生受益。通过"1+N"模式,实现了集团内校与校之间的协作共赢,推动了区域内教育的均衡发展;促进了教师之间的交流与协作,推动了教师的专业发展;为学生提供了更加个性化、互动性强的学习环境,提高了学生的学习积极性、参与度,提升学生学业质量。

随着技术的不断进步,智慧同侪课堂将实现更多功能和应用场景的开发,在"1+N"模式的基础上,探索更多符合教育实际和师生需求的教学模式,构建更加完善的智慧教育生态,包括教育资源、平台、服务等方面的整合与优化。

总之,同侪课堂是一种具有创新性和前瞻性的教学模式,通过应用新一代信息技术,实现了跨时空的智慧共享和全体人的同侪共进,为教育教学带来了革命性的变革。

【案例链接】上海市宝山区的智慧同侪课堂

宝山区作为上海市首个"人工智能助推教师队伍建设试点区"及"上海市教育数字化转型实验区",正通过同侪模式打破地域界限,连接不同区域的学生课堂学习。

2023年5月25日,全国问题化学习基地学校、工作坊的千余位教师齐聚"在线互动教室",三地六校学生同上一节同侪课,共同见证了这一创新教学模式的实践。在南翔小学主讲老师的引领下,长沙市雨花区长塘里立心小学、鄂尔多斯市康巴什区第一小学,以及宝山区本地三所学校的三年级学生,共同参与了《"笔尖上"的美味之食在江河》的课堂实践。从情境创设到问题系统构建,从名家名篇学习到个性化写作指导,再到互动追问与写作迁移,学生们在云端平台深度互动,共同探索学习的乐趣。

此次活动不仅搭建了六校师生共学的桥梁,还创新了同侪研讨、同侪共学跨区域的教研方式,拓宽了异校合作的路径,让不同地域的师生能够真正携手合作,共同深度参与学习,也实现了学习资源的优化配置和共享。

宝山区智慧同侪课堂的实践,让学习素养得以直观展现,为教育数字化转型注入了新的活力。

【案例链接】浙江省衢州市白云学校未来课堂的雏形课

朱永新在他的《未来学校》一书中这样说:"未来的学习中心,没有统一的教材,全天候开放,孩子可以8岁上学,也可以5岁或者12岁上学;15岁的孙子可以跟75岁的爷爷在同一个课堂上同样的课。在未来,谁想学,谁就是学生;谁有本事,谁就是老师。一个能者为师、学者为生的新型学习型社会,将应运而生。"

浙江省衢州市白云学校便呈现了一节"能者为师"的公开课,我们且称它为未来课堂的雏形课。这节课之所以被称为"未来课堂",是因为它具有这样四个特点:线上线下,多地同步;高端技术,巧妙融合;海量资源,选择分享;打破界限,学为中心。

具体来说,这是一节"配音指导课"。学习内容是教师自己编写的,创意来自于一档综艺配音节目"声临其境",学生来自四、五、六三个年级。执教者摆脱教材的束缚,打通班级和学校的壁垒,打破年龄的界限,尝试了一节混班、混龄、混学科的拓展课。在这节课上,可以看到自主、合作、探究学习的充分体现:上一秒我在评价你,我是你的老师;下一秒你来指导我,我又成为你的学生;四年级的弟弟也可以超越六年级的哥哥。在学为中心的课堂中,学生既是独立的学习者,又与同伴组成学习共同体。

这堂课更突破了传统教室的时空限制,使孩子们在课堂上实现了充分的学习共享,不同地区的学生通过技术互联同上一堂课,开展多元、多维、多角度的学习互动。一条光缆、一块屏幕,突破了山区与城区的天然物理阻隔,使学校间原有的独立资源得以重新盘活。

对于白云学校的未来课堂,知识的来源绝不仅仅是课本或几本课外书,即使庞大的图书馆也是远远不够的。大数据时代下资源如浩瀚星空,如何选择学习资源?如何整理资源?如何将资源进行分类?如何分享这些资源?这些都应该是未来课堂中学生必须学会的能力。这得依靠学生手中的平板电脑,其中有许多整理好的资源为学生的学习做辅助。这些资源也是课前教师带领学生一起去搜集并进行分类所形成的。

样态二:混合课堂

混合课堂,作为教育技术领域的热点,融合了传统线下教学与线上数字化教学的优势,是一种新型的教学方式。它允许学生在教室中学习,同时通过网络平台自主学习和互动,实现了面对面教学与其他学习方式(如移动学习、泛在学习和网络在线学习等)的深度融合。这种课堂更关注混合式学习带给学生的改变、对学生学习的支持,并不是简单的技术混合,而是为学生创造一种真正具有高度参与性的、个性化的学习体验。[116]

混合课堂的特点在于其灵活性。它打破了传统课堂的时间和空间限制,使学生能够随时随地学习。线上教学平台提供了丰富的资源和工具,支持学生个性化学习。同时,这种模式不仅保留了传统课堂的面对面互动,还通过线上平台增加了在线讨论、实时反馈等互动机会,实现了线上线下教学的互补。

对学生而言,混合课堂提高了学习兴趣和参与度,增强了学习效果和自主学习能力。对教师而言,混合课堂提供了更多的教学方法和手段,有助于提高教学效果。然而,实施混合课堂也面临着一些挑战,如技术支持、教师培训和学生适应性等问题,以及如何平衡线上线下教学比例和内容的挑战。

随着技术的不断进步和教育理念的更新,混合课堂将在未来的教育领域发挥越来越重要的作用。它不仅能够提升教学质量和学习体验,还能够促进教育资源的优化配置和教育公平的实现。因此,我们应积极探索和实践混合课堂,不断完善技术支持和培训体系,推动教育领域的创新与发展。

【案例链接】密涅瓦大学的"主动式学习平台"(ALF)

密涅瓦(Minerva)大学是一所互联网思维的大学,学校主体在美国,在孟买、里约热内卢、悉尼、伦敦和开普敦等多个地方也设置了校区。密涅瓦大学是一所旅居式的大学,学生们聚在一起上课。所有学生第一年会统一到旧金山校区上基础课程,之后再到世界各地的校区上课,大学学制保留了四年制,总共八个学期。学生会在四年之内,去多个大洲多个城市居住,这可以真正培养学生的全球格局。[117]

密涅瓦大学的课堂被称为"主动式学习平台"(Active Learning Forum,简称ALF)。这个平台有以下几个显著特点:

实现"课堂"搬家:ALF的基本功能是通过双向视频构建一个在线"课堂"环境,让学生感觉就像坐在教师身边,保障教学的临场感和即时交互性。

不让技术有"存在感":密涅瓦大学刻意将数字技术隐没在背景之中,希望用户在使用时完全忘记是坐在数字终端前,而是沉浸在主动式学习的思维互动之中。

智能交互功能:基于ALF,学生可以借助协作式白板,在数据图表或艺术作品上绘制曲线或标出兴趣点。师生可以打开应用程序或互联网浏览器实现网络资源共享,快速、轻松、最大化地从世界各地获取教学资料。

防止干扰功能:ALF增加了防止干扰功能,自动屏蔽一些社交网络软件,避免非教学信息干扰课堂教学,保证学生的注意力高度集中。

完全主动式学习:密涅瓦大学的所有学术课程都采用小型研讨课模式,都在ALF进行。该平台有着强大的功能(调查、投票、协同编辑、小组讨论等),能够支持一系列以学习科学为根基、以实证为依据而设计的教学活动。

全球游学项目:由于全网络化的教学,密涅瓦大学的学生有机会分别到6个不同国家的城市进行一个学期的探索、学习和调查,将自己学到的认知技能和知识跨情景地反复应用。

小班制教学:密涅瓦大学的在线学习平台不是录制好的课程,而是师生实时在线学习;不是讲授式教学,而是研讨课;不是大班课程,而是20人以下的小班课程。

密涅瓦大学的互联网课堂通过独特的在线学习平台,实现了线上、线下教育的无缝衔接和优势互补,为学生提供了一个高效、互动、无干扰的学习环境。

【案例链接】四川省成都市实验小学的"未来课堂"泛在学习场

成都市实验小学的未来课堂教学研讨活动以新锐的课堂教学思想的探索实践为主旨,从"技术与学科教学的融合"到"无边界课堂探索",再到"跨学科学习整合",使成都市实验小学的课堂不断地发生变化。在研讨会中,成都市实验小学着力让学习与真实生活连接,让孩子在真正开放的课堂中去触摸、感悟生活,促进学生形成融通学科知识的能力,建立生活与学习的深度联系,实现学生认知结构与现实的交互,对学生的抽象知识进行立体化建构。这一切的研究和实践,均秉承了成都市实验小学"18亩+"的理念:构建未来课堂,让改变发生,通过打破课堂边界,创造泛在学习场,从而打开课堂;吸纳各学科资源,丰富课堂内涵,从而放大课堂,走进生活、走进自然、走进社会……从而扩容课堂。

【案例链接】上海市格致中学的智能数学课堂

上海市格致中学对高中数学知识图谱的构建与实施进行了研究,并以高中数学知识图谱为基础开发了智能问答平台,开展以学生自主学习为主、教师辅助教学为补充的新型课堂教学模式的实践。同时学校采集了师生评价的样本集合,通过特征提取与其他量化方法开发了智能作业设计学习机的原型。

人工智能技术与基础教育的融合无成熟的经验可供借鉴,学校高中数学课堂教学的变革历经由师向生、由教向学、由形式向内容的转变,在课程开发、课堂实施、学习路径探索、智能评价等方面逐步摸索、积极实践,探寻一条可供同行借鉴的人工智能背景下高中数学教学的转型之路,总结得出人工智能背景下高中数学智慧课堂的形态与内涵,并对渗透人工智能技术的高中数学课堂教学进行了探究与实践。同时,课题组从知识、学习、评价三个角度,研究人工智能技术促进数学课堂教学的积极因素,研发知识图谱、智能问答、作业优化设计等人工智能应用工具,并将其引入数学教学之中,以此优化改进传统课堂教学的模式,激励学生形成自主学习的意识与能力,积累了一些可借鉴的模式与案例,为今后人工智能背景下高中数学教学的转变积累经验。

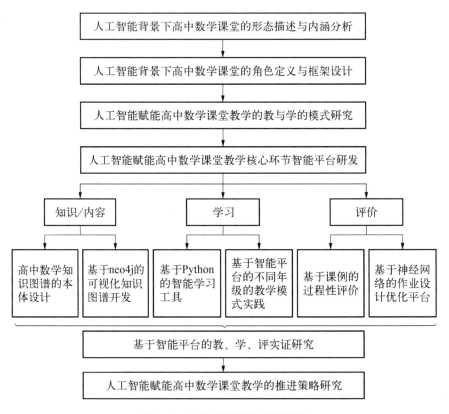

图 4-1 智能数学课堂的研发流程图

格致中学的研究提出了以知识为中心、学生为主体、教师为辅助的智能教育的实施路径，开发了基于高中数学知识图谱的智能问答平台，并基于实证的方法，开发了智能作业优化设计学习机的原型，以此达成人工智能赋能教学在教、学、评各环节的实践，取得了实效。

样态三：翻转课堂

翻转课堂也称"颠倒课堂"，通过对知识传授和知识内化的颠倒安排，改变了传统教学中的师生角色，并对课堂时间的使用进行了重新规划，将传统的"先教后学"模式翻转为"先学后教"，实现了对传统教学模式的革新。[118]

翻转课堂有其独特性。教学视频短小精悍：翻转课堂中的教学视频通常都较为短小，时长从几分钟到十几分钟不等，每个视频都针对一个特定的问题，有较强的针对性，便于学生自主学习和查找。教学信息清晰明确：翻转课堂中的教学视频通常只展示必要的教学信息，如教师的手写笔记、讲解声音等，避免过多的干扰元素，使学生更加专注于学习。重新建构学习流程：翻转课堂将传统的"信息传递"和"吸收内化"两个阶段进行重构。学生在课前通过观看教学视频等方式完成"信息传递"，在课堂上则通过师生、生生之间的互动完成"吸收内化"，从而使学生更加深入地理解和掌握知识。复习检测方便快捷：翻转课堂中的教学视频通常配有相应的检测题，学生观看视频后可以及时进行自我检测，了解自己的学习情况。同时，教师也可以通过云平台收集学生的学习数据，了解学生的学习进度和困难，从而有针对性地进行辅导。

翻转课堂已经在全球范围内得到广泛应用，涵盖了小学、初中、高中和大学等不同学段。例如，迈阿密大学的拉格（Lage）和普拉特（Platt）在微观经济学课程中实施了翻转课堂实验，他们要求学生课前利用练习册、课程录音或有声的PPT课件进行自学，然后在课堂上进行有针对性的讲座和互动活动。这种教学方式满足了学生多样化的学习风格，提高了学生的沟通技能和学习效果。

【案例链接】美国艾尔蒙湖(Lake Elmo)小学的翻转课堂

艾尔蒙湖小学是一所位于斯蒂尔沃特农村地区的学校,该校教师于2011年暑期接受了有关翻转课堂的训练,并于2011年9月至2012年1月间进行了翻转式教学。该校的特色之处在于教师能很好地将Moodle平台应用到教学中,使得翻转教学活动能在学生间、师生间的课余时间内进行良好的互动交流。[119]

在小学5年级的数学课中,学校为学生配备了iPad和耳机,并要求学生先观看10~15分钟的视频教学,再通过Moodle学习管理平台来完成一些理解性的问题。学生对于问题的回答都将被保存到Moodle平台上,教师在第二天上课之前就可以了解到学生的答题情况,然后再针对课堂活动设计教学。此外,他们还鼓励学生在Moodle平台上进行协作学习,开展同学之间的互助讨论,促进学习共同体的形成。

在斯蒂尔沃特地区,共有13所学校(艾尔蒙湖小学作为其中之一)的13个班级(包括10个小学班级、2个初中、1个高中)52门课程8 900名学生参与了翻转课堂的试点教学改革,虽然最终的教学成果分析直到2012年底才获得,但大多数教师已经表示他们不愿再使用传统方式教学,因为翻转课堂的学生接受度高且家长也很满意。

样态四:弹性课堂

弹性教学(flexible learning and education),又被称为灵活性学习或灵活性教学,是指一种可以在学习时间、学习地点、教学资源、教学方法、学习活动、学习支持等方面为学习者提供可选择的、以学习者为中心的教学策略。[120]认知弹性理论认为,在不同的时间、重新设置的情境中,为了不同的目的、从不同的概念观点对同一材料重复访取,这是达到获得高级知识目标的关键。[121]教师必须为学习者提供开发自己信息表征的机会,使他们以更适宜的方式学习。[122]

弹性课堂是为了赋能个性化教育,为了促进学生个性化成长,通常实施更为灵活的走班教学制度,以适应不同学生的课程学习需求。此外,还可以弹性地安排教学时间与地点,可以重构学习内容,运用多样的教学方法,实施多维的学习评价,调用适切的学习资源,应用合理的技术手段,并充分考虑学生的个体差异,促进学生的个性化发展。

【案例链接】北京十一学校的"一人一课表"

在北京十一学校,全校有4 174名学生,就有4 174张不同的课程表。学生们采取"走班上课"制,每个人都按照自己所选择的课程安排一天的"行程"。这种类似于大学教育的课程设置方式是否适用于课业压力较大的高中教育,引起了广泛质疑。

十一学校校长李希贵认为,教育应立足于"每一个"个体的自主成长,创造适合每一位学生发展的模式,让每一位学生成为自主发展的主体,教育的目的在于发现每位学生的不同特点和个性差异,唤醒学生沉睡的潜能。为此,十一学校通过对国家课程、地方课程的校本化,构建了一套分层、分类、综合、特需的课程体系,创立265门学科课程、30门综合实践课程、75个职业考察课程、272个社团、60个学生管理岗位,供学生选择。在以上课程中,除了少数的必修课外,其余大部分是选修课程,所有课程排入每周35课时的正式课表,学生不仅可以选择课程,还可以选择上课时段,真正做到自主选择,一人一张课程表。

【案例链接】重庆市树人景瑞小学的移动学习——被联合国点赞的"未来课堂"

如何将最新技术手段更好地应用于教育教学当中?重庆市沙坪坝区树人景瑞小学李华校长12年的"未来课堂"实践给出了答案,学校案例还入选了联合国教科文组织"移动学习最佳实践项目"。

走进树人景瑞小学,外表看似平平无奇,教室内却"别有洞天"。这里没有黑板、粉笔,取而代之的是4个触摸智能屏幕,学生无论在教室的哪个位置,都可以清晰地看到屏幕。学生座位也不再是常见的固定桌椅,而是色彩明快的可移动小桌,同学们可以根据学习讨论情况,随时改变教室里桌椅的摆放。老师和学生手里拿的不是书,而是平板电脑,孩子们一边听课一边滑动屏幕……在重庆市沙坪坝区树人景瑞小学,这种有些不同寻常的上课情形每天都在发生。借助信息技术,学校将学生课前、课中、课后的思维碎片整理成可观测、可利用的数据,实现个性化学习。

【案例链接】浙江省杭州市萧山区崇文世纪城实验学校:重构学习时空的未来课堂

萧山区崇文世纪城实验学校通过解构传统课时边界、再造沉浸式学习场域、创新多样态教学组织,构建基于学习时空重构的未来课堂,努力实现从"知识传递"到"素养共生"的课堂转型。

主题统领,课程整合。学校不断创新教学组织形态,低年级实行双师包班协同教学,采用游戏式、情景化的教学方式,实现小幼顺利衔接。三至六年级,采用部分学科教师走教、学生走班等多种教学组织形式,实现跨学科主题学习。学校以主题学习,落实国家课程校本化、综合化实施。同时,结合学校办学目标,进一步开发了与国家课程主题贯通的校本化课程,其中包括走进社区、生存训练、国防教育、农事体验等专题研修类课程,53门选修课程,60余个跨学科主题学习,118项课后拓展性课程服务,实现兴趣培育。此外,学校为有学习专长、特殊需求的学生进一步开设"创新研究室""个人书画展"等个性化定制课程,实现潜能开发。

时空重构,学教创新。在时间上,学校在不增加周教学时间总量的前提下实施模块规划,弹性布局。模块化:根据教学需要,开设长短课。短课做到短小精悍,实现内涵式课堂建设;长课为体育项目走班、英语走班等提供时间保障。弹性化:每年开展1—5天不等的悦读节、数学节、艺术节等12个专题活动;设置每月一日的无铃声日;设置活力晨间和闲暇时段。个性化:学校共开发数十门定制课程,以一对一规划学习时间的方式,培养学生专长。在空间上,学校建筑一体化、场馆式设计,创设"时时乐学、处处能学、人人善学"的场域。除了功能叠加的定班教室,学校着力打造港湾家园、未来空间、艺术长廊、法布尔湿地等非正式学习空间,借助虚拟场景、混合学习等方式,把博物馆、科技馆等"搬进"校园;开发"读懂学习"跨学科主题学习平台,为课程个性实施提供支撑。积极拓展校外学习空间,与30个场馆建立联系,开展好博物馆研学活动。

"自古西湖画舫课,百年钱塘新班级。崇文尚德遗风袭,正学阐教立潮头。"崇文世纪城实验学校始终将自己视为教育的"试验田",遵循教育发展规律,坚持发挥课堂变革主阵地的作用。

样态五:情境增强课堂

情境教学,就是教师在课堂中利用情境的创设帮助学生培养智力、陶冶情操、锻炼思维、提高问题解决能力的过程。[123]未来的新情境教学将是教育领域的一大创新,它深度融合现代科技、先进的教育理念和多元化的教学方法,将传统真实情境与虚拟现实情景相结合并运用在课堂学习中,为学生提供一个更加丰富、生动、高效的学习环境。

未来的新情境化课堂将更加注重学习环境的情境化设计。通过虚拟现实(VR)、增强现实(AR)等先进技术,学生将能够身临其境地参与到各种学习场景中,如历史事件的现场、科学实验的环境、地理风貌的实地等。这种情境化的学习环境将极大地激发学生的学习兴趣和好奇心,使他们更加主动地参与到学习过程中。

未来的新情境课堂将是一个充满创新、互动和个性化的学习环境。它将通过情境化的学习环境、个性化与定制化学习、互动与协作学习、跨学科与项目式学习,以及智慧化教育管理与评价等方式,为学生提供更加优质、高效和全面的学习体验。

【案例链接】基于 VR 全景视频的英语情境教学模式

陕西师范大学外国语学院魏军梅教授从英语情境教学的需求和特点,以及实际教学中可操作性和可行性的角度出发,提出了构建基于虚拟现实全景视频的英语教学情境,并讨论了三种潜在的教学应用模式,为开展英语虚拟情境教学提供了有效的解决方案。

她认为与传统的 VR 情境教学相比,VR 全景视频具有更好的可操作性。根据英语教学的特点,基于 VR 全景视频的英语情境教学可采用以下三种应用模式。[124]

模式一:学生沉浸式自主体验学习模式。由教师根据教学内容,选择推送发生在母语国家某一真实情景下的 VR 全景视频,并针对场景中事件和情节设置提示信息,布置学习任务和问题,以"公告板"或者链接弹出窗口的形式嵌入显示在全景视频中。学生通过 VR 盒子和智能手机在线观看,沉浸于场景中,如同实地观摩学习一样。根据学习任务,通过身体转动等自然交互方式选择合适的视角重点观摩学习的内容,并通过手势或手柄交互控制观看学习的进度,选择有标注的对象查看提示信息,完成学习任务。

模式二:教师浸入引导式学习。教师针对 VR 全景视频中的环境、人物、情节等,采用固定视点相机定焦拍摄相应的讲解视频,无缝嵌入全景视频中,并引导学生观看全景视频的不同区域。学生看到的是教师置身于真实场景中,对真实事件进行讲解,获得更好的感官体验,从而更好地理解真实情境中的语言运用。

模式三:角色替换式配音学习。通过控制 VR 全景视频中的音轨,可以弱化或关闭场景中某个人物的语音,让学生通过角色替换,以类似于配音的方式完成该角色在视频中的对话,从而达到练习的目的。也可以关闭所有语音,借助场景视频中的情节,让多个学生同时参与配音,发挥学生的创造力,让学生大胆表达自己的想法,展示多种版本的表达,提高学生的参与度。

以上三种学习模式均具有较好的可操作性,不仅可以让学生切身体验到文化多元性的环境下多样性的交流方式,同时丰富性和拓展性的交互学习也有助于激发学生的学习兴趣,同时避免了面对面交流可能带来的心理障碍,提高了学生学习参与的积极性,同时教师对于学习内容、学习进度和学习效果也具有更强的掌控能力。

样态六:没有教室的课堂

"没有教室的课堂"挑战了传统教育中教室作为教学活动唯一场所的固定模式。它不再局限于传统的教室环境,而是将学习扩展到学校乃至社会的每一个角落。这种转变强调学生的主动性和参与性,鼓励学生在真实世界中探索和学习,从而更好地为他们面对未来的挑战做好准备。

学习空间的重构:在"没有教室的课堂"中,学习空间的设计更加灵活和多样化。学校可以利用图书馆、实验室、艺术工作室、户外空间甚至虚拟空间作为学习场所,以适应不同学生的学习需求和偏好。

课程内容的整合:"没有教室的课堂"能够促进学生从更广阔的视角理解世界,培养综合解决问题的能力。这种整合有助于打破学科间的壁垒,促进知识的深度理解和创新思维的发展。

注重体验和实践:通过项目式学习、合作学习、体验学习等方式,学生能够在实践中学习,通过动手操作和亲身体验来构建知识。

社会参与和合作:"没有教室的课堂"鼓励学校与社区、企业、文化机构等社会资源的合作。通过这种合作,学生能够参与到真实的社会项目中,学习如何与他人合作,如何运用所学知识解决实际问题。

"没有教室的课堂"为学生提供了一个更加丰富、灵活和个性化的学习环境,以培养他们适应未来社会的能力。

【案例链接】瑞典 Vittra Telefonplan 学校：没有教室的课堂

　　Vittra Telefonplan 学校位于瑞典的斯德哥尔摩，是一所私立学校。在这所学校，每个学生都有一台笔记本电脑，学校鼓励他们利用网络随时随地开展学习，在学习过程中可以和同伴共同合作，也能随时得到教师的帮助。教学组织更加灵活，根据学习能力分成不同群体，大多采用混龄教学，把不同年龄的学生放在同一个小组中进行学习、游戏和生活，构建了一个与现实生活相似的雏形社会。整个校园将传统的教室变成了各种开放式学习空间，如非正式学习区、休闲区、探究区以及各种功能区等。他们认为，学校的空间布局不用追求固定标准，教室也不一定都是千篇一律的桌椅排列，学校应该根据学生的不同需求采用不同的学习方式，并提供相应的学习空间。所以，Vittra Telefonplan 学校抛弃了传统的教室布局，把工厂车间式的教室改造成"水吧""营地""实验室""洞穴"等新型学习空间。比如：学生在楼梯中的"洞穴"自学；在"实验室"进行数学、科学和艺术活动；在"营地"会面和讨论任务进程；在"水吧"开展社交活动和非正式学习。这些空间更加人性化，更具亲和力，向学生提供全新的浸入式体验，帮助他们开展个性化的深层次学习。

第五章
未来课程新形态

教育者,非为已往,非为现在,而专为将来。

——蔡元培

　　人类文明的长河奔涌向前,教育的基因在课程形态的嬗变中不断重组进化。从服务于生产劳动的课程萌芽到维护阶级统治的古代课程,再到适应社会发展需求的近现代课程,并朝着促进人全面发展的未来课程迈进,课程始终如同时代的镜像,倒映着文明演进的轨迹,镌刻着人类对教育本质的永恒求索。站在智能时代的历史坐标点上,未来课程正突破传统范式,呈现出多维的创新图景——人人皆才的课程价值、学为中心的课程理念、素养导向的课程目标、跨科融创的课程类型、社会众筹的课程供给,以及数智赋能的课程实施等,共同编织出开放包容的未来课程网络。具体形态的革新更加具象地诠释着未来图景:导航生涯的个性化学程、实践创造的"STEM+"课程、面向生活的体验性课程、技术支持的自适应课程,以及丰富多彩的课程超市等,揭示了未来课程如何以学习为中心,构建出一个开放、包容、创新的课程体系,为培养具有灵活认知与实践创新的新质人才构建基石。

第一节 ‖ 课程的进化

课程,作为教育活动的核心组成部分,其发展历程与人类社会的进步紧密相连,经历了从原始社会的萌芽到古代社会的阶级统治工具,再到近现代社会的专业技能培养,直至未来社会全面发展的追求。这一演变过程不仅反映了社会结构的变化,也体现了人们对教育价值和功能的不断探索与深化。从原始社会的口头传授到古代社会的经典传承,再到近现代社会的分科设置和多元化发展,课程的每一次变革都承载着特定历史时期的社会需求和文化背景。随着社会的不断进步和科技的飞速发展,未来课程将依托智能技术,革新各个要素,赋能学生的全面发展,致力于培养适应未来时代的,具有创新思维、批判性思维和综合素质的新质人才。

一、萌芽:服务于生产劳动

原始社会虽然有了教育,但还没有学校,也没有规范的学校课程。但是就教育活动的内容来说,从教育活动产生的时候起,教育的内容就是同生产劳动相结合的。原始人类在生产劳动、生活之中口头创作并口耳相传的古代神话故事(如精卫填海、女娲补天、后羿射日等),其实就有原始课程的影子。在原始公社制社会后期,一些宗教仪式、风俗习惯也成为了教育内容,但是比起生产劳动经验的传授而言,居于次要的地位。随着社会生产力的发展,原始畜牧业、原始种植业和原始手工业开始出现,传授这些生产劳动的经验,必然是教育的主要内容,也就是当时原始课程的主要内容。总的来说,原始社会的教育具有为生产劳动而教育、为生活而教育的特点。[125]所以原始社会的课程也是服务于生产劳动和生活的课程。

二、古代课程：维护阶级统治

在奴隶社会与封建社会，课程不仅是知识和技能的传授，更是维护阶级统治的工具。其演变过程深刻反映了社会结构的变化和教育在阶级社会中的功能。"任何一个时代的统治思想始终都不过是统治阶级的思想。"[126]奴隶社会的学校课程是按照奴隶社会的教育目的而设置的。而当时的教育目的无非是首先要维护奴隶主统治的社会秩序，为统治阶级培养人才。

我国在商代时期，随着文字的成熟，教育开始形成系统。学校出现大学、小学之分，教育内容主要围绕习礼、习武及"书""数"等基础技能。到了西周，教育体制进一步巩固，形成了"学术官守"和"学在官府"的模式。教育内容扩展至"六艺"，包括礼、乐、射、御、书、数，旨在培养贵族的全面素质，以适应统治需要。春秋战国时期，百家争鸣，儒家学派崭露头角。孔子编定《诗》《书》《礼》《乐》《易》《春秋》等，为后世教育奠定了基础。秦朝统一后，推行"以吏为师""以法为教"的文教政策，强调律令和法制教育，儒家学说受到挑战。汉朝时期，董仲舒提出"罢黜百家，独尊儒术"，儒家经学成为官方教育的主要内容。此时，教育内容更加侧重于道德伦理的灌输和人格修养的培养。宋明时期，程朱理学兴起，"四书"——《大学》《中庸》《论语》《孟子》成为主要教育内容，强调道德伦理的修养和人格完善的培养。随着西学东渐和近代科学的传入，自然科学、军事技术、工农业生产等方面的课程开始受到重视。人们开始考虑分科设置课程，以近代自然科学为主的分科设置课程初见端倪。这一时期的课程变革反映了社会对于新知识和新技术的渴求，也预示着封建教育向近代教育的转型。

西方课程同样经历了维护阶级统治的发展阶段。在古希腊时期，教育主要由私人哲学家和学者承担，教育内容涵盖了哲学、数学、文学、体育等多个领域。柏拉图和亚里士多德等哲学家对教育有着深刻的理解，他们的教育理念对后世产生了深远影响。随着罗马帝国的崛起，教育逐渐与宗教和政治相结合，成为维护帝国统治的工具。中世纪的西方教育主要由教会和贵族掌握，教育内容以宗教神学为主,强调对上帝的信仰和服从。同时,骑士教育也盛行一时,注重培养贵族子弟的军事技能和荣誉感。然而,在这一时期,一些学者和僧侣也致力于保存和传承古典学术,为文艺复兴的到来奠定了基础。文艺复兴时期,人文主义思想兴起,教育开始注重人的全面发展和个性解放。教育内容逐渐丰富,包括文学、艺术、数学、自然科学等多个领域。此时,学校也开始向普通市民开放,教育的普及程度大大提高。到了工业革命时期,随着科学技术的飞速发展,教育内容更加注重实用性和科学性,数学、物理、化学等课程成为学校教育的核心。

从中西方的教育演变可以看出,无论是东方还是西方,古代课程都是统治阶级用来维护其权力结构、传递意识形态和培养接班人的重要工具。同时,教育也反映了社会结构的变化和人们对知识与技能的追求。随着社会的发展和变革,教育内容不断丰富和多样化,但始终围绕维护阶级统治这一核心目标。从"六艺"到"四书五经",再到近代科学的引入,还有从古希腊的哲学、数学到工业革命时期的自然科学和工程技术,课程的演变体现了其独特的价值和功能。

三、近现代课程:适应社会发展需求

随着近现代社会的迅猛推进,课程领域经历了一场前所未有的转型。传统的课程目标,即维护阶级统治,已逐渐被培养具备特定技能和知识的人才所取代,以适应快速变化的经济社会发展需求。这一转型不仅标志着课程价值取向的深刻变化,也预示着课程体系将更加注重实用性、专业性和创新性。

在全新的社会需求下,课程目标的设定变得更为明确和具体。它们不再仅仅局限于基础知识的传授,而是更加注重培养学生的实际操作能力、问题解决能力等。为了实现这些目标,课程内容得到了全面而深入的优化。一方面,传统学科的基础知识仍然被保留和传承;另一方面,前沿科学、技术应用以及行业知识也被纳入其中,为学生提供了一个多元化、跨学科的知识体系。

在课程实施过程中,政府、教育机构以及行业企业共同扮演了至关重要的角色。政府通过制定教育政策和标准,为课程发展指明了方向;教育机构则根据社会需求和学生特点,精心设计和实施具体的课程计划;而行业企业则通过校企合作、实习实训等多种形式,为学生提供实践机会和职业规划指导。这种多方协同的模式确保了课程的有效实施和与社会的紧密衔接。

教材作为课程实施的重要媒介,也经历了全面的革新。传统教材因内容陈旧、形式单一,已无法满足现代教育的需求,取而代之的是一个更加多元化、专业化和现代化的教材体系。这些新教材不仅涵盖了学科的基础知识,还融入了行业前沿的科研成果和案例分析,为学生提供了更加丰富、实用的学习资源。与此同时,传统的讲授式教学已逐渐被探究式、项目式等强调学生主体性和参与性的新型学习方式所取代。通过引导学生自主学习、合作学习和实践学习,激发他们的学习兴趣和创新能力。此外,现代教育技术的应用也为课程实施提供了强有力的支持。多媒体教学、网络教学、虚拟仿真等现代教学手段的引入,使得教学更加生动、直观和高效。

总之,近现代社会的课程价值取向已经发生了深刻变革,更加注重培养具有特定技能和知识的人才,以适应社会发展需求。这种变革不仅体现在课程目标的设定、内容的优化和实施的创新上,还体现在教材的更新和教学方法的多样化上。这些变革为社会培养出更多适应时代需求的高素质人才,推动了经济社会的持续发展和进步。

四、未来课程:促进人的全面发展

在科技进步与社会变迁的推动下,未来课程不再仅仅局限于知识的传授与特定技能的培养,而是成为促进个体全面发展、塑造未来社会公民的重要载体。它深刻体现了对人性、潜能及社会需求的全面理解与尊重,旨在通过多维度、深层次的课程实践,引领每一位学习者走向更加宽广的人生舞台。

未来课程,首先强调的是个性化与定制化学习。在大数据、人工智能等先进技术的支撑下,精准捕捉每位学习者的独特需求与潜能,提供量身定制的学习路径成为可能。这不仅意味着课程内容的个性化调整,更意味着学习节奏的灵活安排、学习方式的多样选择。同时,在知识更新速度日益加快的今天,利用生成式人工智能等技术为学习者不断地生成个性化、前沿性的学习内容,提供持续的学习资源和支持同样必要与可行。这种高度个性化的学习体验,能够有效激发学习者的内在动力,让每个人都能以最适合自己的方式成长,实现自我价值的最大化。

其次,跨学科融合也将成为未来课程发展的重要趋势。面对日益复杂的社会问题和全球挑战,单一学科的知识已难以满足解决问题的需求。因此,未来课程势必将打破传统学科界限,实现科学、技术、工程、艺术、数学等领域的深度融合。这种跨学科的课程设计,旨在培养学习者的问题解决关键能力,使他们在面对未知与变化时,能够灵活调用多学科知识,创造性地提出解决方案。

未来,实践与体验的课程也将愈发受到重视。通过虚拟现实、增强现实等现代技术手段,学习者可以身临其境地体验各种场景,从而获得更加直观、深刻的学习体验。同时,课程将融入丰富的实践项目与社会实践活动,鼓励学习者在实践中学习、在学习中实践。这种理论与实践相结合的教学方式,不仅能够提升学习者的动手能力与问题解决能力,更有助于培养他们的社会责任感与公民意识。

此外,未来课程还将高度关注学习者的情感与心理健康。通过心理健康教育、情绪管理课程等,帮助学习者建立积极的自我认知、情绪管理的策略,培养其坚韧不拔的意志力。这种关注个体内心世界的课程设计,旨在培养学习者在面对挑战与困难时能够保持平和的心态、积极的情绪与坚定的信念,从而更加健康、自信地迎接未来的挑战。

综上所述,未来的课程形态将更加注重人的全面发展,通过个性化与定制化学习、跨学科融合、实践与体验的课程,以及情感与心理健康关注等多维度的教育实践,为学习者构建一个全面、开放、包容、创新的课程体系,不仅有助于培养具有创新精神、批判性思维、社会责任感以及良好人文素养与科学素养的复合型人才,更将为未来社会的繁荣与进步奠定坚实的基础。

第二节 ‖ 未来课程的发展趋势

一、课程价值：人人皆才

人人皆才的未来课程价值理念，其核心在于认可和尊重每个个体的独特性和发展潜力。未来课程的价值落点在于促进个体的自我发展与完善，实现自由而充分的发展，是"成己"而非"成物"的，[127]最终目标是帮助个体成为更好的自己，而非仅仅成为社会机器中的一个部件。

人人皆才的价值理念促使未来课程摒弃传统教育中以单一标准衡量学生能力的模式。传统观念中，学生的能力往往被简化为考试分数的高低，这种单一的评价标准忽视了学生在多元化智能领域中的表现。随着对脑科学、心理学等学科的深入研究，我们认识到人类智能是多元化的，包括言语语言智能、数理逻辑智能、视觉空间智能、音乐韵律智能、身体运动智能、人际沟通智能、自我认识智能、自然观察智能等。[128]每个学生都可能在某一或某几个智能领域表现出色，只要给予适当的引导和教育，他们就能在这些领域取得卓越的成就。

因此，在人人皆才的价值驱动下，课程体系应当是更加灵活、多元化的。这种课程体系不再是一味追求知识的灌输和记忆，而是注重培养学生的创新思维、批判性思维和解决问题的能力。同时，也要根据学生的兴趣和特长，为他们提供个性化的学习路径和资源，使每个学生都能在自己擅长的领域得到充分的发挥和成长。人人皆才的课程是要在尊重和发挥学生个性的基础上，引导他们树立正确的价值观和人生观。在这个过程中，我们需要注重培养学生的社会责任感、团队合作精神和创新能力等综合素质，使他们成为具有全球视野和公民素养的新时代人才。

总之，人人皆才理念引领下的未来课程要求转变教育观念，构建多元化、个性化的课程体系，发挥每个学生的潜能和特长，使他们成为具有创新精神和实践能力的新时代人才。同时,这也需要教育工作者不断提高自身的专业素养和教育能力,为学生提供更加优质的教育服务。这一理念的实践,将有助于培养出更多具有全球竞争力的人才,为社会的持续发展和进步作出贡献。

二、课程理念:学为中心

未来课程将秉持以学习为中心的理念,聚焦学生的学习。相较于"以学习为中心"的教育理念,美国人本主义心理学家卡尔·罗杰斯于20世纪50年代提出的"以学习者为中心"的教育理念更为人熟知。以学习者为中心强调教与学的过程以及一系列外部支持条件都要遵循学生的认知发展规律和需求,使每个个体都能在合适的支持中获得个性化的成长与发展。[129]

在二期课改之前的很长一段时间内,课程目标往往侧重教师的教授目标而非学生的学习目标;课程内容组织往往以学科知识体系为主线,而非围绕学生的学习能力发展;课程实施中,教师的教授方法占据主导,而忽视对学生学习方法的指导;课程评价多是凸显教学评价指标,并未将学生的发展成就指标作为主要评价依据。国家新课程新教材的改革与实施,明确了课程的育人价值,凸显了学生主体地位,刻画了学生学业成就的具体表现,注重实现"教—学—评"一致性。

以学习为中心的理念对于课程深化发展与变革十分重要。"以学习者为中心"的本质其实就是"以学习者的学习为中心"[130],而且"以学习为中心"不仅建立在"以学习者为中心"的基础上,还直指学习范式或者说教育的核心。因此,以学习为中心不仅是学习设计的旨归,[131]更是课程设计的根本导向。具体而言,以学习为中心的未来课程主要体现在以下几个方面:

一是课程目标转化为学生学习目标。在以学习为中心的未来课程中,课程目标不再是教师单方面设定的教学要求,而是转变为学生的学习目标。学生学习也不再围绕教授目标,而是以学习目标为中心展开的。这些目标基于学生的现有学习水平、兴趣爱好和未来发展需求,旨在激发学生的学习动力,促进其全面发展。

通过明确学生的学习目标,课程设计者能够更好地把握教学方向,确保学习活动始终围绕学生的实际需求展开。

二是课程内容组织基于核心素养的发展要求。传统的课程内容往往按照学科知识的逻辑体系进行编排,而忽视了学生的素养发展。课程内容基于核心素养的发展要求,遴选重要观念、主题内容和基础知识,设计课程内容,增强内容与育人目标的联系,优化内容组织形式。[132]这意味着课程内容将更加注重学生的实际需求和能力发展,通过引导学生参与实践活动、解决问题和探究新知,培养其自主学习能力、批判性思维和创新能力等关键能力,提升核心素养。

三是课程实施关注学法指导。在未来课程的实施中,教师不仅仅是知识的传授者,更是学生学习过程中的支持者和促进者。课程实施将更加注重学法指导,即帮助学生掌握有效的学习方法和策略,提高其学习效率和质量。通过学法指导,学生能够更好地理解和掌握知识,形成自己的学习风格和策略,为其未来的学习和发展奠定坚实的基础。

四是课程评价以学生发展为导向。传统的课程评价往往以教师的教学表现、学生的学业成就为主要评价指标。而在以学习为中心的课程中,评价则更加以学生发展为导向,通过多样化的评价方式和手段,将过程性评价和总结性评价相结合,全面了解学生的学习情况,重点关注学生在课程学习中所得到的实质性发展。

五是未来课程倡导使用学材。在以学习为中心的教育理念下,教材将逐渐转变为学材。学材更加注重学生的实际需求和学习过程,应以学生的学习为中心进行设计和编写。学材将不再是单纯的知识呈现和灌输工具,而是成为学生学习过程中的重要资源和辅助工具。通过学材的引导和支持,学生能够更好地自主学习和探究新知,实现个性化的学习和发展。

三、课程目标:素养导向

素养导向标志着未来的课程目标从传统的知识传授向全面培养学生核心素

养的转变,旨在塑造具有高度适应性和创新能力的未来人才。这一转变不仅是对过去教育模式的反思,更是对未来社会发展的前瞻性布局。教育部最新颁布的课程标准,包括2017年颁布的普通高中各科课程标准和2022年颁布的义务教育阶段各科课程标准,强化了课程育人导向。各科课程标准基于中小学教育培养目标,将党的教育方针具体细化为课程应着力培养的核心素养,体现正确价值观、必备品格和关键能力的培养要求。

传统的课程往往过度关注学科知识的灌输,却在一定程度上忽视了对学生核心素养的培养。然而,在科技日新月异、社会变革加剧的今天,单纯的知识积累已然不足以应对未来的挑战。相反,核心素养是学生成长过程中为适应未来社会挑战所必须具备的关键能力和品质,其重要性日益凸显。换言之,具备良好核心素养的人才更受社会的青睐。因此,未来的课程目标发展必须转向素养导向,将培养学生的核心素养作为课程的核心目标。

核心素养所反映的是个人对于21世纪社会生活的基本"胜任力",它植根于基本知识与技能,却不仅仅局限于此。核心素养要求个体具备综合运用相关知识与技能,富有灵活性和适应性地解决现实问题的通用能力。从价值取向来看,核心素养的关注点从传统课程培养目标的知识与技能转移到了人的毕生发展,追求个人幸福生活目标与社会经济发展目标的兼顾与协调。[133]课程对于人的培养也不仅仅是知识的传授,更是人格的塑造、能力的提升和情感的滋养。从思维方式来看,核心素养改变了传统课程培养目标单一的分析式思维方式,倡导更具系统性和综合性的思考方式,要求个体在面对问题时,能够多角度、多层次地进行分析和判断,从而作出更为全面和科学的决策。

在核心素养导向下,未来课程将注重跨学科整合,打破学科界限,形成完整的知识体系;强调情境化学习,让学生在贴近生活的情境中实践成长,提升解决问题的能力;采用多元化评价方式,不仅关注学业成绩,更重视创新思维、实践能力及情感态度的发展;同时,课程设计将充分考虑学生的个体差异,提供多样化学习资源和路径,以满足不同学习需求,促进学生个性化发展和潜能发挥。

总体而言,核心素养所体现的以人为本的教育价值观以及系统化思维方式,是触发课程目标系统变革的催化剂,不仅反映了未来社会对人才规格的新需求,更是课程目标系统变革的关键推动力。只有将核心素养置于课程目标系统变革的视域之中,以课程目标系统结构作为参照框架对其进行全面考察,方能解决当前诸多"各执一端"的片面纷争,从而形成对核心素养全面而深刻的理解。[133] 同时,也可以进一步明晰以素养为导向的课程目标未来的发展路向。

四、课程类型:跨科融创

跨科融创课程的核心内涵在于超越传统的学科界限,构建一个整体性框架,以应对科学领域的难题和跨越多领域的社会挑战。科学追求融合的本质与人类思维的局限性,以及宇宙深邃的未知性,共同促使我们分化学科以深入探索。然而,这种分科教育在一定程度上限制了知识的整合与创新。因此,跨科融创课程应运而生,旨在通过不同领域知识、技术和专长的深度交汇与碰撞,产生全新的思维方式和研究方法。

融创的关键要义在于"converge"一词的精髓——收敛与趋同。它并非追求内容的简单趋同或汇聚,而是强调不同领域知识的深度融合与变革,催生具有创新特质的新见解。这种融合不是简单的叠加,而是要实现知识、技术和方法的重新组合与重构,从而产生全新的知识结构和思维模式。[134] 正如美国麻省理工学院(MIT)所强调的,"convergence"被视为创新的蓝图和下一代革命,它构建了一个更为广阔的框架,以应对不断涌现的科学和社会挑战。[135] 融创课程作为跨学科课程的新境界,旨在聚焦真实世界的劣构问题,从特定学科出发,融合多学科建构知能体系,形成超越学科边界的心智结构与创新解决方案。

跨科融创课程的典型特征体现在以下几个方面:首先,它以真实复杂的劣构问题为驱动,这些问题因其复杂性而难以通过单一学科解决,需要融合多学科的知识和方法。其次,该类课程强调融学科知能体系的动态创新,通过深入理解和整合各学科的内容、逻辑和方法,形成超越学科边界的融创知识体系。这种知识体系是动态变化的,能够随着新的认知和发现而不断扩展和深化。再者,跨科融创课程注重超学科心智结构。在融合多学科知识的基础上,它进一步强调由此产生的方法论、思维方式与认知框架等心智结构。这些心智结构超越了特定学科的具体内容,有助于学习者形成针对某类问题的结构化思维,为解决问题提供有力的思维工具。同时,这种心智结构还具有强大的迁移能力,能够应用于新情境以解决新问题,并反过来促进学科知识的深度建构。[134]

跨科融创课程的最终目标是形成创新性解决方案。基于跨界知能体系与超学科心智结构,它广泛融合不同领域的思想、方法和技术,促使新的思想、框架、机会和边界得以涌现,从而产生具有创新性的解决方案并创造附加值。这些创新性解决方案不仅是知识融合的产物,更能潜在地跨越群体认知边界,成为推动社会进步的重要力量。

另外,跨科融创课程强调多主体协同共促的实践转化。它通过建立多学科团队和构建开放、包容的协作平台,促进不同领域利益相关者或不同文化之间的有效沟通与协同。这种多主体协同共促的实践转化过程有助于将融创的成果应用于真实世界的工作场所中,并取得切实的社会效益。

五、课程供给:社会众筹

未来,社会众筹将成为引领未来课程资源供给的重要力量。社会众筹的理念强调通过汇聚社会各界的智慧和资源,共同为教育事业贡献力量,实现教育资源的优化配置和高效利用。从课程的资源供给角度来看,社会众筹打破了学校作为唯一资源提供者导致的内容局限。而社会众筹则通过广泛动员社会各界的力量,包括企业、社区、非营利组织、个人等,共同参与到课程资源的供给中来。这种模式的出现,不仅极大地丰富了课程资源的种类和数量,还为学生提供了更加多样化、个性化的学习体验。

在社会众筹的供给理念下,课程资源供给呈现出以下几个显著特点。首先,课程资源的来源更加广泛。例如:企业可以提供实习机会、技术支持等;社区可以组织文化活动、社会实践等;非营利组织可以开发特色课程、提供学习资源等。这些资源的引入,不仅丰富了课程内容,还增强了课程与社会的联系。其次,课程资源的供给更加灵活。社会众筹模式下,课程资源可以根据实际需求进行动态调整和优化。当某个领域的资源需求增加时,可以迅速调动相关资源进行补充;当某个资源不再需要时,也可以及时进行调整和退出。这种灵活性保证了课程资源始终与社会需求保持同步。

此外,社会众筹还促进了课程资源的创新。通过汇聚社会各界的智慧和资源,可以共同开发出具有时代特色、符合学生兴趣的创新课程。这些课程不仅具有高度的实用性和前瞻性,还能够激发学生的学习兴趣和创造力。同时,社会众筹也为学校提供了更多的合作机会和平台。学校可以与企业、社区等建立长期稳定的合作关系,共同开展课程研发、教学实践等活动。这种合作模式有助于提升学校的教学质量和水平,同时也为学生提供了更多的实践机会和就业渠道。

当然,社会众筹的实现离不开政府、学校、企业和社会各界的共同努力。政府需要制定相关政策措施,鼓励和引导社会各界参与到教育众筹中来;学校需要积极寻求合作机会,拓宽资源渠道,提升自身的教学质量和水平;企业需要承担社会责任,为教育提供技术和资金支持;社会各界也需要积极参与到教育公益事业中来,共同推动教育事业的发展。

综上所述,社会众筹从课程供给的角度为未来课程带来了新的机遇和挑战。通过汇聚社会各界的智慧和资源,为学生提供更加丰富、多元、高质量的课程资源,助力他们全面发展,成为未来社会的栋梁之才。

六、课程实施:数智赋能

在数智技术的强力驱动下,未来课程的实施将经历着一场前所未有的巨大变革。个性化的指导、混合式的认知活动、拓宽的场域和丰富的形式等创新实践,共同构成了这场变革的核心要素,为学生的全面发展提供了前所未有的机遇与可能。传统的课程实施模式,受限于资源的有限性和人才培养需求的扩张性,往往难以真正实现个性化教育。然而,随着人工智能技术的飞速发展,这一教育痛点正被逐步破解,个性化教育的普及成为可能。[127]

在未来的课程实施中,个性化的指导将成为常态。智能可穿戴设备能够实时跟踪观测学习者的学习习惯、个性特征、认知方式和已有基础,为每位学习者绘制出独一无二的数字画像。基于这些画像,系统能够智能地为学习者定制差异化的学习服务,包括个性化的课程内容、教学方式和实施进程。这种个性化的课程实施,不仅打破了传统教育中"一刀切"的局面,更凸显了学习者的个性化差异,使每个人都能按照自己的节奏和方式学习,从而最大化地发挥自身潜能。同时,未来的课程实施将更加注重混合式认知活动的融合。智能导学系统、智能教室、MOOC、SPOC 等新兴技术的兴起,使得传统课堂发生了翻天覆地的变化。课程实施不再是对教科书、指导用书、课程方案的单向执行,而是实现了自学与教学、线上与线下等各种形式的有机结合。任务驱动、微课自学、在线检测、协作学习、互动互评等新型学习形态不断涌现,师生、生生和人机之间的互动更加频繁和深入。这种混合式的课程实施方式,不仅丰富了学习的形式和手段,更激发了师生的主体性、创造性和个性的解放与表达。[136]

此外,人工智能相关技术的发展还大大拓宽了课程实施的场域,丰富了课程实施的形式。虚拟现实(VR)技术、增强现实(AR)技术和混合现实(MR)技术等先进技术的应用,使得传统课堂中抽象而难以理解、与实际生活经验相去甚远的知识能够以直观化、体验化的形式呈现出来。学生可以通过 VR 技术穿越时空,亲眼目睹古代文明的繁盛与衰落;通过 AR 技术走进微观世界,探索原子和神经网络的奥秘。这些先进技术不仅实现了学习空间的仿真,更使学生仿佛置身于真实的情景中学习知识,使知识变得易获得、易理解、易迁移。

总体而言,在数智赋能的未来课程实施中,课程与生活发生了更为紧密的关联。课程实施过程不再局限于传统的教室和课堂,而是延伸至现实世界。学生对知识的组织建构紧密围绕真实问题展开,通过解决实际问题来深化对知识的理解和应用。这种以真实问题为导向的课程实施方式,不仅提高了学生的实践能力和创新能力,更培养了他们的社会责任感和使命感。

第三节 ‖ 未来课程的实践样态

样态一:导航生涯的个性化学程

导航生涯的个性化学程不仅深刻体现了对学生个性化发展需求的精准把握,更是对未来职业路径与学习内容深度融合的一次前瞻探索。其核心在于,赋予每位学生充分的自主权,使他们能够根据个人兴趣、能力及职业愿景,自主选择并精心构建一套贴合其未来发展轨迹的课程内容,进而打造出独一无二的个性化学习路径,实现自我量身定制的课程学习体验。

个性化学程的提出,是对传统教育体系中"一刀切"教学模式的根本挑战。传统教育往往基于统一的教学大纲与标准化的教学内容,忽视了学生间显著的个体差异与未来职业需求的多样性。而在未来,课程形态将发生根本性转变,由传统的"教程"模式向"学程"模式过渡。在"学程"模式下,课程内容将高度模块化与灵活化,每个模块围绕特定主题、技能或职业领域深入展开,学生可根据个人兴趣、能力及职业规划,自由选择并组合这些模块,形成独一无二的个性化学程。

个性化学程的实现,依赖于教育系统在课程设计、资源配置及评价体系等方面的全面革新。在课程设计层面,教育系统需构建一套包含广泛主题的模块化课程体系,每个模块都需经过精心设计,确保内容的深度与广度。同时,课程模块之间应建立清晰的逻辑关系与衔接路径,以便学生根据个人需求,自由组合形成连贯的学习路径。在资源配置方面,教育系统需充分利用现代信息技术,如大数据、人工智能等,为学生提供个性化的学习资源推荐与学习路径规划,确保每位学生都能获得最适合自己的学习资源与学习环境。在评价体系方面,需建立多元化、过程性的评价机制,不仅关注学生的学习成果,更重视其在学习过程中的努力、进步与创新能力的提升,通过项目作业、同伴评价、自我反思等多种形式,全面、公正地评估学生的学习成效,助力其不断优化面向未来生涯的学程规划。此外,个性化学程的成功推行还依赖于教育者的专业素养与创新精神。教育者需具备深厚的学科知识与教学技能,能够根据学生的个性化需求,灵活调整教学策略与方法,为学生提供高质量的教学指导与支持。同时,教育者还需具备开放的心态与创新的思维,勇于尝试新的教学理念与技术手段,不断丰富与完善个性化学程的内容与形式。

总之,导航生涯的个性化学程不仅是对学生个性化需求的积极响应,更是对未来社会职业变迁的主动适应。它要求教育系统在课程设计、资源配置、评价体系及教育者专业素养等方面进行全面革新,以构建一个更加开放、灵活、个性化的学习生态系统,助力每位学生找到属于自己的成长路径,迈向未来的职业生涯。

【案例链接】上海市徐汇区指向学生个性化培养的生涯教育体系

徐汇区在教育改革的浪潮中,积极响应并深入实践个性化教育理念,尤其在生涯教育方面成效显著。面对新趋势,徐汇区将人工智能、大数据等前沿技术融入教育实践,构建了指向学生个性化培养的区域生涯教育体系。该体系通过搭建数字基座,收集、整合学生数据,形成数字画像,为个性化指导课程提供数据基础。数字基座包括生涯系统、导师制和生涯资源模块,实现区域与校级数据统一汇聚和管理,为教育管理者和教师提供精准支持。徐汇区还开发了"生涯翼站"创新设备,运用大语言模型和检索增强生成(RAG)技术,为学生提供专属生涯规划指导,解决了师资配置不足和信息更新滞后等问题。此外,徐汇区开发了基于生涯视角的学生学科素养动态测评系统,设计了科学的测评模型和指标体系,通过在线测评和数据分析,为学生提供个性化提升建议。

经过一系列实践举措,徐汇区在生涯教育方面取得了显著成效。数字基座实现了有效的生涯教育数字化区域管理生态,"生涯翼站"创新了个性化生涯教育服务模式,学科素养测评则拓展了生涯教育的内涵和外延。这些成果不仅提升了学生的核心素养和学业成就,还为教师的专业成长和学校的个性化教育品质提升提供了有力支持。

图5-1 徐汇区"生涯翼站"个性化生涯教育服务

【案例链接】上海市吴淞中学的道尔顿工坊

道尔顿制(Dalton Plan)是一种起源于20世纪初美国的个性化学程教育模式,由教育家海伦·帕克赫斯特(Helen Parkhurst)创立,在全球范围内得到了广泛的应用和发展。道尔顿制的核心理念在于赋予学生更多的自主权,鼓励他们在教师的指导下，根据自己的兴趣和节奏安排学习计划，从而实现个性化学习。

上海市吴淞中学的道尔顿工坊是国内道尔顿制本土化的典型案例，体现了学校深厚的历史底蕴和持续的教育创新精神。1922年，吴淞中学率先试行"道尔顿制"，开创了中国近代教育改革的先河。从2015年开始，分别在张哲人校长和施忠明校长的领导下，秉承"自由—合作—计划"的道尔顿工坊正式投入运行，内设22间个性化实验室，围绕科学、技术、工程、艺术、体育等项目运营。道尔顿工坊的建立，不仅为学生提供了一个区别于传统实验室的研究性学习基地，而且通过实施小班化走班制课程，实现了非高考"为未来学"的探索。学校共开设了科技类32门课程、艺术类20门课程以及体育类8个课程供学生选择，充分体现了个性化学程的灵活性和多样性。学生可以根据自己的兴趣和爱好，自主选择感兴趣的课程。道尔顿工坊的课程排入正课课表，提供了课时的保障，且不占据学生的课外活动时间，体现了学校对全体学生全覆盖的课时保障。此外，学校还采取了硬件保障措施，建成了2500平方米的个性化实验室群，为学生开展科技类个性化课程和研究性学习提供了重要支持。师资方面，吴淞中学试行"双师制"教师队伍建设，吸引了包括大学教授、科研所研究员在内的专业人士加盟，为学生提供更专业的指导。

样态二：实践创造的"STEM+"课程

STEM，即科学（Science）、技术（Technology）、工程（Engineering）和数学（Mathematics）四大领域的简称，起源于21世纪初，旨在通过跨学科的教育方式，培养学生的科学素养、技术创新能力和工程实践能力。STEM教育的核心理念在于打破传统学科界限，通过整合不同学科的知识与技能，解决现实生活中的复杂问题，从而培养学生的综合素养与创新精神。

随着STEM教育的不断发展与普及，人们开始意识到，仅仅依靠STEM领域的知识与技能，难以满足未来社会对多元化人才的需求。因此，在STEM的基础上，增加了艺术(Arts)元素,形成了STEAM课程。STEAM课程不仅保留了STEM教育的核心价值,还融入了艺术的美学、创意与表现力,旨在培养学生的审美意识、创新思维与人文素养。这一创新性的课程形态,迅速在全球范围内得到了广泛认可与推广,成为了教育领域的一大亮点。

然而,在未来的课程形态中,STEM课程的拓展将不再局限于"STEM+A"的单一模式,而是在STEM课程的基础上,根据不同的培养目标与行业需求,灵活地囊括其他各个学科,形成"STEM+"课程。这种拓展不仅丰富了课程的内容与结构,更促进了学科间的交叉与融合,为学生提供了更加全面、多元的知识体系与学习体验。

在"STEM+"课程中,学生可以根据自己的兴趣、能力及职业规划,自由选择并组合不同的学科模块。例如,对医学感兴趣的学生,可以选择STEM+Medicine(医学)的课程组合,深入了解人体科学、医学技术与医疗工程等方面的知识;对环境保护有热情的学生,可以选择STEM+Environment(环境)的课程组合,学习生态学、环境监测与治理技术等内容。这种个性化的课程选择,不仅满足了学生的多样化需求,也使他们能够根据自己的兴趣与职业规划,构建出最适合自己的学习路径。

此外,"STEM+"课程还强调教学模式的创新与多样化。传统的讲授式教学已经难以满足现代教育的需求,因此,"STEM+"课程将采用项目式学习、探究式学习、翻转课堂等多样化的学习模式,激发学生的学习兴趣与创新能力。通过实践探索、团队合作、问题解决等方式,使学生在真实情境中学习知识与技能,提升综合素养与创新能力,为学生提供了更加全面、多元的学习体验与成长路径。

【案例链接】上海国际STEM教育研究所

2023年12月20日,国际STEM教育研究所在上海成立。国际STEM教育研究所,是联合国教科文组织(UNESCO)在中国上海成立的研究所,是UNESCO在全球设立的第10个一类中心,也是在欧美之外首个全球性的一类中心。该研究所的主要职能是促进科学、技术、工程和数学领域从幼儿到成人各个阶段的包容、公平、适切和优质的教育。它将发挥STEM教育领域信息交流中心、网络中心、资源中心和能力建设中心的作用,服务UNESCO战略和会员国需求,为联合国可持续发展议程及世界和平与发展作出贡献。该研究所的设立标志着中国与UNESCO合作的新阶段,中国首次作为UNESCO一类中心的东道国,展现了在全球教育领域的影响力和贡献。

样态三：面向生活的体验性课程

无论时代如何发展,从自然的本能学习到书本学习,再到网络学习与智能学习,人类不能被人工智能替代的是对真实生活的体验。面向生活的体验性课程超越了学科课程模式的束缚,不仅是对当下生活的真实体验,也是对未来生活的一种深刻洞察,更是教育创新与实践的集中体现。通过精心设计的体验性课程,学生们得以提前接触并适应未来社会的多元挑战与丰富机遇,从而在成长的道路上获得更为坚实的基础和更为广阔的视野。

面向生活的体验性课程,其核心在于紧密围绕学生的个性化需求与发展潜能,整合最前沿的教育资源与技术,为学生构建一个开放、多元、充满挑战与机遇的学习空间。在这个空间里,学生不再是知识的被动接受者,而是未来生活的主动探索者与创造者。体验性课程鼓励学生通过亲身体验与实践探究,深入挖掘并拓展自己的潜能,将知识转化为解决实际问题的能力,将技能升华为应对复杂情境的智慧,逐步构建起适应未来生活的核心素养。

在课程内容上,面向生活的体验性课程涵盖了德育、智育和技育等多个维度,[137]旨在全面培养学生的综合素质。德育体验性课程通过模拟社会场景、志愿服务等活动,让学生在实践中感悟和践行社会主义核心价值观,培养健全的人格与高尚的道德品质。智育体验性课程则注重培养学生的创新思维与问题解决能力,通过项目式学习、跨学科整合等方式,让学生在真实的问题情境中寻找答案,实现知识的内化与迁移,培养批判性思维与创造性解决问题的能力。技育体验性课程则聚焦于科技、艺术、体育等领域,通过实践操作与团队协作,培养学生的综合素质与创新能力,为未来的职业发展奠定坚实基础。

此外,面向未来的体验性课程还尤为注重培养学生的全球视野与跨文化交流能力。在全球化日益加深的今天,国际视野与跨文化沟通能力已成为未来人才不可或缺的重要素质。因此,体验性课程鼓励学生与不同文化背景的同龄人交流学习,通过国际交流项目、跨文化体验活动等方式,拓展自己的国际视野,提升跨文化沟通能力。同时,课程还积极引入国际先进的教育理念与教育资源,为学生提供更加丰富多元的学习体验,帮助他们更好地适应全球化的未来社会。

综上所述,面向生活的体验性课程不仅是对传统课程模式的一次革新,更是对未来教育形态的一种探索与尝试。它以学生为中心,以未来为导向,强调学生的主体性与实践性,让学生在实践中学习、在体验中成长。通过体验性课程的学习,学生不仅能够掌握扎实的知识与技能,更能够培养起适应未来社会所需的创新精神、实践能力、全球视野与跨文化交流能力。这些能力将成为学生未来人生道路上的宝贵财富,助力他们更好地应对挑战、把握机遇,成为具有创新精神与实践能力的未来人才。

【案例链接】上海市宝山区的劳动教育"第三空间"

坐落于上海市宝山区罗泾镇洋桥村薀杨路沿线的宝山区"行知行"劳动教育实践基地"第三空间",是宝山区教育局与罗泾镇洋桥村联合建设,用于区域内的学生开展生产劳动与服务性劳动的实践场所。基地拥有广阔的农田和完善的现代化农业设备,学生们可以深入田间课堂,与农民伯伯一起劳动,在出力流汗中体会劳动创造的价值。"第三空间"是一个集劳动创造、社交休闲于一体的空间。在65亩的农耕体验农田里,宝山区的孩子们真正走进田间,撸起袖子学种田。

"第三空间"设置了以生态环境、工程设计、商业策划、社会治理、食品化学为核心的五大系列课程。具体包括：田间劳动体验——学生们可以体验割水稻、搬稻子、打稻穗、分拣稻穗等田间劳动过程，还有机会和农民伯伯一起学习种菜；多样化劳动实践——宝山区劳动教育基地提供了50多门特色课程，涵盖智能科创、都市农业、先进制造、现代服务、文化创意、非遗手工艺传习等领域；特色手工课程——课程中包含了食品雕刻、园艺种植、面塑、木艺、篆刻、剪纸、扎染等多种手工劳动；自然笔记与野生植物辨认——学生们有机会用科学的绘画方法记录田野中的植物，以及学习辨认野生植物；劳动教育实验田项目课程——课程分为"春种一粒粟""夏耘千亩田""秋收万颗子""冬藏万仓粮"，全区的小学生和初中生会在不同年级时，分别安排一天的学农课，包括插秧、割麦子、照管粮仓、喂养小牲口等；林下经济实验长廊——探究野生动植物，观察田野的四季变化，是基地里的一门主要课程；野外生存技巧——在"林间课堂"中，学生们学习野外生存技巧，包括寻找户外野生食物和搭建"庇护所"；非遗手工制作与营养烹饪——室内区域提供了非遗手工制作、营养与烹饪等课程内容。

这些课程旨在让学生在实践中学会劳动技能、养成劳动习惯、增长劳动知识、内化劳动精神。目前"第三空间"主要面向宝山区的中小学生。未来，"第三空间"将朝着辐射全上海市中小学生的方向发展，为此正在打造多元化劳动教育课程体系，提高单日最高承载量，完善食宿等配套设施，旨在让孩子们体验到更精彩的劳动教育课程，力争创建成为国家级劳动教育示范基地。

【案例链接】上海市长宁区绿苑小学的"优+智慧种植"课程

长宁区绿苑小学积极响应国家教育强国战略，针对人工智能技术快速发展对教育系统提出的挑战，创新性地构建了"优+智慧种植系统"，旨在通过跨学科融合的信息科技教育与劳动教育，探索适合小学生的未来课程新形态。该系统立足于农业科技发展背景,将现代科学技术与农业发展相结合,融合了科学、工程、信息等多学科内容。

绿苑小学通过构建"优+智慧种植信息课"和项目化学习课程,引导学生参与智慧种植的全过程,从设计种植方案到实施种植计划,再到数据分析与调整,学生不仅动手实践,还自主构建知识体系,提出解决方案。这种项目化学习的方式有效培养了学生的动手能力、解决问题的能力以及计算思维和科学精神。

"优+智慧种植系统"不仅受到了社会的广泛关注,还取得了显著的育人成果。学生在课程学习中,不仅拓宽了眼界,提高了科学素养和团队协作能力,还深刻体会到了劳动的价值和技术的力量。通过智慧种植项目,学生学会了运用编程等现代技术控制农业生产,从劳动服务、劳动创造、劳动工具等全方位培养了劳动意识。此外,该系统还挖掘了多位具有科创能力的创新人才,在上海市青少年科技创新大赛中取得了优异成绩。

【案例链接】起源于丹麦在全球推广的森林课程

森林课程正在全球范围内被广泛推崇,特别是在欧美国家。这种课程以自然环境为背景,强调将学习活动融入到森林、草地、田野等户外空间中,与传统的室内教学形成鲜明对比。森林课程的核心理念是利用自然环境作为教学资源,让孩子们在探索和互动中学习,从而培养他们的身体素质、环境适应能力,以及语言、科学和社会性技能。

在丹麦,森林课程非常注重自然元素的利用,如土壤、水、火,以及石头、树枝、树叶和果实等自然物品,这些都被用作教材和教具。教师们设计了丰富的户外活动区域,如攀爬区和构建区,为孩子们提供了一个充满想象和创造的游戏环境。在这种课程中,孩子们有机会使用铁锹、水桶等工具,甚至参与饲养动物等活动,这些都是在自然环境中进行的。

森林课程让教育变得更加自然化和生活化,鼓励孩子们在生活和大自然中主动学习。这种课程不仅仅是一种教学方法,还是一种将学习与自然环境紧密结合的教育哲学,为孩子们提供了一个全面、互动和体验式的学习环境。森林课程展示了如何将学习融入自然,培养孩子们对环境的尊重和保护意识,以及在自然中探索和学习的能力。

样态四：技术支持的自适应课程

在迈向未来的教育征途中,技术支持的自适应课程正逐步成为推动教育创新、满足学生个性化学习需求的关键力量。通过利用先进的信息技术与人工智能算法,自适应课程能够精准识别学生的学习需求与兴趣,为学生提供量身定制的学习资源与路径,从而极大地提升学习效率与效果。技术支持的自适应课程,其核心在于课程资源的自适应推荐与生成。

一方面,自适应推荐技术能够根据学生的历史学习数据、兴趣偏好以及学习目标,智能筛选并推荐最适合的学习资源。这些资源不仅涵盖了传统意义上的教材、课件与习题,还包括了在线视频、互动问答、虚拟实验等多种形式的数字化内容。通过推荐系统,学生能够在海量的学习资源中迅速找到最适合自己的内容,避免了无效学习与时间浪费。

另一方面,生成式人工智能在自适应课程中也发挥着至关重要的作用。面对不断更新的知识体系和日益复杂的学习需求,人工制作课程资源的传统方式已难以满足快速变化的教学需求。而生成式人工智能则能够根据预设的模板与规则,自动生成符合教学要求与学习需求的课程资源。这些资源不仅具有高度的个性化与针对性,还能根据学生的学习反馈进行实时调整与优化,确保学习内容的时效性与准确性。

除了课程资源的自适应推荐与生成外,技术支持的自适应课程还注重学习过程的智能化监控与评估。通过利用大数据与机器学习技术,系统能够实时监测学生的学习进度、掌握情况以及情感状态,为学生提供及时的反馈与指导。同时,系统还能够根据学生的学习表现,智能调整学习难度与节奏,确保学生在适宜的挑战与支持下取得最佳的学习效果。

总之,技术支持的自适应课程是未来教育发展的重要趋势之一。它通过精准识别学生的学习需求与兴趣,为学生提供量身定制的学习资源与路径,极大地提升了学习效率与效果。同时,自适应课程还注重学习过程的智能化监控与评估,为学生提供了更加全面、深入与个性化的学习体验。

【案例链接】上海市宝山区基于知识图谱的课程

宝山区知识图谱团队历经多年研究,成功构建了全国首套应用于课堂教学的高中生物知识图谱,并开发了适用于线上和线下教学的智适应学习系统。这一系统在上海市行知中学的试点实践中取得了显著成效,试点班级学生在学业水平等级考中取得A以上成绩的比例高达70.4%,学业表现普遍提升。该项目不仅获得了上海市基础教育教学成果特等奖和国家级教学成果二等奖,还被纳入上海市教育数字化"三大助手"深化应用项目,其成果已辐射至上海及其他省市的300多所学校,使8万多名学生受益。

智适应学习系统的核心优势在于其能够通过智能系统挖掘学生的学习数据,为每个学生提供个性化的学习路径,实现大规模因材施教。系统通过动态、多维的高中生物学知识图谱,以及基于学生大数据建立的知识之间的定量关联,分析知识点之间的关联系数,优先推送与学生当前学习内容关系最高的课程资源,确保学生能够看到自己最需要的内容。此外,宝山区通过教学资源智慧化改造工程,组织了966名核心骨干教师,形成58个项目团队,展开多学科多维知识图谱的建设和数字化资源库建设,建立了教师团队之间共享的优质课程资源库。这种基于知识图谱的自适应学习系统,不仅提高了教学的智能化和个性化水平,以及课程资源的利用效率和应用效果,还确保了学生学习的专注度和兴趣度,大幅减轻了课业负担,实现了精准学习。

样态五：丰富多彩的课程超市

在教育领域迈向一个愈发重视自主性、个体性和独立性的新时代的背景下，课程超市正逐步崭露头角，成为推动教育创新、满足学生个性化学习需求的关键驱动力。这一新兴的课程形态标志着教育正从传统模式向更加关注学生个体差异和潜能发展的方向深刻转型。课程超市通过打破传统课程体系的固有束缚，构建了一个资源丰富、选择高度自由的课程平台，为学生提供了前所未有的学习体验，从而翻开了教育发展的新篇章。

课程超市宛如一个琳琅满目的知识宝库，汇聚了从基础学科到兴趣拓展的各类课程，为学生提供了前所未有的丰富选择。这种资源的丰富性不仅体现在数量的庞大上，更体现在课程种类的多样性和质量的卓越性上。从传统的数学、语文、英语等基础学科，到前沿的科学技术、人工智能、大数据等新兴领域，从艺术、体育等兴趣拓展课程，到社会实践、志愿服务等实践性课程，课程超市几乎涵盖了学生成长所需的各个方面，为学生提供了一个全方位、多角度的学习空间。

在课程超市中，学生成为了学习的主体和主导者。他们可以根据自己的需求和兴趣，自主选择课程，制订学习计划，掌控自己的学习节奏。这种自主性的提升，不仅激发了学生的学习热情，更培养了他们的独立思考能力和自主学习能力。与传统的教育模式相比，课程超市不再是由教育者进行"因材施教"，而是由学生自己根据自身的特点和需求，在丰富的课程资源中挑选适合自己的学习内容，形成一份专属于自己的个性化"课程采购清单"。课程超市的这种自由选择机制，使得每个学生都能找到符合自己兴趣和潜能的课程，从而在学习中找到乐趣，提高学习效率。同时，它也为学生提供了更多的可能性，让他们能够在自己喜欢的领域深入探索，发掘自己的潜力和才能。这种个性化的学习方式，不仅能够培养学生的创新思维和解决问题的能力，还有助于他们的全面发展。

丰富多彩的课程超市以其独特的魅力和优势，必将成为未来个性化学习的重要实践。它不仅能够满足学生的个性化学习需求，促进其全面发展，还能够进一步推动教育的创新和发展。

【案例链接】MOOC 在线课程

MOOC(Massive Open Online Courses),即大规模开放在线课程,是数字时代教育领域的一项革命性发展。它代表了一种全新的教育模式,允许来自世界各地的学习者通过互联网访问和学习顶尖高校提供的高质量课程。MOOC 的核心特点在于其大规模、开放性和网络化,它突破了传统教育的时间和空间限制,使得知识传播更加广泛和便捷。

MOOC 平台,如 Coursera、edX 和 Udacity 等,集合了国际名校的丰富课程资源,为学习者提供了一个"课程超市",在这里,学生可以根据自己的兴趣和需求,自由选择琳琅满目的课程资源。这些课程覆盖了从计算机科学到人文学科的广泛领域,满足了不同背景和需求学生的学习愿望。在 MOOC 平台,学习者可以根据自己的学习节奏和时间安排,选择适合自己水平和兴趣的课程,实现自我驱动的学习体验。这种灵活性不仅满足了个人发展的需求,也为终身学习提供了可能。随着教育技术的进步,MOOC 也在不断进化。智能化、交互式、虚拟化和体验性成为了 MOOC 发展的新趋势。例如,基于人工智能模型训练生成的"数字化身"和全息成像技术,为学生提供了更加逼真和沉浸式的学习体验。这些技术的发展,使得 MOOC 不仅是课程内容的提供者,更是个性化教育和学习体验的创造者。

【案例链接】北京市探月学校的课程体系

探月课程体系是探月学校教育模式的精髓,它通过提供超过 180 门课程,全面支持学校的教育目标。该体系由三个核心组成部分构成:学科课程、荣誉课程以及探月项目,共同打造了一个多维度且包容性强的教育框架。

学科课程实施走班选课制度,允许学生根据个人学术水平和兴趣选择不同难度的课程。高中部涵盖六大学部和两大中心,包括数学学部、英语和人文学部、中国研究学部、科学学部、社会科学学部、技术工程学部,以及艺术中心和运动与健康教育中心,为学生提供广泛的课程选择。此外,高中阶段还开设了18门AP课程和AP顶石文凭项目(Capstone Diploma Program)高阶课程,旨在促进学生的深度学习和研究,同时为大学申请增添竞争力。荣誉课程则包含中国文化史导论和西方哲学两个领域的课程,作为学生的必修内容。这些课程旨在培养学生通过多元文化视角理解人类文明的基石,进而建立文化自信和全球视野。探月项目作为学科课程的延伸,鼓励学生将所学知识应用于解决实际社会问题。项目包括为9年级和10年级学生设计的登舱项目,以及为11年级和12年级学生设计的顶点项目,涵盖学术研究、孵化器和艺术创作等多个方向。

探月课程体系以其开放性、丰富性和自主选择性,成为课程超市的先行探索者。在这个课程超市中,学生能够根据个人需求,从众多课程中挑选适合自己的课程资源,以满足个性化的发展需求。这种模式不仅激发了学生的学习热情,而且为他们的全面发展和未来的成功奠定了坚实的基础。探月课程体系体现了未来学习的新趋势,即更加重视学生的个性化需求和自主学习能力的培养,预示着未来课程领域的创新和变革。

第六章
未来环境新生态

未来不是一个我们要去的地方,而是一个要我们创造的地方。

在一个复杂而快速变化的世界里,可能需要重新组织正式和非正式的学习环境。在教学活动的开展过程中,学习者与所处的学习空间共同构成了"学习生态",学习生态既是变化的又是自洽的,并处在持续的建构中,以实现社会学习的基本功能。[138]现代学习空间的设计远超传统的"课堂"概念,它被视为一个动态且包容的学习生态系统,在这里,学习者、教师和环境相互作用,共同创造出更加丰富和有效的教学与学习体验。本章将梳理学习环境的进化,勾勒未来学习环境的发展趋势与实践样态。

第一节 ‖ 学习环境的进化

脑科学、学习科学、心理学等不同领域为学习环境对学习的影响提供了证据。学习环境的丰富性和多样性与脑的正常生长之间存在联系,同时,色彩、照明、温度、声音、建筑物的形状与排列、设施配置等物理环境也会对师生的教与学产生不同的影响。

探寻过去的历史对于把握现在和预测将来都具有重要的指引意义,从学习环境的进化历程来看,人类历史上早已有之的物理实体空间,主要包括教室空间和其他校园空间。在漫长的历史进程中,传承自各自不同的文化渊源,我国与国外其他文明走上了各具民族文化特色的学习空间发展之路。经过不断演变,最终又在19世纪工业革命大潮中确立的集中授课式学习模式下趋于统一。

一、起源阶段:教育场所的固定

人类最初的教育活动是融入日常生活之中的,通过言传身教的方式传授知识和技能,因此,广义的学习环境也与人们的日常生活劳动场景融为一体。随着生产力的提高和物质财富的增加,一些人从体力劳动中解放出来,专门从事脑力劳动,促进了语言文字的丰富和发展,为学校的产生创造了条件。学校的产生标志着人类教育活动进入了一个自觉的历史时期,从最初的简单教育场所逐渐发展成有固定场所、专门从事教育的机构,即狭义的学习生态环境,包含了学校环境和教室环境。

我国历史上学校的起源,可以追溯到三四千年前的夏、商、周时期,"为政尚武"是当时的政治指导思想,于是具有军事训练意义的"武",成了当时教育的主要内容。"庠""序""辟雍"等是当时主要的教育和学习场所。"庠"是殷商时代学校的名称,殷曰庠,周为序,"序"是一间无墙无室的敞厅,为射箭习武的地方。"辟雍"是在一块周围环水的圆形土洲上盖上一间简陋的茅草房子,这间茅草房子又称"射庐",是天子游射、飨宴、习乐的地方。无墙无室的房子和茅草房子应该是教室的雏形,这种结构与当时社会生产生活的需要相适应,其内部布局和其他器物的配置按当时的生产条件进行布置,以最大化便利习射。

西方考古发现的最早的学校遗址是位于两河流域苏美尔地区的"泥板书舍"。苏美尔人办学的目的主要是为王室和神庙培养书吏或书记员。这所学校建造于公元前3500年左右,被认为是现今发掘的世界上最早的学校。这所房舍包括一条信道和两间房屋,大间房屋长44英尺、宽25英尺,排列着4排石凳,可坐45人左右;小间房屋面积为大间房屋的1/3,排列着3排石凳,可坐20人左右。房中没有讲课用的讲台,但发现了很多泥板,被认为是学生的作业。

二、形成阶段:书院讲堂的建造

到了春秋时期,孔子创办私学,"有教无类",不分贫富贵贱开门讲课,以自由讲学的模式开展教学。孔子垒土筑坛,并移来银杏树栽在坛边,就形成杏坛,即孔子讲学的地方。在缺少资金支持的情况下,私学就是与尚武习射不同的另一种"教室"的原始形态。

同时期的古希腊哲学家柏拉图创办了雅典学院。尽管雅典学院只是基于古希腊文化的传说,但著名画家拉斐尔以此为题材,为梵蒂冈教皇创作了经典壁画《雅典学院》,画中描绘了气势磅礴的穹顶大厅、六角形的天花板、多立克式石柱、阿波罗和雅典娜雕像,以及来自哲学、数学、音乐、天文等不同学科领域的顶尖研究者。这些学者或行走、或交谈、或争论、或计算、或深思,展现了古希腊时期学术兼容并蓄、思想自由开放的学术氛围和学习环境。

古罗马最早的一类学校出现于公元前4世纪中叶,被称为卢达斯(Ludas)。此时恰逢平民阶级政治权力增加,在父母家庭教育之外,需要有场所传授农业知识、军事技能,还有最重要的德育和公民责任,为共和国培养合格的公民。不过,此时尚未建立起较为完善的教育体系,学生不一定集中上课,因此教学采用松散自由的组织形式。

中国汉朝开始设立官学太学,建立太学校舍和博士舍,博士舍中有内外讲堂,这个讲堂就是官学中的教室形态。同一时期,私学进一步发展为书馆、乡塾、精舍(精庐)。精舍一般位于林壑幽深、风景优雅、远离市井之地。私学大部分是在经师自己的宅第举办,有的没有专门的施教场所,就在各种地点和场合随机开展教学活动。无论是官学的讲堂还是私学的精舍,都已经具有专门施教的场所,当时的教室形态已有发展和进步,室内有专设的讲台席和学生坐席,竹简的应用也使室内的装备更显丰富。

书院是宋、元、明、清时期与官立学校并行的一种学校教育机构,讲堂是书院的核心功能区,是教师完成讲学与论道的主要教学场所。嵩阳书院是我国四大书院之一,建于北魏,历经唐、宋、元、明不断增建,明末毁于兵火,清初重建。岳麓书院建于北宋,其讲堂五间单檐歇山,前出轩廊七间,总面积468平方米,位于书院的中心位置,是书院教学重地和举行重大活动的场所,类似于今天的大礼堂,现存建筑为清康熙年间重建。讲堂的檐前和中央大厅挂有皇上所赐牌匾,四周的墙壁上嵌有名人的碑刻。讲堂的正中是一个高约1米的长方形讲坛,讲堂内不设椅子,学生自带蒲团席地而坐,以示对教师的尊重。岳麓书院的创建晚于嵩阳书院,其讲堂内的布局与环境的创设似乎比嵩阳书院更加突出教师的作用和环境氛围对学生的影响。

在中世纪的西欧,基督教成为封建社会的支柱,教会逐步地控制了整个社会生活,并纷纷建立学校以垄断教育。西欧的教会学校主要包括三种类型:修道院学校、大教堂学校和区学校。作为教会的延伸,教会学校的教室往往被打上了深深的宗教烙印:穹顶立柱、威严的大厅、条形的桌椅、宽大的讲台、厚重的大门,以及对宗教信条的虔诚笃信。

尽管不同地域的文明孕育了各富特色的学校教室空间,但总体而言,由于社会生产力发展缓慢,这一时期的学校和教室环境都较为简单、松散,在漫长的历史时期中保持了基本稳定的样貌。

三、稳定阶段：近代教室的形成

夸美纽斯在其《大教学论》等著作中提出统一学校制度，主张普及初等教育，采用班级授课制度，扩大学科的门类和内容，这为确立近现代学校和教室模式奠定了基础。以班级授课制为主要办学形式的学堂逐步成为这一阶段中外教学的主要形式，学堂内结构形态最大的变化就是黑板的出现，课桌椅布局变成了秧田式，教室的学生容量大大增加。

19世纪之前的学校教室氛围整体比较自由散漫，缺乏必要的严格规制。学生们可以在教室中自由地走来走去，课堂管理容易杂乱。这些教室往往都是一种开放空间，几十名甚至上百名不同年龄和学段的学生都会集中在一个宽大的教室中，由一位教师督导。借助于幕帘，一间教室可以被划分为不同的区格，教师可以在不同区格间来回指导。这样的"混合"教室能够以较少的教师和空间资源来同时教育大量学生，显著降低了教育成本。但教师只能同时顾及一部分学生，而其余学生则无所事事、无人照看，教育效率和效果都难以保证。

以班级授课制为主要教学形式的学校教室形态一直沿用至今，教室的外形结构以四方形为主，黑板、讲台和课桌是教室最主要的配置。尽管随着视听技术的发展，教室内配置的设备先后出现过幻灯机、录像机、录音机、电视机和多媒体计算机等，并且随着信息技术的进步，这些产品逐步被电子白板、交互式触摸屏等设备所取代，但这样的教室整体模式基本固定下来了。

四、发展阶段：教育空间组织化

作为普及教育的重要先驱者，约瑟夫·兰卡斯特（Joseph Lancaster）的主要贡献在于设计出一整套"全新的机械化教学制度"，即兰卡斯特制，为初等学校摆脱传统的个别教学法、经济高效地进行大规模教学提供了一种可复制的替代性方案。兰卡斯特制的校舍设计代表了现代教育空间组织化的开端。[139]

兰卡斯特主张为校舍配备配套的长排课桌椅,并强调将其置于教室的中心区域,正对教师讲台。这种对课桌椅的摆放位置及其与教师讲台的空间关系的调整,旨在实现一种全景敞视式的建筑空间,将校舍内所有儿童都纳入教师的视线范围内。

按照"各得其位、各归其所"的准则,兰卡斯特根据教学单元与教学活动,将单间教室校舍内的整体空间细致而明确地划分为不同的空间区域和位置,然后按照读写算能力,将原先随意地挤在一起的不同儿童(读写算水平与年龄各异的儿童)分配至特定的位置上。

除了在教室中心区域分班落座进行听写训练之外,兰卡斯特还提出各班以8人为一小组轮流出列,列队走到校舍内两侧或单侧过道上,从前到后依次围成8个半圆形的训练教学站,在各班阅读导生的带领下进行阅读和算术的问答训练。

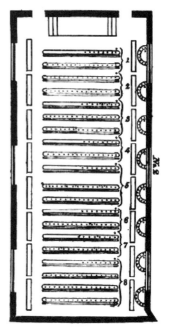

图6-1 兰卡斯特校舍内部布局图[140]

图6-2 校舍内侧墙边的半圆形教学站[141]

为更好地实现学校管理的可视化监控,兰卡斯特继续优化校舍的内部布局。除了升高的教师讲台、摆放于教室中心区域且正对教师讲台的课桌椅,在理想情况下,"(校舍的)地面应建造成一个有坡度的斜面,教师的讲台位于较低的一端,而斜坡的最高处则位于教室的另一端",以便教师能从讲台所在的位置清晰地观察到每一排每一个座位上的儿童和导生的一举一动,这正是今天阶梯教室的雏形。

五、走向未来:学习环境智能化

从 20 世纪 90 年代开始,教育信息化为学习空间的智能化发展开启了全新形态,课堂上逐渐不再只有黑板和粉笔,智能多媒体教育设施的出现丰富了师生的互动形式。接着,智慧学习空间能够智能记录学习者学习轨迹,通过有效分析学习者学习数据,为每个学生提供精准、个性的学习任务和资源,支持学习者的智慧学习。再次,元宇宙赋能智慧学习空间,基于数字孪生、VR/AR、人工智能、区块链等新兴技术,构建虚实共生的学习环境。进一步地,智能技术赋权下的学习空间是学习资源富集的场所,实现了物理空间、虚拟空间和耦合空间的联通,形成了以智能技术赋权为前提的多种空间且相互作用的新型学习空间。通过技术赋能,传统的学习环境愈加智能化,表现为智慧教室、智慧图书馆、创新实验室、智能穿戴设备等,所有这些智能设备都与后台网络相连接,生成相关的大数据。这些阶段展示了学习空间智能化从早期的直观教学逐步发展到今天的智能化、个性化学习环境的历史脉络。

第二节 ‖ 未来学习环境的发展趋势

学习环境的产生和发展是多重要素共同作用的结果,受到政治、经济、科技水平、教育理念和文化历史传承等诸多因素的影响和制约。随着信息技术的快速发展,各类高新技术层出不穷:新型技术装备不断应用于学校,改变着与之对应的学校及教室的物理空间形态;网络与云技术开辟了实体空间之外的虚拟学习平台,改变了学习空间的供给范式;一系列新理念、新思潮大大拓展和丰富了学习空间的内容和形式。各种新型学习空间形态开始不断出现,推动学习空间由近现代教室群向综合化的学习空间共同体拓展和进化。

一、环境以人为本:营建舒适开放的学习空间

未来学习空间的设计更关注以人为本的学习环境建设,处处体现对师生人性的关怀。未来的教室不单纯是学生学习知识和养成能力的场所,也是学生身心健康成长和成人成才的领地。

研究已经证实,环境舒适有助于学习者放松神经系统,形成放松性警觉状态,在心理和生理、思维和情绪等方面感到安全,更易于进入高效学习状态和产生较强的学习动机[142]。这些环境要素包括灯光照明、空气质量、温度/湿度、墙面色彩等。因此,未来课堂照明的布局不仅要考虑照明必须达到一定的照度标准(300勒克斯),更重要的是光照一定要柔和、均匀、无闪烁、无眩光等,达到保护学生视力的目的。对于温度、湿度、空气质量等的控制可以采用物联网技术,使孩子们在舒适的温度/湿度、PM2.5浓度相对低的环境下学习。此外,教室配置的家具应当符合人体工效学的设计。桌椅的设计不仅要软硬适度,可以调节高低、旋转,而且应该能够进行灵活组合,方便实现个人、小组、全班形式的学习与互动。

与传统学习空间充斥着一个个封闭隔绝而交互性不强的区域板块不同,未来的学习环境采用更灵活开放的架构来配置校园内部空间,尽可能去掉不必要的封闭空间。这样不仅可以减少身处学习空间内部的束缚感和压迫感,从而提升学习空间的人性化舒适度,而且自由开放的设计风格有助于加强学生之间的协作交流

和师生之间的沟通互动,促进学生良好人际关系的形成,并为多样化的学习组织形式和指导创造条件。

作为近年来开始崭露头角的一种环境设计思路,亲自然设计注重将大自然及其各种元素融入建筑环境中,为空间使用者创设出感受自然、接触自然的机会。亲自然设计大致可以分为三大框架:自然融入空间,也就是在空间场所中打造人与自然环境进行交互、感知和体验的渠道;自然拟合空间,也就是在空间中创设自然环境元素的模拟物,或者创设具有代表性的自然环境元素的某种表现形式;自然建构空间,也就是取法自然,从自然环境中就地取材,通过对自然元素的再利用,使学习空间的设计回归自然与人文。

二、学习面向多元:支持多种活动并存的学习空间

以互动为核心,建构一个服务和支持课堂教学主体发展的、自由的、各构成要素和谐共存的教与学的环境。一是考虑空间环境与教学法的契合,不同的教学法对学习空间有不同的要求,空间设计要保持足够的灵活性,利用隔墙促进不同空间的灵活转化,配备可移动、易于变换的桌椅设施,支持教师开展更加多元的教学活动。二是打破固定功能的设计思维,促进学习区、活动区、休息区等空间资源的相互转化,把图书馆、校园角落、体育场馆等打造成多功能的非正式学习区,营造更具亲和力的学习场景,为学生提供丰富的学习体验。

在构建学习环境时,除了立足于教育教学这一核心使命之外,还可以有意识地以兼收并蓄、开放包容的理念,引入和融入自然、社会、实践等其他多种元素,并打破物理学习空间和虚拟学习空间的界限,打造和谐开放的学习环境,为学习者生活和学习提供良好的条件和资源。学习环境的设计与布局还要结合学校周边社区和所处地域的大环境整体考量,在立足学校自身需要利用校外社会资源的同时,力所能及地回馈和反哺周边社区,与周边社区开放共存、有机融合。随着社会竞争的焦点转向创新创造能力,创客类实践性学习空间会成为未来学习的刚需,

创新性、实践性学习与常规课程学习的融合会成为未来学习的常态。进入"互联网+"时代,学习空间的打造还需要帮助学习者便捷地穿梭于线上线下、虚实结合、多元融合的不同学习空间中,从而支持多样态学习和多种学习活动并存。

三、加强合作共创：设计积极型学习空间

未来学习空间关注对学生积极学习的影响,包括提高学业成绩、提高课堂参与度、增强课堂互动、激发学习兴趣和动机、促进合作学习、创造良好学习体验等,其中"交互""动机""参与度""自主学习""情感体验""创新能力""学习气氛"是一些研究结论常提到的关键词,显示出积极学习空间对学生的价值。未来学习空间将传播学、心理学、空间设计、教学论、科学技术等相关理论有机融合在一起,构建出更适合学习者进行知识探索的学习环境。

合作与共创还包含公平全纳的理念。公平全纳是教育民主化的重要内容,每个人都有机会获得优质的教育。因此在设计学习环境时,要充分考虑不同孩子的不同需求,尤其是特殊群体的需求,比如针对有严重的视觉、感官障碍或身体残障的孩子进行的空间设计,让他们能和普通的孩子一样,能自主地穿梭于整个学校,这样的设计不仅有利于他们的复健练习,更能帮助他们融入整个社会。

四、支持无边界学习：促进不同空间相互融合

学生学习方式的变革使得未来学习突破了学校与教室的束缚,无边界的学习使得"学校—家庭—社会"融为一体,陶行知提出的"生活即教育""社会即学校"为学习环境的外部场域变化提供了理论基础。社区、街道、农场以及各种真实的职业场景等成为社会实践最好的学习场所;博物馆、美术馆等为具身学习提供了最好的场地;实验机构、科学场馆等是创客学习、项目式学习最好的基地。

其次,未来科技为无处不在的学习空间提供了技术支持:一方面,高速网络联系了处于不同时空的学校、家庭、社区等场所,保证了学生在不同时空的学习连贯、畅通;另一方面,技术手段能够挖掘出不同空间的学习资源或者提高资源的可利用性。

再次,学习方式多元化,各种学习空间形态开始摆脱传统意义上封闭而独立的架构体系,学校空间、家庭空间、网络空间和社会空间开始互联互通、有机融合,共同促进了泛在学习时代的到来,使得学习者有可能脱离时空的限制,在任何时候、任何地方都可以自由地开展学习活动。

五、顺应组织变革:从单一走向多元的学习空间

在面向未来的教育教学变革中,学校的学习组织架构开始摆脱层级化的行政管理形式,走向扁平化的"管理+服务"形式。比如,打破传统的班级编排形式,把数个来自不同年级的班级组成一个班组群,数名教师共同组成家庭式的工作团队,承担一个班组群所有学生的教育及管理工作。又比如,以学科作为组织桥梁,根据学科要求打造与之适应的学科教室,根据各个学科的特点和需求来指导教学的组织和管理。

在这种扁平化的组织形式之下,原先占据主流的、全校统一的班级教室已经无法适应新形势的需要,开始向可以容纳多个班级的大型班组群教室和适合对少量层次相同、需求相似的学生开展针对性教学的小班教室分化发展。

教室之间也不再是封闭的,相邻的相关教室之间采用可以灵活调整的弹性区隔,加强不同教室学生的交流互动,帮助教室根据现实需要实现灵活重构组合。此外,支持小组合作学习的协作教室及高度适配各个学科特点和需要的学科教室也开始不断涌现,使得高度统一的标准教室空间开始朝着多元化、个性化和定制式的方向发展。

六、技术融入教育：学习空间智能化改造

未来课堂能够尊重不同学生在品性风格、思维方式、学习基础、接受程度等方面的差异，并能支持由这些差异导致的学习路径和学习效果的参差不齐。在信息技术与教育教学深度融合的基础上，利用大数据、物联网、学习分析、虚拟现实等先进技术，创建能够支持学生广泛协作、促进个性化学习的网络学习环境，通过收集学习过程的丰富数据，精准分析学生的学习需求，为每一位学生提供量身定制的学习支持。

随着云计算、大数据和人工智能技术的发展和完善，学习空间进一步向智慧阶段发展。各种技术装备深入教育全流程，真实记录学生个体和学习过程的行为状态，支持个性化指导和精准诊断、调整和反馈；各种教育资源（包括班级资源、校本资源和社会网络优质资源）无缝共享、优化配置；支持实时智能调节空间内部环境，空间舒适度大幅提升，保证学习生活福祉；师生和生生之间开展多种交互，包括面对面、网络远程、实时音视频和同异步学习社群等。

第三节 ‖ 未来学习环境的实践样态

未来学习环境是以学习者为中心进行设计与建造的，依托智能技术重构原有的学习方式和学习空间，整合适应学生未来发展的课程体系，着重强调培养学生技能和素养的一种学习环境新生态。

未来学习空间离不开发达的网络、充分的学习资源和智能化学习终端的高度融合。高带宽网络基建、全域覆盖扩展与学习资源泛在供给，加之智能化学习终端的普及，共同构成与未来学习适配的基础性数字生态。

样态一：人本化设计的学习空间

学习空间的建设必须遵循学生的身心发展规律和教育规律，同时也必须考虑特定的社会条件与需求。学习空间不能只是冷冰冰的钢筋混凝土建筑，还需要具有内在生命力，包含历史、文化、活力、内涵，以及激励人心的校园特质和学校人文根底。未来学习空间的建设可以基于学校史迹文物、文化历史特性和当地本土文化等，也可以由学校及全体师生共同参与来创造学习空间背后的人文风格和故事，从而更好地打造统一而富有活力的校园学习生活。

【案例链接】布基纳法索的甘多小学

甘多小学是非洲设计师迪埃贝多·弗朗西斯·凯雷的作品。[143] 作为2022年普利兹克建筑奖获奖者，他不仅是一名建筑师，也是一名教育家。普利兹克奖评审委员会给他的评价是："在资源极度匮乏的情况下，弗朗西斯·凯雷以其全部作品向世人昭示：根植于当地的材料，能够创造无限的力量。他的建筑，为社区而建，与社区共存，直观反映出社区的方方面面——从建造、取材、规划到社区的特质都已融入建筑。建筑与其立足的一方土地密不可分，亦与置身其中的使用者息息相关。它们的存在毫无矫饰，却散发出潜移默化的影响。"

弗朗西斯对自己设计并建造的建筑是这样认识的：富有之辈不应因富有而靡费资源，贫困之家也不应因贫困而放弃重塑生活品质的尝试。每个人都值得拥有品质生活，每个人都值得享有奢华和舒适的机会。个体之间休戚与共，气候环境、民主议题、资源匮乏与每个人都息息相关。

他为贫困的甘多社区设计的小学，采用当地泥砖作为主要材料，以手工压实的方式建造，并采用了将热铁皮屋顶和内部穿孔天花板分开的通风策略。拱形镂空屋顶和屋顶之上的铁皮"飞檐"屋顶，起到了通风、隔热和散热的多重效果。这些设计使简单朴素的本土建筑呈现出强烈的地域特征和超级实用的功能性。

【案例链接】浙江省宁波市惠贞高级中学

惠贞高级中学位于宁波市江北区,2022年开始启用,以其生态融合的设计和灵活多变的空间布局获得2023年度最佳世界建筑奖。英国建筑大师彼得·库克爵士这样评价:这所高中既出乎意料又令人愉悦,可以推广于其他任何地方的学校。由马迪领衔的浙江工业大学工程设计集团打破了校园设计常规,将多栋教学楼合为一体,形成一栋"目"字形的大型教学楼,让学生可以很方便地到达各个教室。设计充分利用建筑的屋顶空间,将屋顶"禁区"变成公共空间,600 m长的屋顶漫步道像莫比乌斯环一般缠绕,大大增加了学校内的活动空间和绿色空间。屋顶是高低错落的退台式结构,这也增加了教学楼屋顶空间的灵活性,形成了一个复合式的空中花园。教室的门口就是绿地,学生在下课之后可以快速进入其中,从而更有效地鼓励学生外出活动。[144]

靠近操场的一栋建筑被设计成一座空中森林,也被称为惠贞森林。森林朝操场方向打开,形成良好的视线通廊。森林面积超过3 000平方米,包含几十种植物。设计师在森林内预留了很多形态各异的多功能房屋,有的小房子被改造成广播站,有的变成了植物温室,甚至还有的房子里面有一座小型的海洋馆,使空中森林变成了一座小型自然博物馆。

教学楼外的设计同样充满创意。教学楼被整体架空,使学校的地面层形成一个互通的开敞空间,学校内的图书馆、体育馆、食堂等公共设施零散分布其中。这种设计巧妙地将教学楼内的教学空间和教学楼外的活动空间明确分开,绿地和慢行空间如同纽带使这两类空间相互连通。

样态二:沉浸式体验的学习空间

沉浸式体验的学习空间,即空间重叠的沉浸式学习新场景。通过虚拟现实

(VR)技术、增强现实(AR)技术、扩展现实(MR)技术、混合现实(XR)技术等,可以营造沉浸式体验的学习空间。这些高度仿真的三维世界的模拟环境,可以让学生完全置身于模拟的环境中,通过提供视觉、听觉、触觉等多种感官刺激,带给学生真实感、沉浸感、构想性,而且能实时交互。这样的学习空间能够极大地突破现实物理空间的限制,拓展学生的学习体验。

【案例链接】上海市闵行区公共安全体验馆

沉浸式体验虚拟空间的运用在商业及娱乐领域已不陌生,例如"消失的法老:胡夫金字塔沉浸式探索体验"、"唐宫夜宴"XR大空间沉浸展和"隐秘的秦陵"VR沉浸式体验等,利用AR、VR、MR、XR等数字增强技术,为观众创造了一系列跨越时空的梦幻之旅,古籍中的细节和特色在数字场景中得到真实的复刻,观展者能"破"屏"入"画,让历史走进现实,沉浸式游览历史古迹。

提到教育领域的探索,位于上海市闵行区古美社区的公共安全体验馆通过现代展陈技术,科学设置了模拟灭火体验区、电话报警体验区、电动自行车驾驶体验区等10多个场景,让居民们以VR及互动式体验等方式,一站式深入了解社区消防安全、交通安全、校园安全、急救体验等多方面的知识,实现了集知识性、趣味性、互动性、教育性、专业性于一体的融合宣传,推动全民安全教育由"说教式灌输"转变为"沉浸式体验"。体验馆兼具物业保安消防技能培训、中小学生安全教育、社区安全宣传活动、宣传视频制作等功能,可以实现"一馆多用"。[145]

【案例链接】上海市宝山区顾村中心校的自然触碰创客空间

自然触碰创客空间的建设始于2011年,从最初的自然触碰角逐渐发展成为自然触碰创客坊。其创建者上海市宝山区顾村中心校的周斌老师认为,自然科学课程的学习空间应该通向"天地自然",是一个融入自然、与自然相通的学习空间。

建于顾村中心校的自然触碰创客坊有三百多平方米的学习空间,依据生物栖息地类型将校园分成四大功能区域——植物标本区、动物标本区、小小水生区和植物种植区。同时在校园绿化基础上构建藤蔓长廊、小农场以及野趣苑,根据科学属性,基于科学学科课程标准、STEAM教育核心理念,融合科学与艺术,将其打造成博物式、全开放、可以自主探究的空间。孩子们可以随时过来看、摸、玩、闻、听,更欢迎他们问、画、写、探、创……在大自然充裕的"自然智慧"下,创设学生亲临与触摸自然的学习氛围,为学生提供自主观察与操作、体验与记录、探究与实验、实践与创造的自然情境,以及感悟大自然奇妙的开放学习与创新实践空间。

表6-1 自然触碰创客坊

开放展示区	分类主体	具有科学属性和互动体验的自然物
花叶窗格	植物的花、叶等	叶脉书签、叶脉化石、花艺书签,七彩花瓣、马褂鹅掌楸,复叶凌霄、幸运四叶草等
果实累累	果实、种子等	带冠毛的蒲公英、水飞蓟、大吴风草等"种子小伞兵"被放置在小玻璃瓶里,以及花样松塔、清洁功能的无患子等
飞羽长廊	鸟窝、鸟羽、鸟卵等	朱颈斑鸠、灰喜鹊的绒羽、飞羽,白头鸭、柳莺的鸟窝差异,带有传感功能的鸟鸣装饰等
虫虫别墅	节肢动物等	树脂标本蝴蝶、天牛、蜻蜓,以及蜕、茧、蛹、巢等
外骨铠甲	甲壳类外骨骼等	螺壳、珊瑚、贝类、龟壳、海星等
小溪流的歌	依斜坡构建	小鱼、乌龟、螺蛳在睡莲、水竹里畅游,水芹、铜钱草、虎耳草、鱼腥草们绽放绿意
青瓦绿苔	仿青砖青瓦	本土瓦松、苔藓、蕨类植物等
石破天惊	岩石矿物等	化石、炼铁矿石、园林原石等

样态三：智能互联的学习空间

智能互联的学习空间在看得见的感知层面，表现为智慧教室、智慧图书馆、创新实验室、智能穿戴设备、智能门禁等，所有这些智能设备都与后台网络相连接，生成相关的大数据。在此基础上，学校可以实现对校园各类设备设施的运行状态、师生工作学习生活的活动轨迹、师生与校园环境的互动情况等进行全面感知。通过对采集到的数据进行汇总、融合、分析、处理，能够实时掌握相关感知对象的详细情况，及时应对，为其作出正确决策提供支撑。

教育与信息化的深度融合还表现在通过整合先进的多媒体技术、网络技术等，未来的"教室"将会变身为未来"会议室"，支持以学生互动交流为核心的协作学习。随着未来学校资源的丰富，还将实现家、校、社区的合作，形成融合互动的学习生态系统，学生不再局限于在传统的"教室"中学习。

【案例链接】上海市宝山区的"未来宝"教育数字基座

上海市宝山区的"未来宝"教育数字基座是面向教育治理和课堂教学的"智能操作系统"，集成互联网、人工智能、大数据、5G、全息技术与数字建模等新一代信息技术，构建物联、数联、智联三位一体的智慧课堂教学生态系统。该项目聚焦教、学、管、考、评、研、资源等应用场景，依托体验式数字教室、沉浸式数字实验室、互动式演播教室等实体数字教学空间，为师生提供"一人一空间，一科多工具"的学习支持系统。[146]

通过构建"市—区—校"三级一体的数字基座，为教育教学数字化转型提供各类底层支撑能力与服务，赋能智能教学助手、智慧同侪课堂、学科知识图谱、师生数字画像等场景化应用，推动教育数字化转型，实现多项创新举措。"未来宝"教育数字基座重点建设"应用中心""组织中心""数据中心""消息中心""物联中心""资源中心"，不断提升教育应用统一接入和分发、组织在线协同、数据互通共享、消息汇聚和服务开放能力。一是整合应用端,开发校园专属APP,实现校园各业务系统之间的数据互联互通。二是打通业务应用"最后一公里",为学校提供定制的个性化应用服务。三是一键触达"局-校-家",全面实现各业务部门间跨组织协同,家校共育协同。四是打破数据孤岛,实现数据互联互通,降低区校之间数据采集与处理成本。五是激发市场活力,通过市场机制激发应用厂家活力,承诺每校信息化服务年投入不超过20万元,让数字化转型变得更加公平普惠、更加智慧绿色。

目前,"未来宝"已覆盖至全区334所各级各类教育单位,注册班级数5 370个,激活教师1.28万名,激活学生15.44万名,激活家长22万名。当前已经对接应用服务商50+家,上架生态应用100+个,支持生态应用的创建、上架与开发,初步构建宝山区应用生态雏形。

【案例链接】上海市延安中学的"安全百晓通"网络学习空间

"安全百晓通"网络学习空间是基于"长宁数字基座"所开辟的高中跨学科自主学习平台。以安全成长为核心理念,融洽百科为实践路径,探晓通达为育人追求,通过一系列面向真实世界的典型情境案例和学习指引设计,将"安全百晓通"与青少年安全防范、科学精神、生命感知、法律法规实践等重要的安全教育内容融合建构,形成安全教育、科学教育、法治教育、生命教育、道德教育五位一体的学习体验及成长路径,帮助学生提升跨学科学习能力和综合实践能力,培养青少年安全、健康的人生观、价值观和世界观。

平台将《青少年法庭科学》作为主题课程,同时增设与之联动的《猎罪图鉴》《三维证据》《数智先锋》《安防应急》《法治时空》《康心明理》《青保热线》《消防达人》《文创新语》《多媒融创》《社团联创》共11门交互课程,分别由来自12个不同学科和专业的教师主持开发并开展教学实践。特设社区概况、人物风采、课程示范、实践广场、问学于书、思想空间、基础测评和成长果实8个专题栏目,为学生在创新与拓展两个维度的学习提供认知、探究、体验、评估与发展支架。通过优秀案例、教学设计、信息选择、教学测试和迭代优化等流程，完成教学资源与移动平台的系统整合，在问题解决过程中实现涵盖学习、问答、互动、评价与反馈的智慧化辅助教学，并倾力构建支持跨学科自主学习的神经网络，实现管理、教学和评价三位一体。

"安全百晓通"网络学习空间致力于消除单一学科"信息孤岛"现象，通过构建跨学科教学研究共同体，为学生提供一系列满足个性化自主学习需求的学习资源，基于融合式教学不断增强跨学科自主学习共同体的自主学习能力、实践应用能力和创新创造能力。

【案例链接】上海市第三女子中学的"3E"教育数字空间

上海市第三女子中学聚焦基础教育数字化转型下的教学变革，结合女校育人特色，依托区域数字基座，打造"3E"教育数字空间。

立足(Establishing)课堂，推进高品质课堂建设。打造"一键晓学情，一屏观校园"的智慧校园，致力于高品质智能化数字校园生态建设。学校与华东师范大学共建AI课堂观察分析实验室等智能空间，基于数字基座与AI技术，解决传统课堂观察难题，激发师生创新潜能。

丰富(Enriching)场景，开发多模态应用。学校大力打造适应学生成长特色的应用场景，推动"IBAND"音乐创作中心、"教育剧场"沉浸式数字媒体创排中心、"慧学MIX"融媒体创意工作坊、"雅韵芳华"对外交流数字文化中心、"墨梯之声"全媒体融创发展中心等"双新"教改实践创新实验室的建设，基于智能应用场景，丰富学生的创新体验和实践。

赋能(Empowering)学习范式，建设创新素养培育的良好生态。打造"自主学习""协作融合""情境探究""综合实践"以及线上线下融合的学习范式，助推学生创新素养发展。构建自主、融合、开放的线上学习社区，营造良好创新生态。

样态四：满足个性独享的学习空间

为个体或小群体提供在一定时间内独享的空间形态，如在图书馆设置专属学习隔间，通过预订可供个体或小组使用。这样的个人空间使得学生可以按照自己的意愿支配环境，放松自己的情绪，进行自我思考，隔绝外界的干扰，进而保证学生的心理健康和精神健康。

【案例链接】以色列比库林全纳学校

比库林全纳学校（Bikurim lnclusive School）是以色列特拉维夫市的第一所全纳性公立学校。[147]学校占地2 000平方米，目前有12个年级，约500名在读儿童，特殊儿童的占比约达25%，其中包含生理性缺陷、情绪障碍和孤独症等特殊问题。学校建筑由备受赞誉的以色列建筑设计师萨里特·夏尼·海伊（Sarit Shani Hay）设计，作为儿童环境领域建筑设计的先驱，海伊在过去十余年里始终专注于儿童公共空间的设计。比库林全纳学校通过创造适合每一位儿童的环境来支持更开放与包容的学习范式，将全纳教育的理念转化为促进儿童积极的学习体验的现实环境，学校设计因此获得2020年度全球空间与产品设计奖。

自20世纪50年代中期以来，以色列政府一直致力于将特殊儿童纳入主流教育体系中。在90年代的特殊教育立法后，以色列进一步强调学校要在环境包容性上满足所有学生的教育需求。为了实现这一目标，以色列推进"全纳计划"，减少特殊班级和特殊学校的学生人数，并增加特殊儿童进入主流学校的机会。该计划遵循三个主要原则：一是根据特殊儿童需求提供差异化服务；二是在主流学校中为特殊儿童的学习创设"最少限制的环境"；三是在学校教育中为特殊儿童的学习提供灵活性支持。

"全纳计划"旨在使特殊儿童被主流学校接纳，在常规教育框架中获得平等的教育资源，而不是被"隔离"在特殊机构之中，同时也为普通学习者提供了解与包容特殊群体的教育契机。这契合了以色列在推进学校教育可持续发展目标上的新要求,即"要进一步增进主流教育在教学方式上对特殊需求学习者的关照"。在这样的理念下,全纳教育不再只是对特殊学习者的单方面关照,还包含了对主流群体与特殊群体的"每一个学习者"个体的平等包容,强调了要充分重视每一个个体在学校教育中的身心诉求。

正是本着这种平等、适配的全纳教育理念,设计师在学校设计之初就开展了广泛的调查和咨询,切实了解特殊儿童的学习需求,将全纳教育的理念转化为促进儿童积极的学习体验的现实环境,造就了特拉维夫市第一所具有典范意义的全纳学校。

比库林全纳学校空间的整体设计是包围式的,既提高了空间的利用率,又最大限度地保障了学习者的安全感。而空间分区则采用了大量的玻璃围墙设计,增强了围合式整体的通透性,模糊了传统的教室空间边界,打破了儿童与环境沟通的视觉阻隔。

海伊在空间的分区布局中暗藏动静平衡的设计巧思。学校建筑包括公共学习游戏区、公共教室,还有安全屋、个人学习室等,既保证儿童学习中与他人、环境的互动机会,也能满足个体对安静空间的需求,尤其是对不善沟通或具有社交困难等特殊需求的儿童而言,当置身于集体生活和公共空间,他们时不时需要寻求独处空间来缓解心理压力。比库林全纳学校提供了充分的私密或半私密空间,为儿童营造心理安全感。

【案例链接】上海市吴淞中学的个人学习环境建构

作为一所百年老校,吴淞中学在初创时期就曾以"道尔顿制"实验尝试个性化学习的探索,以教师指导下的学生自学取代了由教师系统讲授的班级授课制,学生依据"公约",自行掌握学习进度。但是实验最终搁浅,无法实现大规模的个性化学习。

为了突破个性化教学的壁垒,满足学生个性化的学习需求,学校以构建个人学习环境为基石,在教育数字化转型的背景下,形成导航、给养和支持三大系统,将学习资源、信息工具、硬件设施、技术支持、人文氛围融为有机整体,打破了实体学习场所的局限,构建起能满足学生全面而个性发展的学习环境。通过制定集学习目标设定、学习内容梳理、自学路径指导、学习工具建议、学习进度预设、学习效果评价等功能于一体的个性化教与学方案,提供丰富而多元的学习资源、高效而准确的数字化评价方式,真正构建起贯通实体与虚拟、社会与学校、课内与课外的,能充分满足学生个性化需求的学习环境,使教育回归符合人的个性化发展需求的本真状态。

样态五:跨学科综合学习空间

未来学习强调课程的综合性和实践性,教师需突破单科教学的思维模式,重新理解学科价值,使跨学科的学习主题、活动形成有机整体,构建更加有利于学生进行跨学科学习实践的空间。这种凸显学生主体性的跨学科学习空间,一方面注重激发学生自主学习和探索的兴趣,让空间布局可以根据需求灵活变通;另一方面,还可以通过让学生参与学习空间的改造,强化学习成果的展示与交流,让学生在空间中获得更多的归属感和成就感。

跨学科综合学习空间具有三个主要特征:更强调创设解决真实问题的情境;更为灵活和弹性的空间设计;更高效互动的数字化学习环境。跨学科综合学习空间突破以单一学科传授为主的教学传统,促成更加面临真实生活挑战的、强调实践创造和合作交流的创新文化氛围,营建学校与社会协同育人的教育新生态。[148]

【案例链接】上海市宝山区实验小学的匠心"智"造木工坊

由上海市宝山区实验小学苏华萍校长领衔的匠心"智"造木工坊遵循"无边界

学习"理念,整合多学科学习资源,打破空间、时间的界限。

学习空间建设注重多元性。从操作平台到教具,从软件资源到环境氛围,实现数字化学习环境与线下实践场域深度融合,为学生提供适应跨学科学习的复合型学习空间。

功能布局强调小组合作的重要性。通过更适合小组合作的设备布线安装、软件应用等方式,让学生们可以在课堂中随时开展线上线下同步交互式学习,相互启发,共同解决问题。小组合作式布局不仅适用于跨学科学习活动的开展,还提高了学生的学习效率,培养了他们的团队协作能力和沟通能力。

资源建设强调学习资源的协作与传承性。通过建设虚拟共创学习空间"Teacher In",教师可以在线对课程进行实时迭代更新,学校其他教师可以一键复用,同一学科或不同学科的多位教师也可以对同一门课程进行内容共创,形成学校专属的校本教学资源库。资源库内的课程和学习内容支持不断地更新、优化、迭代使用,在高低年级之间、新老教师之间薪火相传。

环境氛围注重营造积极和谐的合作性学习氛围。学生作品墙实时更新,展示了不同项目组中学生们的最新作品和成果,激发了他们的学习热情。同时,通过多元化的设施配置,如图形化编程、虚拟仿真实验、虚拟乐器、数字书法、大模型数据库等,为学生们提供个性化的学习资源,让他们的学习体验更加丰富。

图6-3 匠心"智"造木工坊

【案例链接】上海市宝山区行知小学的"闪耀未来"跨学科学习空间

上海市宝山区行知小学的"闪耀未来"跨学科学习空间建设基于陶行知先生的"生活教育"理论,是一种多学科融合、跨学科融通、家校社协同育人的教育新生态。该项目旨在构建一个以学生发展为中心,注重个性化、多元化、开放性的综合学习空间,包含自然、知识、智慧、创意四大空间,校内的先生讲堂、合一工坊、数智学堂、"书呆子莫来馆"(图书馆)、秆(gàn)园,以及校外的木文化博物馆、上海教育出版社、大场镇社区创新屋等多样化学习场所丰富了学生的学习体验。在这样的多维空间环境中,开展中国传统文化浸润、木艺设计与制作、创意编程与数雕打印等课程体验,旨在培养学生的文化自信、综合实践能力和创新意识。

图标内涵:"WINK"代表智慧(Wisdom)、创意(Innovation)、自然(Nature)、知识(Knowledge)。首字母组合成单词"wink",中文意思为"闪耀",营造享受成功的快乐氛围。"666"代表"行知六灵童",寓意为爱国家、会学习、懂生活、能创新,人人"溜溜溜"。

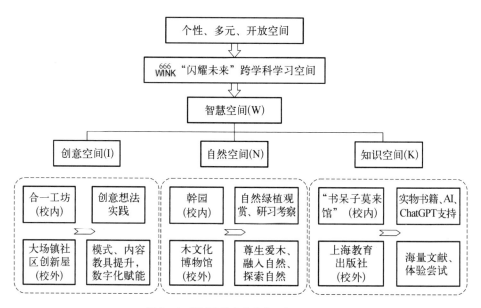

图6-4 "WINK"跨学科学习空间结构图

第七章
未来评价新模式

评价不是为了证明,而是为了改进。

——斯塔费尔比姆

无论是过去还是未来,学习评价都是学习过程中不可或缺的一部分。正如教育评估专家迪伦·威廉(Dylan Wiliam)所言:学习的最佳指标是学生的进步,而进步的最佳指标是精确的评估。学习评价起源于古代中国,至今已经历测量、描述、价值判断以及意义建构四个时期,目前正迈向以计算教育学为基础的第五代学习评价。在智能技术的赋能下,未来学习评价将实现评价目的、评价内容、评价模型、评价方法、评价工具及评价实施的全面个性化。基于数字画像的综合素质评价、基于知识图谱的个性化学习评价、虚拟仿真环境中的技能测评、常态化伴随式的身心健康监测以及基于大模型的专项能力测评等评价新样态将得到普及,助力学生优化学习及全面发展。

第一节 ‖ 学习评价的进化

受不同时期经济发展、技术进步、政策导向及教育需求的影响,与各个时期的人才培养目标、教与学模式相对应,学习评价经历了多个阶段的演化。

一、学习评价的起源

学习评价的思想和实践起源于古代中国,早在夏商时期便有"以射取士"的人才甄选实践。中国被称为"考试的故乡",其学习评价约有 3 000 年的历史。最早的正规学校的学习评价出现在我国西周时期,据《学记》记载,当时的学校规定:"比年入学,中年考校。一年视离经辨志,三年视敬业乐群,五年视博习亲师,七年视论学取友,谓之小成。九年知类通达,强立而不反,谓之大成。"可见当时对学生管理与考核已有明确要求。在西周、春秋的选士制度之后,两汉时期的察举制度、魏晋南北朝的九品中正制度进一步发展,这一时期的学习评价其实主要是对学习者的知识与能力是否达到某种社会规定水平的"评定",以定性描述为主。隋朝设置的"进士科"是科举取士、分科选拔、逐级考试的开端,从此"举荐为主"的人才甄选方式被公开书面考试取代。隋唐时期包含考生来源、考试科目和方法、录用程序等在内的科举制度已成体系且日臻成熟,可视作系统性的学习评价活动的萌芽。总的来看,科举时期的学习评价以人才选拔为目的,地方预选与全国统考相结合,基于同一份试题、统一的评价标准对学生的学业水平进行考察。

中国的科举制度于 1905 年被正式废除,而后由于各种历史原因,近代中国学习评价的发展被中断。随着西方国家教育测验运动的兴起,20 世纪以来,学习评价的发展经历了测量时期、描述时期、价值判断时期和意义建构时期四个阶段。[149]

二、第一代评价——测量时期

19世纪末至20世纪30年代是学习评价的测量时期。1904年,被誉为教育测量鼻祖的美国心理学家桑代克(Thorndike)发表了《心理与社会测量学导论》,介绍了统计方法和编制测验的基本原理,提出"凡存在的东西都有数量,凡有数量的东西都可以测量"的著名论断,使统计和测量技术开始被运用于学习评价领域。这一时期,受"科学管理运动"的影响,学校成功与学生成才被认为是可以通过测试或测量得到的,"评价"被等同于"测量"。清朝政府颁布的《钦定学堂章程》使我国进入学习评价的测量时期,也使"分数"的概念开始被植入学习评价的价值观。[150] 在这一阶段中,1905年法国心理学家比纳(Binet)和西蒙(Simon)编制了《比纳-西蒙智力量表》,1916年美国斯坦福大学教授特曼(Terman)对其进行修订与应用时,首次提出"智商"的概念,之后形成了国际权威的智力测量工具。各种关于智力、学业成就和人格的测验工具开始被运用于教学活动中。1924年,该量表经我国心理学家陆志伟、吴天敏等人修订后在国内传播,推动了智力测验在我国学习评价中的应用。[151] 总的来看,测量时期的学习评价本质上是以测验(testing)或测量(measurement)的方式来测定学生对知识的记忆状况或某项特质的情况,学习评价以追求高分数为目的,以统一考试为评价工具,以量化分数为评价标准。

三、第二代评价——描述时期

20世纪30—50年代是学习评价的描述时期。虽然测量时期将个人能力转化成数字的做法实现了评价的客观化和标准化,但是人们发现诸如个体兴趣、态度趋向、创造力等指标并不能被恰当地测量,加上美国经济危机迫使学校课程体系改变,因此在1933—1941年间,以泰勒(Tyler)为首的团队开展了著名的"八年研究",提出了著名的泰勒模式,即"目标参照测验"评价模式,强调以教学目标为中心,将学习评价视作比照预定目标与实际发生状况,从而判定学生在多大程度上实现了既定目标的过程。评价作用方面,将学习评价作为调控教学过程的工具,检验教学过程符合目标的程度、教学大纲的效度以及特定手段的有效性,从而改进课程。评价方法方面,主张全方位地采用分析与综合方法来评价人的多维度行为,除了纸笔评价,还需增补诸如随机观察和面谈等行为观察方法。评价主体方面,评价者不再是"测量者",而是"描述者",在对学生思想及行为的测定、观察或提问的基础上,进行描述性的解释。泰勒模式的提出,使"评价"一词取代了"考试"与"测量",标志着学习评价进入了一个以"描述"为特征的阶段,以学习目标的实现程度为追求,采用量化和描述相结合的方法,对学习者的评价更加客观全面。

四、第三代评价——价值判断时期

20世纪50—70年代是学习评价的价值判断时期。1957年,美国发起教育改革,人们对泰勒的评价理论和方法进行反思,开始讨论是否需要对已确定的教育目标进行审视。1963年,克隆巴赫(Cronbach)提出形成性评价的思想,强调学习评价的重点在于学习过程,而不应只关心学习目标及目标达到的程度。随后,课程评价专家斯克瑞文(Scriven)在1967年首次明确提出形成性评价的概念,并将其与总结性评价进行了区分。自此,学习者行为变化过程逐渐被纳入学习评价体系之中。这一时期,斯塔费尔比姆(Stufflebeam)指出"评价最重要的意图不是为了证明,而是为了改进",强调学习评价应搜集反馈信息,为改进教学工作服务。据此,他提出了著名的CIPP评价模式,将评价作为工具,通过系统性地收集背景、输入、过程及结果的信息,在解释证据的基础上进行价值判断,从而确保评价的全面性和准确性。随后,其他学者也肯定了价值判断在学习评价中的重要性,将"判断"和"描述"作为学习评价两大基本活动。总的来看,价值判断时期的学习评价强调对学习目标本身作出判断,重视学习者的学习过程以及评价活动的反馈,从而促进决策科学化。

五、第四代评价——意义建构时期

20世纪80年代至今是学习评价的意义建构时期。随着知识建构理论的提出,人们认识到学习过程应该是知识建构的过程,因此学习评价应转向以学生为中心,评价的功能则从甄别选拔转变为促进学生学习。意义建构时期的学习评价不同于以往以教授为中心的评价范式,前者把学习评价看作为学生学习而设计的活动,是"促进学习的评价";后者则把学习评价看作了解和判断学生知识掌握程度的工具,仅仅是"关于学习的评价"。以学生为中心的学习评价,评价重点从学习结果转向学习过程,强调在进行课程设计的同时考虑学习过程评价的设计;评价过程是评价者与被评价者通过民主、平等的对话进行协商,发现和解释证据,进而决定学习者在具体学习阶段应达到的目标及目标实现方式的过程;评价方法是质性评价与量化评价的统一,增加了苏格拉底式的研讨评价、档案袋评价、表现展示评价等多种评价方式;评价主体既可以是教师,也可以是学习者或同伴;评价旨在引导学生明确学习目标,激励学生自主制订学习计划,发挥学习潜力。[149]

六、第五代评价——计算时期

前四代学习评价虽然一直在不断进步,但受限于评价技术,缺乏大规模、多模态数据分析的支撑,难以刻画学习者特征及复杂学习过程,无法兼顾整体性与动态性分析,而且在评价模型及评价方式的科学性方面仍有待提升,因此难以通过评价为每一位学生提供最适宜的学习与发展建议。随着大数据、人工智能、物联网、区块链等信息技术的蓬勃发展,特别是机器学习、自然语言处理、计算机视觉等技术的发展和应用,信息技术与教育教学的融合不断深入,新一代人工智能技术与教育学、心理学、脑科学等学科研究方法的创新结合,通过技术赋能、基于数据密集型的研究范式解释信息时代的教育活动与问题,并揭示教育复杂系统内在机制与运行规律的计算教育学兴起,[68]学习评价也随之迈进全新的时代。

计算教育学与智能技术将从数据思维与计算方法等方面提升对学习过程的建模与分析能力,通过认知计算、行为计算、环境计算,[152]实现对学习者特征、学习过程、学习结果等的科学化度量与评价。当前,国内外正在探索构建具有科学化、多元化、立体化、最优化、精准化等特征的评价新模式。[153]具体而言,通过智能环境中的数据采集设备,在学习者无感知、非干扰的情况下实时地、伴随式地采集全样本、全过程、多模态的教育数据;运用多模态融合技术,对大规模测评、课堂音视频、网络痕迹、可穿戴设备等所产生的大数据进行规模化的智能处理;采用大规模实时计算方法,对学习全时空数据进行即时处理与动态分析;基于对海量数据间相关关系的分析,以及对具体垂直领域的模型训练,可以形成更为精准的能力评价模型和学习者评价模型,从而开发更为有效的学习评价指标;通过挖掘学习过程特征、教学质量指标、教师能力素养等数据与各类学习评价指标间的关联,可以实施基于大数据的教与学过程动态监测与综合评估,在此基础上改善教与学的方法策略,为学生提供个性化的学习服务,从而实现"以评价促发展"的目标。

自20世纪80年代开始,目标导向与标准化测验相结合的评价模式在我国得到普及,并逐渐主导了我国学习评价的实践。长期以来,基础教育领域形成了"唯分数"与"唯升学"的顽瘴痼疾。评价手段与目的的混淆、评价功能的异化与弱化,导致评价促进学习的作用难以发挥。2020年,我国发布了《深化新时代教育评价改革总体方案》,提出"改革学生评价,促进德智体美劳全面发展"的重点任务,强调"改进结果评价,强化过程评价,探索增值评价,健全综合评价,充分利用信息技术,提高教育评价的科学性、专业性、客观性"。作为我国第一个关于教育评价系统性改革的文件,该方案为构建未来学习评价新模式提供了指引。与此同时,大数据、人工智能、增强现实等技术蓬勃发展,为学习评价提供了新思路和新方法。面向未来,需要深化对当前教育生态的理解,围绕评价目的、评价内容、评价模型、评价方法、评价工具和评价实施等方面,把握未来学习评价的变革与发展方向。

第二节 未来学习评价的发展趋势

评价体系的进化一直是技术发展与理念发展相碰撞、相融合的结果。[83]135 未来学习评价将在全新的评价导向指引下,借助智能技术,实现评价目的、评价内容、评价模型、评价方法、评价工具及评价实施的全面升级。

一、评价目的:从"为了选拔"走向"为了发展"

未来学习评价将进一步贯彻"育人为本"的理念,以学生的素养发展作为评价的重要导向,以学生全面、全纳及持续发展作为评价的根本目的。

世界经济论坛在2020年发布的《未来学校:为第四次工业革命定义新的教育模式》报告中指出,教育4.0时代学习的关键特征由学科学术表现转向核心素养。核心素养是学生应具备的、能够适应其终身发展和社会发展需要的必备品格与关键能力,包括文化基础、自主发展和社会参与三大方面,既是落实立德树人根本任务的重要凭依,也是教育改革与发展的关键引领。核心素养所具有的整体性、情境性与反思性特征,决定了素养导向的学习评价不仅要考查学生对所学知识的理解掌握情况,更要重视学生在真实情境下的知识建构与综合运用能力以及问题解决能力。[154]

然而,我国基础教育长期以来将纸笔测验作为主要的学习评价方式,评价目的过于侧重甄别与选拔功能,评价内容过于重视认知层面的知识记忆与理解,评价标准过于关注考试分数与升学率,忽视对学生复杂思维、创造力及真实情境中问题解决能力的考量,无法对学生尽责表现、情绪调节、合作能力、思想开放、社会交往、批判性思维和元认知能力等社会情感能力进行评价。在唯分数、唯升学、唯文凭的评价导向之下,学生所习得的知识和技能与全球化和智能化的工作场景要求之间的差距越来越大。面向未来,尤其是当生成式人工智能得到普遍应用,逐步演化为人类个体的外脑并与原有内脑构成"复合脑"时,我们更加迫切地需要形成"思维比知道重要、问题比答案重要、逻辑比罗列重要"的学习评价新思维。[155]

因此,未来学习评价首先应扭转不科学的评价导向,使评价目的从"为了选拔"转向"为了发展"。具体而言,一是贯彻育人为本,树立科学的教育发展观和人才成长观,纠正"重分数、轻素养"的倾向,促进形成良好教育生态及科学评价理念。二是坚持素养导向,注重对学生正确价值观、必备品格和关键能力的考查,开展综合素质评价,切实提升学生的核心竞争力与全球胜任力。三是促进全面发展,面向全体学生开展不同阶段学习情况全过程的纵向评价,以及德智体美劳全要素的横向评价,促进学生身心健康、全面发展。四是倡导评价促进学习,[156]重视学习评价的导向、调控和激励功能,引导学生合理运用评价结果改进学习,激发学生的学习动力。

二、评价内容:从"学业成绩"走向"综合素质"

未来大数据支持的综合素质评价将被进一步普及,助力学生全面而个性化发展。我国教育改革与发展从重视学生的学科基础知识与基本技能的"双基"目标,到强调学生学习的知识与技能、过程与方法以及情感态度价值观的"三维目标",再到转向发展学生的核心素养,根本任务都是发展学生的综合素质。[157]因此,未来需要通过改革评价方式以确保学生综合素质得到应有的发展。

传统的教育评价主要是基于学生学业成绩的量化评价,单一的评价内容限制了学生多样的学习方式和综合素质的全面发展。综合素质评价是一个多层次、多类型的评价体系,涵盖学生德智体美劳多方面的素质表现,包含可测量的客观性指标与难以测量的主观性指标。以往,受评价方式及评价工具的限制,难以对综合素质中的主观性指标进行测量。如今,大数据、人工智能等评估技术不仅可以评价学习者的认知能力(如知识掌握程度等),还可以评价学习者的非认知因素(如心理因素、情感状态等)。[158]例如,通过对学生网络痕迹的收集与分析,可以多方位评价学生的性格与兴趣。在智能技术的支持下,学生综合素质评价将更加全面、更具深度。

未来,学生综合素质评价将更加彰显德智体美劳全面发展的育人导向。围绕学生品德发展、学业发展、身心发展、审美素养、劳动与社会实践等重点内容,形成科学全面的综合素质评价指标体系,坚持以德为先、能力为重、全面发展,聚焦适应学生终身发展和社会发展所需要的正确价值观、必备品格和关键能力。在评价指标的具体设计上,通过必选数据项、可选数据项和扩展数据项的区分,允许不同地区和不同学校采取共性指标与个性指标相结合的方案,构建符合实际的综合素质评价体系,从而在注重学生德智体美劳全面发展的同时,兼顾其差异性和多样性。

三、评价模型:从"主观设定"走向"科学建模"

未来学习评价将以计算教育学为理论基础,运用机器学习等技术,训练出更加科学的、能够精准评测学习者特定能力的智能评价模型。

在研究路径方面,传统量化研究遵循自然科学的研究方法,往往自上而下,即先根据理论提出假设,再构建模型、创设实验、使用特定的测量工具收集与分析数据,从而验证假设、修正理论。而计算教育学通过对大量数据的梳理和分析来发现教育现象和规律,基于数据发现特征,构建理论解释,开展预测应用,往往以自下而上的数据分析为基础。[69]

纵观古今中外的学习评价演进历程,可以发现,大约从测量时期开始,学习评价开始走向客观化和标准化,而评价标准则来自官方或专家预先设定的框架或指标。这些标准本身科学与否,常常引发争议。而基于这些标准所进行的评分过程,也因存在较大主观性而引发质疑。除此之外,针对学生的知识掌握情况的评价工具较为丰富,例如针对各个学科知识所积累的海量题库,而针对学生能力发展情况的评价工具则较为缺乏。知识掌握与否可以通过习题完成情况来检验,而某种能力的高低则缺乏相应的精准评测工具,往往只能通过评价者的观察与主观判断来完成评价。综上,为提升学生的综合素质,实施素养导向的学习评价,未来需要构建更加客观、科学、能够评测特定能力的智能评价模型。

随着机器学习技术的发展与应用,开发指向能力的智能评价模型,将成为未来学习评价研究的重要内容。机器学习是使用计算机来模拟或实现人类学习行为,通过不断地获取新的知识和技能,重新组织已有的知识结构,从而提高自身的性能。目前,机器学习已经在语音识别、图像识别、自然语言处理、推荐系统等领域得到了广泛应用。教育机器学习作为计算教育学的主要研究领域之一,正在推动教育领域由"假设驱动"向"数据驱动"的研究范式转变。未来,指向能力的智能评价模型训练,将突破以往的学习评价模型构建方式,基于大数据而非理论假设或专家意见,通过机器学习的方式,训练出更加客观、精准、有效的智能评价工具。

下面以学生钢琴演奏能力的评价模型训练为例。利用机器学习训练此类模型,一是要广泛收集学生钢琴演奏的音频或视频的数据,然后对数据进行预处理,确保数据质量及可用性;二是特征提取,从数据中提取有意义的特征,如时域特征(时长、节奏等)、频域特征(音高、音量等),然后选择合适的特征表示方式;三是数据标注,根据需要定义评价维度(如音准、速度、表现力等)与等级体系(如优、良、中、差),然后将收集到的数据与对应的评分或标签进行关联,形成标记数据集;四是模型选择与训练,根据任务需求与数据现状,选择合适的机器学习算法,划分用来训练模型的"训练集"数据以及用来评估模型性能的"验证集"数据,调整模型的参数以提高其准确性;五是模型评估与优化,运用验证集数据对训练好的模型进行评估,接着根据评估结果对模型进行优化;六是模型应用,将训练好的评价模型应用到钢琴演奏评价的实践当中,输入学生的钢琴演奏音频或视频,从而获得评价结果。

通过上述步骤训练好的评价模型可以部署到相关的学习平台或评价系统中,成为正式的智能评价应用。结合数据可视化等技术,能够为学生提供能力诊断报告,帮助学生精准分析能力现状,进而改进学习方法。未来,针对特定能力的智能评价模型将不断涌现,促进智能评价应用的不断创新,赋能学生全面而个性化的发展。

四、评价方法：从"单一化"走向"多样化"

未来学习评价的方式方法将得到进一步的革新,过往侧重结果性、评价方法单一、评价主体有限等弊端将被克服,多样态的学习评价将成为新常态。具体而言：

一是评价体系更加完善。《深化新时代教育评价改革总体方案》明确提出"坚持科学有效,改进结果评价,强化过程评价,探索增值评价,健全综合评价",未来"四个评价"将得到进一步落实。在改进结果性评价的基础上,强化过程评价,充分利用人工智能、大数据等现代信息技术,进行全方位、全流程、自动化的数据采集与分析,实现过程性、实时性、动态性的能力发展评估和预测,及时反映学与教的状态,为学生改进学习提供科学支持。探索增值评价,重视对学习过程的观察、记录与分析,关注发展水平的进步程度,科学评判学生的努力程度,珍视学生真实发生的成长和进步,帮助每一位学生了解学习进展、规划学习路径。健全综合评价,兼顾教育公平性与个体差异性,制定个性化的评价标准,做到"一把尺子评价一个学生",基于学习数据,有针对性地"培优扶弱",为学生提供及时的帮助与鼓励。

二是评价方法更加丰富。与各类学习新样态的发展相适应,未来不同的学习方式将匹配不同的评价方法。例如,表现性评价将在项目化学习等实践中得到普及,这种倡导"基于证据"的评价方式,将通过创设真实情境与真实任务,综合运用动手操作、作品展示、口头汇报、小组讨论等多种方式,评估学生在特定情境中运用所学知识与技能去解决实际问题的过程与结果表现,进而检测学生的高阶思维、复杂认知能力以及问题解决能力。除此之外,网络同伴互评、概念图评价、电子档案袋评价及网络学习社区评价等方法也将在未来在线学习评价中得到普及与升级。[159]

三是评价主体更加多元。智能技术的发展将扩大学习评价主体的权益,海量、真实、实时的学习数据得以全面汇聚,确保教师、学生、家长等评价主体对评价信息的知情权、发言权与监管权。[160]协商式评价将得以推广,学生自评、同伴互评、家长参评与教师的观察、记录和分析相结合,不仅可以加强评价者与被评价者的互动与沟通,提升评价信息的全面性和多样性,而且可以培养学生自我总结、自我反思、自我改进的意识与能力,甚至能够减少评价过程的主观偏见与不公,提升学习评价的精准性与客观性。

五、评价工具:从"纸笔考"走向"智能化"

未来学习评价工具将因智能技术的应用而得以进化,人机交互、模拟操作、场景在线的智能化评价环境将成为现实,[153]使学习评价突破时空与技术的限制。

长期以来,受办学条件限制,不少学校缺乏实验教学和技能训练的基础设施设备,再加上对实验安全等风险因素的考虑,学生动手操作的测评方式常常难以实施,取而代之的是纸笔考试,从而造成传统技能测评"重理论、轻操作"的问题。而实践中的技能测评大多关注学习效果的总结性评价以及测评自动化等方面,缺少对学生复杂技能学习中的动态分析,无法通过形成性评价与反馈,及时有效地助力学生的技能提升。

虚拟现实(VR)和增强现实(AR)技术的出现与发展,为学生在仿真的学习环境中开展学习与评价带来了便利。VR 是利用三维建模、计算机视觉、系统集成、多媒体等计算机技术生成的三维虚拟空间,可以构建高保真的仿真环境,作用于用户的视觉、听觉和触觉,使其产生身临其境的感觉。广义的虚拟现实技术包括增强现实和混合现实(MR),在许多情况下被统称为扩展现实(XR)。其中 AR 是

VR 的延伸,具有虚实结合、实时交互的特征,可以用来模拟对象,让学生在现实环境背景中看到虚拟生成的模型对象,而且这一模型可以快速生成、操纵和旋转。VR/AR 技术具有沉浸感、交互性、构想性和智能化等特征,[161]能够将抽象的学习内容可视化、形象化,能够创造逼真环境使学生产生感官沉浸、挑战沉浸和想象力沉浸,[162]能够通过传感器或手柄等工具让学生像在真实世界中一样对虚拟环境中的对象或事物进行操作,能够让学生发挥创造性思维创造出客观世界不存在的事物。未来,人工智能大模型与教育元宇宙等关键技术相结合,还将打造出适用于各类专业场景的学习评价环境,为学习者提供全场景、多模态的学习数据分析和学习改进建议。

六、评价实施:从"阶段性"走向"伴随式"

未来嵌入学习全过程的伴随式评价将切实提升评价的及时性、精准性与反馈性,推动"教—学—评"一体化发展,真正发挥"评价促进学习"的作用。

以往学校里阶段性的学习评价,在精准性上存在较大缺陷。首先,学习评价的非连续性为定位学生的学习进展带来难度。虽然中小学教材设计的内在逻辑体现为连续的螺旋式上升,但时空跨度、内容独立、呈现方式等问题,造成教学内容形式碎片化,某一学科知识体系的内容以拆分的方式分布于不同学习阶段中。[163]这导致了与之相应的学习评价也是孤立分布的,无法精准定位学生的学习进展已达到知识体系的哪一层级,也无法高效评判出学生已掌握与未掌握的学习内容。其次,基于经验对学生阶段性测验进行分析,无法帮助学生科学诊断导致当下学习结果的前因。在传统的学习评价中,教师通过学生测验情况或作业情况,对学生的学习进展与学习问题进行分析,并以此提出教与学的改进策略。这种方式无法对每一位学生遇到的问题进行溯源和追踪,难以有效定位学生此前是从哪一步开始遇到问题。最后,受教师经验与精力所限,难以为每一位学生提供精准、及时的评价反馈,因此也就难以发挥学习评价的调控功能。

然而一直以来，伴随式评价仅作为一种理想的学习评价方法，缺乏大规模落地的条件。基于多模态数据的学习分析被限制于特定的教学或实验环境中，难以实现真实学习情境下非侵入式的数据获取，而且多模态分析系统的开发成本高、操作难度大、数据类型有限。因此实践中沿袭的做法是分阶段多次获取学生学业成绩、德育评定、体质检测的数据，难以持续且全面地把握学生的成长情况，也无法动态追踪与反馈学生的学习进步。

未来嵌入学习全过程的伴随式评价将成为常态，针对学习过程数据的追踪将更加实时全面，数据驱动的评价反馈将更加及时有效。伴随式评价源自生物工程等领域对产品与服务的生命周期评估，应用于教育领域则成为一种追踪学生连续学习过程并进行全程动态评价的方法。伴随式评价使数据流动于教学过程中，在评估学习表现、诊断学习质量的同时，发挥学习评价的导向、激励和调控功能。

未来，伴随式的学习评价将与智适应学习及数据驱动的教学相融合，实现智能技术赋能的"教—学—评"一体化。教学的学科逻辑主线、学生个性化学习需求以及评价的精准性诊断将实现有机结合，突破以往"考什么就教什么，教什么就学什么"的实践逻辑。也就是说，未来不再是通过教学目标来确定学习评价内容，而是先确定学习目标，再确定检测目标及其达成判断指标，而后根据学生的学习需要推送学习资源或制定教学内容及方式。教、学、评三者分离的状态将被终结，学生的学习效果及学习体验将得到显著的改善。

第三节 ‖ 未来学习评价的实践样态

样态一：基于数字画像的综合素质评价

未来更为科学、真实且完善的数字画像将在个性化评估和认证方面发挥更加重要的作用,进一步提升综合素质评价的信度与效度,促进学生的个性化发展。

未来,学生综合素质评价将基于多源流、多模态数据,为每一位学生刻画独一无二的数字画像。基于学生数字画像的综合素质评价,以清晰且可操作性强的评价指标体系指导智能教育环境中海量数据的挖掘分析,以学生学习生活中多类场景的平台系统及相关材料为评价提供丰富证据,以数据实践结果对学生综合素质情况进行建模、可视化并形成数字画像。通过多种技术的综合运用,对学生多源、多维的数据进行采集,对学生过程性成长数据进行观测与分析,基于数字画像的综合素质评价远比单纯基于分数的结果性评价更为科学。总而言之,基于数字画像的评价,将是"冷静的观察者",不断洞悉学生的成长;将是"热情的鼓励者",能够看见学生的努力,促进学生的发展和进步;将是"公平的呵护者",能够关注学生的天赋和际遇,公平地呵护每个人的发展;将是"专业的导航者",让成功得以不断复制,让失败尽量被避免。[164]

未来,基于学生数字画像的综合素质评价结果将在以下场景中得到广泛应用[165]:一是实现因材施教,教师将基于不同学生的学习表现与需求,开展针对性辅导或干预,优化学习路径,调整教学策略;与此同时,发现有特殊潜力的学生以及存在学习困难的学生,为他们提供相应的帮助与支持,从而照顾到每一位学生的成长需求。二是助力生涯规划,综合素质评价结果能够帮助学生更好地认识自我,选择自己擅长的领域,更好地设计个人择业就业的发展路径,打造科学适宜的个人职业生涯规划。三是协助家校共育,数字画像呈现的评价结果将帮助家长更为直观地了解学生各方面的发展状况,从而调整家庭教育策略,与学校达成育人共识,形成育人合力。四是改革招生考试,高校依据学生个人特质及过往经历,选择匹配专业人才培养要求的具有潜质的学生,满足学生的学习兴趣及个人发展需求,帮助学生实现自我价值。五是赋能教育治理,以数字画像反映的学生综合素质评价结果为依据,教育部门可以优化教育资源配置,针对部分地区或学校实施精准帮扶,促进区域内学生均衡发展。

【案例链接】上海市宝山区综合素质评价系统

在基于数字画像的综合素质评价方面,上海市宝山区率先作出了富有价值的探索。在数字化转型的背景下,充分利用德智体美劳"五育"全要素数据,深度、精准刻画学生综合素质的成长画像,并探讨了数字画像技术在个性化教学、职业规划指导、家庭教育合作、考试录取流程优化以及教育管理决策等多个领域的具体应用策略,证实了基于数字画像的综合素质评价对于促进学生综合素质发展以及基础教育质量提升的价值。

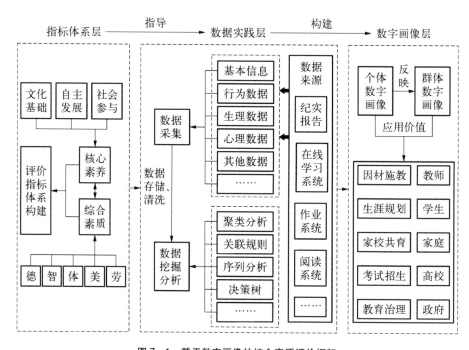

图 7-1 基于数字画像的综合素质评价框架

下面以上海市宝山区宝虹小学开发的"七彩虹宝"综合评价系统为例。该系统集智能班牌、智能手环和宝虹微校于一体,以学科素养培养目标为重点,融合成长记录册内容,侧重学生学习评价的过程性、及时性和激励性,细化了行为规范和学业评价指标,增加了健康、出勤、活动类、作业类评价内容,从而生成基于数字化的学生综合素质画像。学校"七彩虹宝"综合评价系统的升级,推进了学生数字画像"1+N 的大综评"。手机小程序与电子班牌结合的无感"云评价"系统实现每日一评。N 个平台呈现各类特色评价数据。多来源、多维度的评价数据统一接入上海市电化教育馆数字画像平台,建模形成学生数字画像,落实因材施教。

图 7-2 "七彩虹宝"综合评价系统

样态二:基于智适应学习的个性化评价

未来针对学生认知能力及学业成就的评价将更加精准,基于知识图谱的个性化学习评价将打开学生知识掌握情况的"黑箱",为学生规划适需且高效的学习路径,赋能学生学习的全过程。

知识图谱是一种揭示某领域知识、概念、关键内容等实体之间关系的结构化语义分析方法,本质是存储知识实体及其关系的结构化网络。知识图谱能够以可视化方式系统地展现学科知识体系结构和层次关系,不仅提炼学习的核心内容和关键知识点,而且能够呈现知识之间的关系映射,将内隐的知识建构过程用图示化方式有效表征出来,使学习内容不再是碎片化的,而是具有系统性和关联性的。在学习过程中,知识图谱通过知识点的相互连接形成知识框架,便于学生清晰地理解知识点之间的关系,以符合认知逻辑的方式掌握知识体系。运用知识图谱开展学习评价,借助智能技术进行知识元抽取和关系挖掘,可以精准诊断学生的认知状态,进而为其推荐合适的学习路径。[166]

在基于知识图谱的学习评价中,知识图谱将打破现有教材所体现的年级体系,回归学科逻辑体系,对知识脉络及相应的实际问题进行重新梳理,并以符合认知发展规律的方式进行呈现。在此基础上,个性化评价与智适应学习相伴而生。从学生的角度来看,当他们进入某个知识点学习时,如果答对题目的测试达标,系统会判断学生已掌握该点位的知识,从而减少或终止该类题目的复现;如果在练习或测验中反复出错,系统可以及时停止并将诊断结果反馈给学生及教师,让学生根据提示进行有针对性的自主学习或求助教师;系统也可以返回到前一级相关知识的学习,帮助学生查缺补漏,完善认知地图,以此减少机械练习,让学生少走弯路,减少学习的挫败感。从教师的角度来看,通过知识图谱显示学生在课堂和课外学习各个知识点的情况,从中不仅可以看出学生掌握知识点的多少,而且可以看出学生的知识点在课内和课外学习过程中是沿着怎样的一条学习路径获得的。对知识点进行颜色标注,可以清晰直观地看出学生已经掌握的知识点、未学习的知识点、未达到课标要求的知识点、达到课标要求的知识点和超过课标要求的知识点,进而使教师及时且准确地掌握学生的学习情况,为学生提供针对性的反馈和个别化的辅导。

【案例链接】上海市宝山区高中生物学智适应学习系统

在此类学习评价新样态的形成过程中,上海市宝山区已经贡献了实践样板。

宝山区构建了以核心素养为导向、基于知识图谱的高中生物学智适应学习系统，通过教学资源的智能化重组赋能教育教学，探索人机协同教学新模式，实现减负增效和大规模的因材施教。以生物学为例，将生物学新课标中所有知识点和核心素养要求解构形成知识图谱，支持计算机的推理和计算，匹配开发了 15 305 个微课、动画、试题等资源积件并科学标注，基于知识路径矩阵模型、学习者画像和教学策略模型，构建了生物学智适应学习系统。基于人机协同教育理念，探索了传统课堂融合智能技术的嵌入式、诊断补偿式等教学模式。研究成果先后在 150 多所高中、4 万余名学生中进行了 6 年实践。实证表明，该系统可赋能教学，实现学习过程可视化、学情诊断精准化、学习资源推送个性化，减少学生无效操练，提升学习效率，为教师备课和个别辅导提供智能支持；同等学习强度下，学生学业水平考试成绩显著提升；研究形成的生物学领域知识图谱构建技术和推荐算法在物理、数学等学科得到广泛推广。

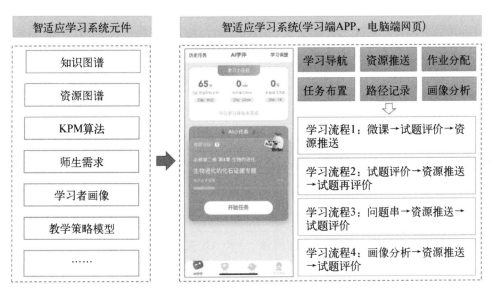

图 7-3 智适应学习系统

样态三：虚拟仿真环境中的技能测评

未来学生的技能测评将借助虚拟现实和增强现实技术，在沉浸式虚实融合的仿真环境中实现。

美国21世纪技能联盟提出"新平衡学习"，指向学习与创新技能、数字素养技能以及生活和职业技能，从而具备驾驭复杂生活和工作环境的能力。[167]学生的实践能力是综合素质的重要组成部分，其培育通常通过各个学科或学习项目中的技能学习来达成。如何革新技能测评的方法与技术，使技能测评更好地促进学生技能学习，成为未来学习评价发展必须回应的问题。

VR/AR技术的发展，将使未来技能测评进入一个崭新的时代。未来，在结合人工智能的VR/AR技能性体验中，学生会进行虚拟环境熟悉程度测试、已学习的知识技能测试，然后在虚拟仿真的环境中借助沉浸式体验、丰富的资源和有效交互，提升直觉和专注度，逐步达到技能的熟悉、训练和精通，最后通过技能测评获得反馈数据以及个性化的策略建议，并据此进行改进。在此过程中，VR/AR系统可记录学生训练与测评的全过程，不仅可以对学生进行科学合理的评估，而且便于学生观看自己的操作过程，反思不足，提高技能训练的积极性和主动性，从而提升学习效果。

国内外现有的VR/AR应用已经能够实现对学习者的操作技能、知识水平、认知负荷、训练态度、训练动机、小组协作水平、空间认知能力、自信心等认知与非认知因素的测评。[168]随着眼动技术、可穿戴设备和人工智能的不断进化，未来基于VR/AR技术的技能测评指标将极大扩展，实现对学生的生理数据、动手操作过程以及实践结果等多模态、全方位的测评。VR/AR技术创建的模拟环境现已为许多学科教学和场馆学习提供了支持，在数学、物理、化学、英语、生物学、医学、工程教育、职业培训、军事和飞行员培训等方面都有应用。未来基于VR/AR的技能学习与测评的场景也将不断拓展，并通过共享实验室等方式，促进技能教育的均衡发展。

【案例链接】电气工程师技能培训软件

实践中已有不少学校使用模拟环境进行实验教学和技能测评,不仅可以使学生在高度仿真的环境中重复操作实验,直到熟练掌握实验技能,以达到"降本增效"的效果,还能减少一些实验中的危险性。例如,西班牙的马丁-古铁雷斯(Martínín-Gutiérrez)等人在模拟软件 Elect AR manual 中开展的电气工程师培训效果显著。在实践教学中,Elect AR manual 应用程序作为一个辅助工具,一步一步引导学生执行任务。在构建的模拟环境中,利用 3D 模型为学生呈现加在主面板上的线圈、磁铁、转子等,让学生根据要求操作,配置一台电动机并使其能够工作。学生使用平板电脑或智能手机在虚拟现实的环境中操作器材。电气实验室有四个独立的工作坊,分别是电气保护装备、电气建设和学习装备、电气操作装置、工业电气安装指导。在培训中,学生可以通过平板电脑或智能手机进行操作,练习模型的设计。在设计好模型之后,学生可以通过开发好的 Elect AR manual 应用程序在模拟环境中进行电机组装,并且能够查看电机的运行状况。

【案例链接】外科手术模拟系统

Dextroscope 系统在很多医学院的外科手术中被广泛应用。配合使用该系统的左手工具和右手工具,让使用者感觉是自己的双手在触摸和操作三维立体图像。系统对整体图像和局部细节的把握同样精准,其产生的三维解剖结构的立体感和真实感是二维图像和平面三维图像所无法比拟的。学生可以使用左、右手工具进行操作,通过立体眼镜可以看到三维图像,形成一种真实的体验。该系统可以与投影设备连接,学生可以多人观察操作过程和教师的演练步骤。师生可以在虚拟现实环境中操作及多人观看操作。学生还可以在计算机终端的软件中,通过操作界面进行数据导入和分析。学生可进行影像数据导入、进入环境、解剖结构的三维重建、数据测量、手术计划、模拟手术等操作,也可以将同一病人不同类型的影像资料进行融合,生成的三维图像有更加丰富的信息。

样态四：常态化伴随式的身心健康监测

未来,随着智能感应终端、物联网、生物信号检测等技术的不断升级,伴随式的身心健康监测将成为常态,为每一位学生"身心一体"的健康发展保驾护航。

随着评价技术的发展,常态化伴随式的身心健康监测将在以下方面取得突破:一是实时无感的数据采集。智能感触设备、可穿戴设备、面部表情识别仪、脑电测绘、眼动定位技术及高清智能录像设备的发展为原始数据的实时性、无感化采集提供了重要支撑,无论是知识学习、技能训练,还是社会实践或社区服务,这些学习过程的数据都能在学生不知不觉、无需专门配合的情况下实现采集。二是伴随式的数据流追踪。在学生学习期间内多维度、多节点的行为数据、智能检测数据以及跨平台交互数据等不断生成,形成运行于整个学习过程中的"数据流"。对数据流的追踪、记录与分析,为实时反馈学生的思维走势和情绪变化、监测学生的心理活动、深入分析学生在学习过程中的行为表现提供了可能。三是多模态数据分析。无论是文本、话语等可被直接观察或记录的"外显数据",人体大脑、心脏、皮肤等内部结构在受刺激时所发生变化产生的"生理数据",学习者自身认知、注意、情感等方面的"心理数据",或是任何学习分析实践所必备的"基础数据",[169]都可以借助深度学习、语音识别、图像识别等技术,进行预处理,形成有关学习者的学习过程、身体活动、生理反应等数据的多模态数据集,进而将有意义、有价值的信息进行转化。四是伴随式评价的应用。可以通过监控、追踪学生的行为表现和情绪变化,挖掘背后的隐性问题,建议教师如何进行干预,并为学生提供及时的行动建议。

【案例链接】基于智能穿戴设备的学生体质健康监测

此类学习评价样态的典型应用之一,是基于智能穿戴设备的学生体质健康监测。智能穿戴设备将传感、识别、连接和云服务等各种技术综合嵌入手表、眼镜、戒指、服饰等日常穿戴设备中,实现日常穿戴的智能化。智能穿戴设备具备对学生的运动状态和生理指标进行实时监控的功能,如运动轨迹的追踪、能量消耗的判断、运动步数和时间的精确统计、睡眠时间和质量的科学分析等。由于能够实现对个体生理及活动数据的智能化识别、跟踪、定位、监测和管理,智能穿戴设备在学校体育教育、学生体质检测和评价、学生健康预测和警示等方面有非常广阔的应用前景,是未来学校健康教育最常见的智能移动终端。通过将智能穿戴设备检测收集的数据传输到学生体质健康测试管理系统,能够使教师、家长及学生本人及时了解学生的体质状况及体育活动参与情况,并针对真实的体质数据定制科学合理的"运动处方",从而助力学生健康成长。[170]

上海体育大学联合多机构开展的"青少年跨场域体育活动促进身心成长关键技术研究与应用示范"项目,创新构建了"数据采集—智能分析—精准干预"全链条数字化健康服务体系。通过自主研发智能手环、运动背心等多模态穿戴设备,系统无感化采集学生运动强度、体态特征、生理指标等20余类数据,实现课堂、操场及家庭场景的跨场域伴随式监测,建成国内首个百万级青少年体质动态数据库。依托人工智能技术构建的"青少年身心成长促进智能支持系统",基于长期累积的运动负荷、体质变化及健康风险数据,生成包含数字档案与数字画像,精准识别个体体质短板。系统创新应用"FITT"(即频率、强度、时间、方式)原则,通过智能算法匹配生成个性化运动处方及膳食处方,同步推送运动指导、名师课程等适配资源,形成"监测—评估—干预—反馈"闭环服务体系。该模式深度融合"健康生活+科学运动+心理调适"三大模块,提供靶向适配的处方推送与自适应调适服务,最终构建"一人一策、千生千面"的青少年智能健康管理范式。

样态五：基于人工智能的学习分析诊断

基于人工智能的学习分析是一个快速发展的领域，涉及到利用 AI 技术来组织、分析与理解师生教与学数据，以支持教学和学习。其代表性的应用和研究进展包括：一是多模态方法技术。探索多模态学习分析时代的方法与技术，利用自然语言处理、资源推荐器、学习保持分析仪表盘等技术，探究学习风格差异、学习风险识别、学术支持、学习成就预测、学习活动监控与分析。二是深度学习分析。学习分析利用数据挖掘和机器学习技术分析学习数据，揭示学习者的行为模式和学习效果。通过分析学生的学习进度、参与度和成绩，学习分析可以帮助教育者识别学习困难，并为学习者提供个性化的支持。三是教育数据挖掘。教育数据挖掘从大量的教育数据中提取有价值的信息，改进教学方法和学习材料的设计。通过分析学习者的行为数据，教育数据挖掘可以发现影响学习效果的关键因素，并为个性化学习路径规划提供依据。四是智能评估和反馈。利用人工智能技术，可以实现自动化的评估和即时反馈，帮助学生及时了解自己的学习状况。智能评估系统可以根据学生的回答提供个性化的反馈和建议，指导学生改进学习方法和策略。

【案例链接】上海市未来学习研究与发展中心的课堂智能分析与评价

基于上海市宝山区问题化学习 20 年研究成果，上海市未来学习研究与发展中心建立了学习评价的五个维度，以"问题"为贯穿线索，将课堂计算、分析的数据和特征落实到以学习为中心的课堂循证过程，从学生的"主动意愿、互动对话、认知深度、目标达成、学习方式"五方面入手，形成了"主动学、深度学、互动学、高效学、多样学"五维观测视角和高质量课堂分析框架模型，建立了计算教育学视域下的人工智能课堂分析技术框架，开发了包含采集层、数据层、计算层、分析层、支架层、资源层和循证层七大功能模块，共 154 项学习分析指标的人工智能课堂分析系统。通过对上海市宝山区161所学校中的10109节课进行深入的课堂分析,构建了"微观—中观—宏观"三个层次的课堂改进路径,以及"诊断—反思—研究"三阶段的教师发展赋能模式。此外,还形成了"理论驱动""数据驱动"和"问题驱动"三种应用模式,[171]以支持更加科学和有效的课堂改进与教学实践。

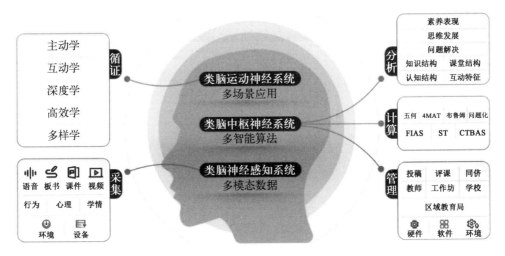

图7-4 基于教育大脑的人工智能课堂分析系统架构

【案例链接】上海市浦东新区基于大数据分析的幼儿户外游戏评价

上海市浦东新区蓝贝壳幼儿园借助"孩子通"幼儿发展评价和AI联课智能分析平台,助力幼儿户外游戏评价实践与活动的开展。一方面,幼儿园开发户外游戏观察评价工具,指导教师科学采集幼儿发展行为,开展实证研究,基于大数据分析帮助教师调整观察重点,了解幼儿发展现状和需要。另一方面,通过拍摄视频并导入智能分析平台,教师可以分析师幼互动模式,更好地反思互动内容和方式,有效促进幼儿游戏发展。实践证明,借助大数据分析,可以更科学地诊断幼儿发展现状和师幼互动现状;基于数据驱动的智慧评价,能够使教师更精准地发现问题,促进教师自主反思和改进,显著提升幼儿游戏质量。

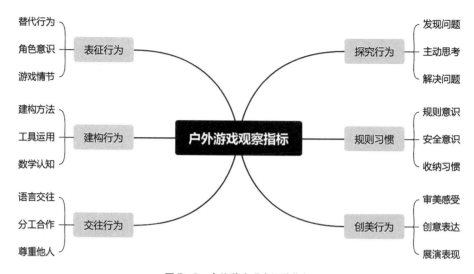

图7-5 户外游戏观察评价指标

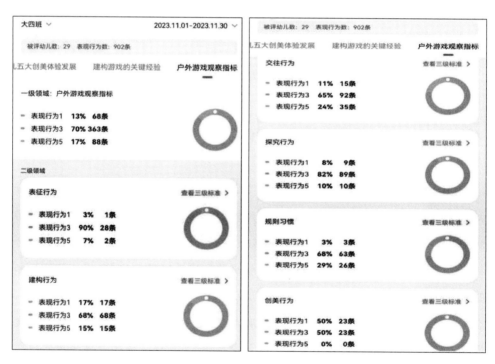

图7-6 某班六大游戏行为观察评价数据

样态六：基于大模型的专项能力测评

未来,随着各个垂直领域的人工智能大模型发展,通过机器学习而开发的各类"能力模型"与"人才模型"将不断涌现,实现针对专项能力的精准评价以及针对特定人才的精准识别。

人工智能大模型在各个垂直领域的发展,有利于形成用于评价特定能力或能力组合的"常模"。所谓"常模",是指某一特定测验或评估工具所建立的标准参照,用来对个体或群体的得分进行比较和解释。"常模"可以帮助评价者理解被评价者的表现相对于整个参照群体的位置,从而进行更准确的评估和解释。"常模"的建立通常基于大规模的样本数据,并经过统计分析和验证,以确保其能够有效地代表目标人群的特征。在未来,通过机器学习构建的智能评价模型将取代以往专家设计的评价模型,实现更加科学有效的能力测评。

基于大模型的专项能力测评,在未来将广泛运用于学生职业生涯规划、升学与就业等场景当中。从学生的角度来看,基于大模型的专项能力测评能帮助他们更加了解自身的优势与不足,从而更好地制定职业生涯发展规划。从招生单位的角度来看,基于大模型的专项能力测评能帮助他们选拔出特定学科发展所需的创新人才。从用人单位的角度来看,基于大模型的专项能力测评能帮助他们精准识别符合要求的应聘者,并促进学校与社会之间的"学用衔接"。

除此之外,基于大模型的专项能力测评也将助力学历和文凭体系的重塑。在未来,学生不仅在不同的学习机构完成学习后将获得相应的"课程证书",而且在通过不同的专项能力测评之后也将获得相应的"能力证书"。唯分数、唯升学、唯文凭、唯论文、唯帽子的顽疾将得到整治,学校出身将不再左右人才选拔,学校招生考试制度及企业选人用人制度都将被革新,能力匹配成为最重要的评价标准。如此一来,不仅是教育生态,甚至是社会生态都会得到改善,具有不同能力特长的人都能在社会分工中找到合适的位置,每一个人都能够拥有人生出彩的机会。

【案例链接】Vervoe 能力评估平台

Vervoe 是一个基于人工智能的招聘和能力评估平台,它通过一系列定制化的测评测试候选人的技能、判断力和行为特质,旨在帮助企业更准确地评估候选人的实际工作能力,而不仅仅依赖简历和传统面试。该平台的独特之处在于,它使用多种 AI 模型来分析候选人的回答,评估他们的工作适配性。

Vervoe 的主要功能包括:(1)多模型评估。Vervoe 使用 How Model、What Model 和 Preference Model 三种 AI 模型来评估候选人。(2)测评定制化。Vervoe 提供不同角色和行业的测评内容,如技术岗位、客户服务和零售等,企业可以自定义测试内容,以便更精确地筛选合适人才。(3)即时反馈和自动评分。Vervoe 能自动评分候选人的表现,并提供报告,帮助招聘人员快速识别最佳候选人。

第八章
未来教师新素养

我以为好的先生不是教书,不是教学生,乃是教学生学。

——陶行知

教育的文明史,亦是教师角色的蜕变史。从师徒制中经验传递的实践者,到班级授课制下知识传播的权威者,再到未来情智共同体中的学习促进者——教师身份的每次迭代,都在回应"培养什么人、怎样培养人"的世纪之问。当智能时代重新定义教育边界,教师的使命正从"知识容器"转向"生命灯塔",在守护与赋能中开启教育者的新纪元。未来教师将作为学生心灵的守护者,构建情感联结的精神场域;作为学习支持者,搭建个性化成长阶梯;作为人机协同的促进者,驾驭智能技术赋能教学;作为创新培育者,点燃创造思维的火种;而终身学习践行者的身份,则让教师始终与时代脉搏同频共振。基于此,支撑角色转型的未来教师新素养体系已然清晰:心理健康素养奠定教育温度,跨学科教学能力打破知识壁垒,人工智能素养构建人机共育生态,终身学习能力保障专业生命力。这些素养不是机械的技能叠加,而是教育者在新文明语境下的进化选择,更是培养未来人才不可或缺的基因序列。

第一节 ┃ 教师角色的进化

在历史的长河中,教师角色的演变与社会的发展紧密相连,无论是技术进步所带来的挑战与机遇,还是教育理念及社会需求的变化,都对教师角色的定位与转变产生了深远的影响。随着教育理念从应试教育向素质教育和终身教育的转型,以及人工智能技术在教育领域中的广泛应用,教师的角色已从单纯的经验传递者转变为知识传播者,并预示着未来将进一步向学习促进者的方向发展。在这一演变过程中,教师需要不断审视并调整自己的角色定位和行为方式,深刻理解并有效回应社会对教师的角色期望。面对教育变革的挑战,教师应秉持开放、灵活和创新的态度,以实现教育行为的创新与优化。唯有如此,教师才能在教书育人的过程中充分发掘自身潜力,促进学生的全面发展,为社会的持续进步贡献自己的力量。

一、经验传递者:师徒带教

在人类历史的早期阶段,教育作为一种不可或缺的社会现象便已悄然萌芽,它与生活紧密地交织在一起,形成了独特的"生活教育"模式。这一时期的教育活动直接服务于人们的生产和日常生活需求,与劳动生活紧密相连。由于生产力水平低下,教育缺乏固定的场所和专业化的教育人员。因此,部落中的"首领""老者"或"长者"凭借其丰富的经验和智慧,自然而然地承担起了教师的角色。他们主要通过师徒带教的方式,将日常生活中积累的宝贵经验传授给年轻一代。男子在父辈的悉心指导下,学习农田耕种和外出打猎的技巧;女子则在长辈的耐心教导下,掌握辨认果实和进行采集生产等生活技能。这些经验不仅关乎个体的生存与发展,更关乎整个部落的延续与繁荣。因此,在原始社会中,"教师"的角色主要定位于生活经验的传递者,他们通过师徒带教的形式,将自身的智慧和经验毫无保留地传递给年轻一代,为他们的成长和发展奠定了坚实的基础。这一阶段的教育,虽然缺乏系统的理论知识和科学的教学方法,但却以其独特的方式,为人类的生存和发展作出了巨大的贡献。

二、知识传播者:班级授课

随着人类社会的不断进步,教育逐渐从原始的师徒带教模式朝着更为系统化和规范化的方向发展。这一转变的标志便是班级授课制的出现,它同时也意味着教师角色从生活经验传递者向知识传播者的深刻转变。班级授课制不仅提高了教育的效率,还促进了知识的广泛传播,为人类社会的进步和发展奠定了坚实的基础。

在国外,班级授课制的起源可以追溯到古希腊和古罗马时期的学校。然而,真正意义上的班级授课制则是在文艺复兴时期随着人文主义教育的兴起而逐渐形成的。在人文主义教育中,教师开始注重学生的个性和兴趣,通过班级授课的形式将人文知识传授给学生。这一时期的班级授课制虽然还比较简单和粗糙,但已经具备了现代班级授课制的基本特征。随着工业革命的到来和资本主义的发展,班级授课制在西方得到了更为广泛的应用和推广。为了满足工业化生产对人才的需求,各国纷纷建立起了以班级授课制为基础的教育体系。在这一体系中,教师成为了知识的主要传播者,他们通过讲授科学知识、职业技能和道德观念等方式,为工业化生产培养了大量的人才。同时,随着科学技术的不断进步和教育理念的不断更新,班级授课制也在不断地发展和完善。例如,在19世纪末和20世纪初,随着实验心理学的兴起和教育心理学的发展,教师们开始关注学生的个体差异和学习规律,尝试采用更为灵活多样的教学方法和手段来提高教学效果。

在我国,班级授课制的起源可以追溯到古代的书院和私塾。虽然这些教育机构在形式上可能还保留着一些师徒带教的痕迹,但已经初步具备了班级授课的雏形。随着科举制度的推行,教育逐渐走向标准化和制度化,班级授课制也得以进一步发展和完善。在封建社会中,私塾和书院成为了知识传播的重要场所,教师在这里扮演着知识传播者的角色,通过讲授儒家经典和诗词歌赋,将传统文化和道德观念传递给年轻一代。进入近代以来,随着西方教育思想的引入和新式学堂的建立,班级授课制在中国得到了更为广泛的应用。新式学堂不仅注重知识的传授,还强调学生的实践能力和综合素质的培养。教师在这里不仅是知识的传播者,更是学生思想的启蒙者和引导者。他们通过组织课堂讨论、实验操作和课外活动等方式,激发学生的学习兴趣和创造力,为培养具有现代意识和创新能力的人才作出了重要贡献。

随着班级授课制的广泛应用和发展,知识传播的载体也经历了从口头传授到书面教材再到多媒体技术的不断演进。在早期的班级授课中,教师主要通过口头传授的方式将知识传递给学生。然而,这种方式受到教师个人素质和表达能力等因素的限制,难以保证知识的准确性和完整性。因此,随着印刷技术的发明和普及,书面教材逐渐成为知识传播的主要载体。书面教材不仅具有准确、完整和易于保存等优点,还可以为学生提供更为丰富的学习资源和自主学习的机会。进入21世纪以来,随着信息技术的飞速发展和互联网的广泛应用,多媒体技术逐渐成为知识传播的重要载体。多媒体技术不仅可以将文字、图像、声音和视频等多种信息形式融合在一起,还可以实现远程教学和资源共享等功能。这使得知识传播的方式更加多样化和便捷化,也为教师提供了更为丰富、生动的教学手段和资源。

总体而言,班级授课制的出现标志着教师角色从生活经验传递者向知识传播者的深刻转变。这一转变不仅提高了教育的效率和质量,还促进了知识的广泛传播和文化的交流融合。同时,随着社会的不断发展和教育理念的不断更新,知识传播的载体和具体方式也在不断地演进和发展。未来,随着人工智能、大数据和云计算等技术的广泛应用和推广,教师角色及教学组织形式还将继续发生深刻的变化和演进。

三、学习促进者:情智共同体

在人类社会的教育历程中,教师的角色已经经历了从经验传递者到知识传播者的深刻转变。未来,随着教育理念的不断革新与教育技术的飞速发展,教师作为学习促进者的角色日益凸显,而情智共同体作为一种新型的教育组织形式,正成为未来教育发展的重要趋势。在这一框架下,教师不再是单纯的知识传播者,而是学生学习旅程中的伙伴、情感的共鸣者以及智慧的激发者,共同构建一个充满活力与情感的学习生态系统。

情智共生作为新课改理念下的核心概念,强调了学习过程中情感与智慧的相互依存与共同发展。它超越了传统教育中知识传授的单向度,倡导在知识与技能的学习过程中情感、态度与价值观的同步培养。在这一理念的指导下,情智共同体成为了实现教育目标的重要载体。它不仅是知识的传递场,更是情感的交流地、智慧的碰撞场。在情智共同体中,教师与学生的关系被重新定义,两者不再只是简单的教与学的关系,而是基于相互尊重、理解与支持的伙伴关系。

未来教师作为学习促进者,在情智共同体中将发挥着至关重要的作用。教师不仅是知识的导航者,引导学生探索知识的奥秘,教会他们如何自主学习、如何批判性地思考问题;更是情感的共鸣者,在学生的学习过程中,教师通过积极的倾听、同理心的表达以及适时的情感反馈,与学生之间建立起深厚的情感联系。这种情感联系不仅有助于缓解学生的学习压力,增强他们的学习动力,还能为他们的心理健康和情感成长提供强有力的支持。同时,教师还是学生学习的伙伴与创新的激发者。在情智共同体中,教师与学生共同面对学习挑战,分享成功与失败的经验,成为学生学习道路上的同行者。这种平等的学习伙伴关系,促进了师生间的相互学习、共同进步。此外,教师还鼓励学生勇于创新,敢于质疑,培养他们的创造力和解决问题的能力。通过项目化学习、问题化学习等新型学习样态,激发学生的内在潜能,促进其全面发展。

未来,情智共同体将成为学习组织形式发展的重要方向。在这一框架下,教师作为学习促进者的角色将更加凸显,他们将在情感支持、智慧启迪、学习引导等方面发挥更加重要的作用。同时,随着教育技术的不断进步和教育理念的不断革新,情智共同体将不断完善与发展,为构建更加人性化、智能化、可持续发展的教育体系提供有力支撑。在这一过程中,教师需要不断提升自身的专业素养与情感智慧,以适应教育变革的需求,成为学生学习旅程中的优秀引路人。而学生也将在这一过程中,实现情智并重、全面发展的教育目标,为未来的社会发展贡献自己的力量。

第二节 ‖ 未来教师角色的发展趋势

一、学生心灵的守护者

在未来社会,随着信息技术的迅猛发展,信息传播的速度和广度达到了前所未有的水平。学生作为数字时代的原住民,他们接触外界信息的途径日益丰富,从传统的书籍、报纸、电视,到如今的互联网、社交媒体、短视频平台等,信息的获取变得异常便捷。然而,这种信息爆炸的现象,虽然为学生提供了广阔的知识视野,但同时也带来了诸多挑战。在海量信息的冲击下,学生很容易受到不良信息的影响,产生困惑、焦虑甚至心理创伤。因此,在学生未来的学习旅程中,教师的角色将不再仅仅局限于知识的传授者,更将成为学生心灵的守护者,这是时代赋予教师的新使命。

在信息爆炸的时代背景下,学生面临着前所未有的信息筛选与鉴别的压力。网络上充斥着各种观点、思想和文化,其中不乏虚假、低俗、暴力等不良信息。对于缺乏足够辨别能力的学生来说,这些信息很可能成为他们心灵的"污染源"。他们可能会因为接触到这些信息而感到困惑、迷茫,甚至产生自我认同危机。因此,未来教师需要具备更高的信息素养,不仅要教会学生如何筛选和鉴别信息,更要引导他们形成正确的价值观和世界观,帮助他们抵御不良信息的侵害,呵护他们的心理健康。

与此同时,随着技术的发展以及在教育领域的深度融合应用,教育过程逐渐呈现出技术理性的倾向。在追求效率与效果的同时,学生的情感需求往往被忽视。技术的引入虽然提高了教育的便捷性和互动性,但也可能导致人与人之间真实的情感交流被削弱。在虚拟的网络空间中,学生可能更容易隐藏自己的真实情感,而教师也可能因为忙于处理技术事务而忽略了学生的情感状态。这种情感上的疏离,不仅会影响学生的学习效果,更可能对他们的心理健康造成长远的伤害。因此,未来教师需要更加关注学生的情感需求,成为他们心灵的守护者。这要求教师自身不仅要具备良好的心理健康素养,还要具备扎实的专业知识,更要拥有敏锐的情感洞察力。他们需要通过观察、倾听和沟通,及时发现学生的情感问题,并给予适当的关怀和支持。在情感上,教师需要成为学生的朋友和倾听者,让他们感受到温暖和信任;在心理上,教师需要具备基本的心理咨询技能,能够为学生提供必要的心理疏导和帮助。

此外,未来教师还需要通过创造积极的班级氛围和校园文化,为学生提供良好的心理成长环境,可以通过组织各种形式的班级活动,增进学生之间的友谊和信任。通过开展心理健康教育,提高学生的心理素质和应对压力的能力。同时,教师还需要与家长建立良好的沟通机制,共同关注学生的心理健康,形成家校共育的良好局面。

未来教师角色向学生心灵守护者的转变,不仅体现了教育的人文关怀,更体现了时代赋予教师的神圣使命。在未来的教育实践中,教师需要不断提升自身的信息素养和情感洞察力,关注学生的情感需求,为他们提供全面的心理支持和引导,呵护他们的心理健康,助力他们健康成长,着力将学生培养成为适应未来社会的人。

二、学生学习的支持者

在未来的教育图景中,教师的角色正经历着深刻的转型,从传统的"教的专家"逐渐转变为学生学习的支持者。这一转变不仅是对教育理念的革新,更是对教育实践的重塑。作为学生学习的支持者,未来教师需要从多个层面出发,为学生提供全方位的学习支持,激发他们的学习潜能,培养他们的自主学习能力,以适应快速变化的社会需求。

首先,未来教师需要成为学习资源的整合者。在信息爆炸的时代,学习资源呈现出多元化、碎片化的特点。学生面对海量的信息,往往难以有效筛选和整合。因此,教师需要具有强大的信息筛选和整合能力,为学生筛选出高质量的学习资源,帮助他们构建系统的知识体系。同时,教师还需要引导学生学会利用数字化工具,如在线数据库、电子图书馆、虚拟实验室等,提高学习效率。通过整合和优化学习资源,教师可以为学生提供更加丰富、多元的学习体验,激发他们的学习兴趣和动力。

其次,未来教师需要成为学习方法的指导者。在未来,学习方法比知识本身更为重要。教师需要教授学生有效的学习策略,帮助他们提高学习效率和质量。同时,教师还需要引导学生采用多样化的学习方式,如自主学习、合作学习、项目式学习等,培养他们的自主学习能力和团队协作能力。通过指导学生学习方法,教师可以帮助他们形成终身学习的习惯,为未来的职业发展打下坚实的基础。

再次,未来教师需要成为学习过程的评估者。传统的教育评估往往侧重于结果,即学生的考试成绩。然而,在未来的教育体系中,过程评估将变得更为重要。教师需要关注学生在学习过程中的表现,包括学习态度、学习进度、学习困难等,以便及时调整教学策略,为学生提供个性化的学习支持。同时,教师还需要采用多元化的评估方式,如表现性评价、同伴评价、自我评价等,全面反映学生的学习成果和进步。通过评估学习过程,教师可以更好地了解学生的学习需求,为他们提供更加精准的学习指导。

此外,未来教师还需要成为学习动力的激发者。在学习的过程中,学生的学习动力往往会影响他们的学习效果和持久性。教师需要关注学生的学习兴趣和动机,通过设计有趣的学习任务、挑战性的学习项目等内容,激发他们的学习热情和好奇心。同时,教师还需要为学生提供积极的反馈和鼓励,帮助他们建立自信心和成就感。通过激发学习动力,教师可以帮助学生形成积极的学习态度,提高他们的学习积极性和参与度。

最后,未来教师需要成为学习环境的营造者。良好的学习环境是学生学习的重要保障。教师需要为学生创造一个安全、舒适、充满尊重和鼓励的学习氛围,让他们能够自由地表达自己的想法和观点,与同伴进行积极的交流和合作。同时,教师还需要关注学生的学习环境,如教室的布局、教学设备的配置等,以确保学生能够获得最佳的学习体验。通过营造学习环境,教师可以为学生提供更加优质的学习条件,促进他们的全面发展。

综上所述,作为学生学习的支持者,未来教师需要从学习资源、学习方法、学习过程、学习动力和学习环境等多个层面出发,为学生提供全方位的学习支持。这一角色的转变不仅是对教育理念的革新,更是对未来教育实践的重塑。在未来的教育实践中,教师需要不断提升自身的专业素养和教育能力,以适应快速变化的社会需求,为学生的全面发展贡献自己的力量。

三、人机协同的促进者

随着人工智能技术的蓬勃发展,教师的角色正逐步从传统的知识传授者向人机协同的促进者转型。这不仅是对教师职业素养的新要求,更是对未来教育模式的一种深刻重塑,旨在通过人机协同的方式,促进学生全面发展,培养适应未来社会需求的创新人才。

在智能化的教育环境中,人机协同的促进者这一角色要求教师能够有效整合人工智能技术,通过智能化工具辅助教学,提升教学效果。这意味着教师不仅要熟悉各种智能化教学平台和工具,如智能助教、在线学习管理系统、个性化学习推荐系统等,还需要具备将这些技术无缝融入教学设计、实施与评价全过程的能力。利用智能化教学工具,教师可以设计更加符合学生认知规律和学习需求的教学活动;利用数据分析技术,教师可以精准识别学生的学习状态,为学生提供个性化的学习支持。这种基于数据的教学设计,不仅能够提升教学效果,还能促进学生的自主学习和个性化发展。

作为人机协同的促进者,未来教师需要具备数据驱动决策的能力。在智能化教育环境中,大量学习数据被实时收集与分析,这些数据为教师提供了宝贵的教学反馈。教师可以利用这些数据,识别学生的学习需求、兴趣偏好及潜在困难,从而制定更加精准的教学策略。通过数据分析,教师可以更准确地了解学生的学习状态,及时发现并解决学习中的问题,为学生提供更加个性化的学习路径。这种基于数据的决策方式,不仅提升了教学的针对性和有效性,还促进了学生的全面发展。教师还需要掌握如何有效指导学生与智能系统进行互动,包括如何提问、如何解读智能系统反馈的信息、如何调整学习策略等。

作为人机协同的促进者,未来教师也需要具备与智能系统协作的能力,人机共同完成教学任务,提升教学效果。这种人机互动与协作的能力,不仅要求教师具备扎实的专业知识,还要求教师具备一定的人工智能素养和人际交往能力。通过人机互动与协作,教师可以更好地引导学生利用人工智能技术进行学习,提升学生的智能素养和自主学习能力,同时也有助于培养学生的创新思维和解决问题的能力。同时,教师还需积极探索基于人机协同的新型教学模式,如翻转课堂、项目式学习、混合式学习等。这些新型教学模式不仅有助于激发学生的学习兴趣和主动性,还能提升教学效果,促进学生的全面发展。教师也可以积极参与智能化教学社群的建设,与同行分享经验、交流心得。通过社群合作,教师可以共同推进智能化教育资源的研发与应用,提升整体教学水平,共同推动教育领域的智能化转型与发展。

此外,作为人机协同的促进者,未来教师还需具备强烈的伦理意识。在智能化教育环境中,教师需要确保人工智能技术的使用符合教育伦理规范,尊重学生的隐私与权益。同时,教师还需引导学生形成正确的技术使用观,培养其成为负责任的数字公民。这要求教师在使用人工智能技术时,不仅要关注学生的学习成效,还需关注学生的道德成长和人格发展。通过伦理教育,教师可以帮助学生树立正确的价值观和技术观,促进学生的全面发展,同时也有助于构建健康、和谐的智能化教育生态。

综上所述,作为人机协同的促进者,未来教师在智能化教育生态中将发挥至关重要的作用。通过不断提升自身的技术融合与创新能力、数据驱动决策能力、人机互动与协作能力以及伦理与责任意识,未来教师将能够有效促进人机协同教学的高效实施,为培养适应未来社会需求的创新人才奠定坚实的基础。这一转型不仅是对教师职业素养的新要求,更是对未来教育模式的一种深刻重塑,有助于推动教育领域的智能化转型与发展,为构建更加公平、优质、高效的教育体系贡献力量。

四、创新人才的培育者

在 21 世纪的教育画卷中,随着科技的日新月异和全球化的浪潮涌动,创新已成为驱动社会进步与经济发展的核心引擎。在这一背景下,未来教师将更多地承担起创新人才的培育者的重任。这不仅要求教师在教学理念、方法、内容等方面进行全面革新,更要求教师聚焦于创新人才培养的关键要素,以满足未来社会对创新人才的需求。

作为创新人才的培育者,未来教师需要具备的核心要素包括前瞻性的教育理念、灵活多样的教学策略、创新性的课程内容、支持创新的学习环境以及持续的创新素养提升。首先,前瞻性的教育理念是创新人才培育的基石。教师需要认识到,创新不仅仅是技术层面的革新,更是思维方式和价值观的深刻变革。因此,在教学过程中,教师应注重培养学生的批判性思维、创造性思维和解决问题的能力,鼓励学生勇于尝试、敢于挑战,不断突破自我。同时,教师还需关注学生的情感发展和道德成长,培养他们的社会责任感和团队合作精神,使他们在创新的过程中能够兼顾个人价值和社会价值。

在教学方法上,未来教师需要采用更加灵活多样的教学策略,以适应不同学生的学习需求和创新能力的发展。例如,通过项目化学习、问题化学习、体验式学习等新型学习样态,让学生在实践中发现问题、解决问题,从而培养他们的创新思维和实践能力。此外,教师还可以利用虚拟现实、增强现实等先进技术,为学生提供更加沉浸的学习体验,激发他们的学习兴趣和创造力。这些教学策略的运用,旨在促进学生的全面发展,为他们的未来创新之路奠定坚实的基础。

创新性的课程内容是创新人才培育的重要组成部分。未来教师需要结合时代发展的需要,开发具有前瞻性和创新性的课程内容。这些课程内容可以涵盖新兴科技、社会热点、文化传承等多个领域,旨在拓宽学生的视野,激发他们的创新灵感。同时,教师还需关注课程内容的跨学科整合,通过不同学科之间的交叉融合,培养学生的综合创新能力和跨学科解决问题的能力。

支持创新的学习环境是创新人才培育的重要保障。未来教师需要构建开放、包容、宽松的学习氛围,为学生提供丰富的学习资源和开放的学习平台。通过这些措施,教师可以为学生创造一个有利于创新的学习环境,激发他们的学习动力和创造力。教师也需要关注学生的个性化需求,为他们提供定制化的学习支持和服务,使他们在创新的过程中能够充分发挥自己的优势和特长。

提升自身创新素养是未来教师培育创新人才的根本。教师需要不断掌握最新的教育理念、教学方法和技术手段,以及具备持续学习和自我反思的能力。通过不断提升自身的创新素养,教师可以更好地适应未来教育发展的需要,为学生创新素养的提升提供更加有力的支持和引导。

总体而言,作为创新人才的培育者,教师在未来教育生态中将发挥至关重要的作用。通过聚焦前瞻性的教育理念、灵活多样的教学策略、创新性的课程内容、支持创新的学习环境以及持续的创新素养提升等关键要素,未来教师可以有效地促进学生的全面发展,为他们的未来创新之路奠定坚实的基础。

五、终身学习的践行者

在未来,强调凸显学生主体,并不是在弱化教师地位,无论是师机交互还是生机交互,把握尺度的都是教师。教师必须加强自身建设,不断提升自己,从"被动生存者"转向"自我完善者"。[172]因此,在知识迅猛发展的时代浪潮中,教师应当扮演着终身学习践行者的角色,通过不懈的努力,不断拓宽自己的知识边界,提升教学能力,以适应不断变化的教育环境,并在此过程中积极探索学习方法、革新教育理念。

首先,未来教师应始终保持对知识的渴求和对学习的热情。终身学习不仅是教师个人发展的需求,更是教育事业的必然要求。教师应积极投身于知识的海洋中,汲取最新的学科知识、教学方法和教育理念,不断更新自己的知识体系,拓宽学术视野,提高自己的专业素养。

其次,未来的教师应积极探索新的教学方法和教育理念。随着科技的快速发展和教育模式的变革,传统的教学方法已难以满足学生的需求。因此,教师应关注教育领域的最新动态,学习并掌握先进的教学技术,如数字化教学、在线学习等,以丰富的教学手段,激发学生的学习兴趣和创造力,提高教学效果。同时,教师还应积极探索新的教育理念,如以学生为中心的教学观、创新能力的培养等,引导学生主动思考、积极探索,培养他们的创新精神和实践能力,并关注学生的学习需求和发展特点,采用差异化教学策略,注重培养学生的批判性思维、团队协作能力和解决问题的能力。

此外,未来的教师还应注重与同事的交流和合作。教育是一项集体的事业,需要教师之间的共同努力和协作。因此,教师应积极参与各种学术交流和研究活动,与同行分享教学经验和研究成果,共同探讨教育问题,形成良好的学术氛围。这种合作与交流不仅有助于教师个人的成长和进步,也有助于推动整个教育事业的发展。

在终身学习的道路上,未来的教师还应注重培养自己的教育智慧。教育智慧是教师在长期的教学实践中积累的经验和洞见,是教师对教育的深刻理解和独特见解。因此,教师应不断反思自己的教学实践,总结经验教训,提升自己的教育智慧。同时,教师还应关注学生的个体差异和发展需求,采用差异化的教学策略,注重培养学生的个性和特长,以实现教育的个性化发展。

第三节 ‖ 未来教师新素养

一、心理健康素养

在教育领域迈向21世纪的今天,教师角色的深刻转变不仅体现在教学方法和手段的革新上,更体现在教师自身素养的全面提升上,尤其是心理健康素养的培育。心理健康素养,作为未来教师职业素养的重要构成,不仅关乎教师个人的心理健康与职业幸福感,更在学生心理健康的引导与促进中发挥着不可替代的作用。

在快速变化的社会环境中,学生面临着来自学业、家庭、社交等多方面的压力,这些压力往往导致他们出现焦虑、抑郁等心理问题。而在教育实践中,我们常常发现,教师作为学生成长道路上的重要引导者,其心理健康素养的高低直接影响着对学生心理问题的识别、干预与支持能力。一个具有良好心理健康素养的教师,能够敏锐地察觉到学生的情绪变化和心理需求,从而采取及时有效的措施进行干预。这种能力不仅有助于缓解学生的心理压力,还能促进他们形成积极向上的心态,为未来的学习和生活奠定坚实的心理基础。因此,未来教师的心理健康素养,不仅是保障自身心理健康的需要,更是有效应对学生心理问题、促进学生健康成长的关键。

未来教师的心理健康素养,应包含自我心理调控、学生心理状况动态识别与支持,以及心理健康教育与促进等多方面的能力。

首先,自我心理调控能力是基础。一个能够正确识别并有效调节自己情绪的教师,才能在面对工作中的压力和挑战时保持冷静和理智,为学生树立良好的榜样。这种能力不仅有助于教师个人的心理成长,还能通过言传身教,潜移默化地影响学生,使他们学会自我调节和情绪管理。

其次,动态识别学生的心理状况,并及时提供适切的支持,是未来教师的核心素养。未来教师应具备敏锐的心理洞察力,能够及时发现学生的心理问题,如焦虑、抑郁等,并采取有效的干预措施。这意味着教师不仅要掌握一定的心理学知识,还要具备丰富的实践经验,以便准确判断学生的心理状态,提供个性化的心理支持。这种能力不仅有助于缓解学生的心理压力,还能帮助他们建立积极的心理应对机制,提高心理韧性。

此外,心理健康教育与促进能力也是未来教师心理健康素养不可或缺的一部分。未来教师应将心理健康教育融入日常教学中,通过课程设计、活动组织等方式,向学生传授心理健康知识,培养他们的心理健康意识和自我调节能力。这意味着教师不仅要具备扎实的心理学理论基础,还要具备创新的教学方法和手段,以便激发学生的学习兴趣,提高他们的参与度。同时,教师还应积极推广心理健康教育的理念和方法,与家长、学校和社会各界共同关注学生的心理健康,形成家校共育、社会共治的良好氛围。

总体而言,具有良好心理健康素养的教师能够成为学生心理健康的"守门人",通过日常观察和专业判断,及时发现学生的心理问题,并采取有效的干预措施,防止问题恶化。同时,教师能够利用自身的心理健康知识和技能,为学生提供个性化的心理支持和辅导,帮助他们建立积极的心理应对机制,提高心理韧性。此外,教师的心理健康素养通过言传身教,能在潜移默化中引导学生树立正确的心理健康观念,掌握自我调节与主动求助的能力。这不仅为其终身发展筑牢心理基石,更在培育全面发展的未来人才的过程中发挥着奠基性作用。

【情报链接】教师心理健康行业标准

中国教育部发布的《关于加强中小学生心理健康管理工作的通知》,明确要求各级教育部门和学校将心理健康教育纳入课程体系,并着重强调教师队伍的心理健康素养对学生心理健康的重要性。因此,教师不仅要具备专业知识,还需具备识别学生心理问题的能力,并能提供必要的支持和引导。此外,《上海市中小学教师专业(专项)能力提升计划》也明确指出,教师应成为学生健康成长的指导者和引路人,需具备心理辅导能力,能够将心理健康教育内容渗透到日常教育教学活动中。教育部等十七个部门联合印发的《全面加强和改进新时代学生心理健康工作专项行动计划(2023—2025年)》进一步要求教师注重学习掌握心理学知识,在学科教学中注重维护学生心理健康,实现教书育人的双重目标。同时,《上海市教育委员会关于加强上海学校心理健康教育的意见》以及《教育部办公厅关于加强学生心理健康管理工作的通知》等文件,也强调了心理健康教育在学校教育中的重要性,并为教师提供了明确的指导方向。

在国际上,教师心理健康素养同样受到广泛关注。例如,美国教育部颁布的《每名学生都成功法案》(ESSA)鼓励学校建立心理健康支持体系,并指出教师应接受心理健康教育培训,以更好地识别和解决学生的心理问题。英国政府发布的《教师职业标准》虽然未直接提及心理健康素养,但强调了教师应关注学生的情感需求和心理健康。澳大利亚教育部在《国家教师专业标准》中明确提出,教师应具备促进学生心理健康发展的能力,包括了解心理健康的基本知识和技能,以便在学生需要时提供适当的帮助和支持。加拿大安大略省教育部则在《教师专业成长指南》中强调了教师接受心理健康教育培训的重要性,并要求教师具备识别学生心理困扰及寻求专业帮助的能力。

二、跨学科教学素养

跨学科教育已然成为全球教育改革的发展趋势。通过跨学科教育,把学生培养成为跨学科的思考者和行动者,是21世纪核心素养导向下教育转型的重要目标。《中国学生发展核心素养》中提出的六大核心素养均以跨学科素养的形式存在,不指向具体的学科领域。发展学生的跨学科素养是对学科素养内涵的进一步丰富与延伸,素养导向下的教育改革对教师跨学科教学提出了更高要求。伴随着跨学科教育深入基础教育领域,跨学科教学素养逐渐成为中小学教师胜任跨学科教学实践活动不可或缺的关键素养。诚如有学者所言,"在中国,跨学科教育最稀缺的资源不是金钱,而是有跨学科教育能力的师资"。[173]跨学科教学素养作为新发展阶段教师专业核心素养发展的"新格局""新高度"和"新要求",是教师直面从"知识本位"转向"素养本位"的"课堂革命"挑战[174]的核心支柱,已成为教师胜任现代教学和面向未来教学的迫切需求。未来教师应当不断增强学科整合的意识,在扎实掌握学科基础知识的基础上,不断提高自身的综合能力,这样才能在实践中将不同学科有机整合在一起,为学生提供更优质的综合课程。教师跨学科教学素养是教师素养研究领域的重要分支,已有研究普遍认为教师素养不是一个固化的实体,而是一个动态的要素结构。许多学者对教师跨学科教学素养进行了有益探索。王素认为教师跨学科教学素养是能整合跨学科课程资源开展跨学科教学的能力。[175]胡庆芳等人认为,跨学科能力包括跨学科知识理解能力、跨学科知识关联能力、跨学科开发设计能力和跨学科学习指导能力四个方面。[176]宋歌等人认为STEM教师跨学科素养主要有跨学科意向、跨学科认知、跨学科应用、技术应用能力四个核心维度。[177]刘蝶认为教师跨学科教学能力包含跨学科教学认识能力、跨学科教学实施能力、跨学科教学评价能力、跨学科教学设计能力等维度。[178]朱德全等人认为,教师跨学科素养是教师跨学科教学知识、跨学科教学能力和跨学科教学情意的综合体。[179]而在国外,比恩(Beane)提出了教师跨学科教学素养的三个重要方面,包括关注学生的兴趣和需求、将现实世界与学校学习结合起来、通过跨学科的教学模式进行有意义的学习。[180]同时,维斯乔(Vescio)等人也给出了教师跨学科教学素养的四个维度,包括学科知识、跨学科知识、跨学科连贯性、专业发展。[181]

综合来看,具有跨学科教学素养的未来教师,需要形成在教学实践中整合不同学科知识、开展跨学科教学活动的能力和素质,包括多学科知识储备、跨学科理论和跨学科思维、跨学科教学知识、跨学科融合教学情意、跨学科教学课程和项目设计能力、跨学科教学实施能力、跨学科教学评价反思能力七个方面。他们应当注重学生的主体性,引导学生从多角度解决问题,培养学生的综合素质。同时,他们积极践行终身学习,不断更新教育理念和教学方法,以应对教育变革的挑战。这些教师将成为推动跨学科教育发展的关键力量,为学生的全面发展与创新型人才的培养贡献智慧与力量。

【情报链接】跨学科教学素养的全球观察

2016年,美国出台《STEM2026:STEM教育创新愿景》报告,强调通过跨界实践解决真实问题。2024年5月,美国STEMM(即科学、技术、工程、数学和医学)机会联盟发布《STEMM公平与卓越2050:国家进步与繁荣战略》,指出将投资150亿美元用于传统部落学院等的跨学科研究。加拿大不列颠哥伦比亚省出台教学评价框架,为不同年级和学科的教师提供教学样本,帮助教师明确大概念、学习任务、评价方法等基本内容。在2024年出台的《促进学生成功的政策》中,不列颠哥伦比亚省要求教师遵循"以学生为中心"的原则,开展跨学科主题教学,助力学生探究能力提升和批判性思维培养。芬兰通过基础教育核心课程大纲,引导学生基于现象教学,探索真实现象和主题。芬兰的地方教育部门和学校则根据课程大纲制定地方课程,细化实施目标、内容和方法。2024年召开的芬兰全球教育伙伴关系论坛,倡导运用人工智能等新兴技术创新教学方法,实施气候变化、生物多样性等跨学科主题的挑战性课程,促进学生积极参与社会转型。新加坡2024年也召开了超学科会议,倡导推动新加坡成为多领域跨学科知识的创新中心。新加坡还将跨学科项目纳入高校入学测试,据此评价学生的思维和研究能力。

我国颁布的义务教育课程方案和课程标准(2022年版)明确要求中小学教育注重培养学生的核心素养,打破传统学科的界限,通过项目化学习和跨学科实践,构建以学生为中心的教学新范式。其中明确提出"原则上,各门课程用不少于

10%的课时设计跨学科主题学习",并强调要加强课程内容的整合与优化,鼓励学校以真实问题和实际情境为载体,设计跨学科项目化学习活动,促进学生主动探究、合作交流和实际应用能力的提升。教育部发布的相关政策,如《基础教育课程教学改革深化行动方案》,将开展跨学科学习作为当前课程教学改革深化攻坚的重难点问题之一,并要求学校和教师关注学生创新精神和实践能力的培养,探索新课标下跨学科项目式学习的实践经验。

【案例链接】同济大学附属澄衷中学的教师跨学科教学力提升实践

同济大学附属澄衷中学针对教师对跨学科学习活动在认识上的偏差和不足,确立了提升教师跨学科教学力的主要任务。为此,学校明确了学习目标,并围绕理解力、设计力、实施力、评价力、反思力和表达力六个维度,构建了以评价引领的"A-ESAF"校本学习模式(详见图8-1)。该模式包括明确需求、清晰目标、构建

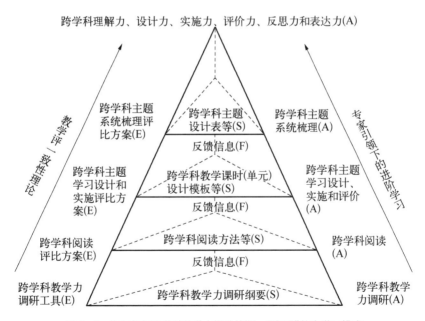

图8-1 指向教师跨学科教学力提升的"A-ESAF"校本学习模式

循环和实现进阶四个部分,通过多个"ESAF"循环,依次设计评价、提供支持、开展活动和进行反馈,逐步进阶地提升教师的跨学科教学力。

学校首先通过调研明确教师需求,然后设计了一系列逐次进阶的学习子项目。在每个子项目中,评价方案引领着研修支持的设计、研修活动的开展和评价反馈的落实。学校通过专家指导、阅读方法指导、跨学科教学课时(单元)设计模板等研修支持,助力教师进行跨学科主题学习设计、教学实践和撰写教学案例。同时,学校还通过专家一对一点评的方式,为教师提供诊断、反馈和激励,促进教师的学习逐步深入。经过一系列的实践,学校取得了显著的成效。教师们的教学方式得到了优化,教科研水平得到了提高,涌现出一批有质量的教学案例和研究成果。

三、人工智能素养

随着21世纪的深入发展,数字化时代已全面到来,教育数字化转型已成为全球教育领域的重要共识。数字素养作为教师适应数字化时代的基本要求,其重要性不言而喻。随着人工智能技术的迅猛进步,教育领域正加速步入智能化新纪元,教师的人工智能素养已跃升为数字素养的高级形态,成为未来教育工作中不可或缺的关键素养。

数字化时代下,教师是落实教育数字化战略行动和建设数字中国的关键力量。教师数字素养是衡量教师专业发展的试金石,是影响教育数字化转型成效的"牛鼻子",[182]其水平直接影响人才培养质量。在国际上,联合国教科文组织、欧盟和美国等相继提出了各自的教师数字素养框架或标准。如联合国教科文组织发布的《教师信息和通信技术能力框架》(ICT-CFT),强调教师数字素养的层次性、发展性和阶段性[183];经欧洲联合研究中心(JRC)研究制定的《欧洲教育工作者的数字胜任力框架》(DigCompEdu),全面诠释了教育工作者的数字胜任力[184];美国国际教育技术协会(ISTE)颁布的"教育工作者数字素养标准"(ISTE-E),则详细定位了教师的角色,强调技术赋能教师专业发展的方向和内容[185]。我国教育部于2022年发布的《教师数字素养》教育行业标准,进一步明确了教师数字素养的内涵与要求[186]。该标准制定的教师数字素养框架包括数字化意识、数字技术知识与技能、数字化应用、数字社会责任、专业发展五个方面,涵盖了教师使用数字技术时所需的知识、能力和态度。

然而,随着人工智能技术的快速发展,教育领域正加速步入智能化新纪元,教师的人工智能素养已跃升为数字素养的高级形态,成为未来教育工作中不可或缺的关键素养。联合国教科文组织发布的《教师人工智能能力框架》[187]为教师在这一新兴领域中的专业素养提出了明确要求。未来教师的人工智能素养,不仅体现在对人工智能技术的理解与掌握上,更体现在将人工智能与教学有效融合的能力、对人工智能伦理的深刻理解,以及持续学习和专业发展的意识上。首先,未来教师需要具备关于人工智能的基础知识,包括定义、工作原理、数据和算法的重要性等。在此基础上,教师应能够选择合适的人工智能工具来支持教学和学习,理解这些工具的潜在优势和局限性,并能够在分析和决策过程中展现"以人为本"的视角和符合伦理规范的行为。这种能力不仅要求教师具备扎实的技术基础,更要求他们具备敏锐的教育洞察力,能够准确判断人工智能技术在教育中的应用场景和价值。

其次,未来教师也要具备将人工智能与教学有效融合的能力。这要求教师能够设计和实施更高级的人工智能集成教学策略,以促进学生的批判性思维和问题解决能力。同时,教师还需要创造新的教学方法,将人工智能作为教学和学习的核心部分,以支持学生的创新和自主学习。这种能力不仅体现在对现有技术的灵活运用上,更体现在对未来教育趋势的敏锐洞察和前瞻性思考上。未来教师需要不断学习和探索新的教学理念和模式,以适应人工智能时代的教育变革。

此外,未来教师的人工智能素养还体现在对人工智能伦理的深刻理解和实践上。教师应理解人工智能伦理的基本问题,包括数据隐私、算法透明度、公平性和可解释性等,并能够在教学中应用伦理原则,指导学生理解和实践人工智能伦理。

这要求教师在使用人工智能技术时,始终保持对学生隐私和数据安全的尊重,确保人工智能工具服务于学生的需求,同时促进学生的全面发展。另外,教师也应能够利用人工智能工具来支持自己的专业发展,包括自我评估和个性化学习路径规划,以及参与协作专业学习社区。通过利用人工智能技术跟踪和分析自己的专业发展过程,教师可以根据数据作出决策,不断提升自己的专业素养。

综上所述,未来教师的人工智能素养不仅要求教师掌握人工智能技术,更要求他们具备将技术与教学有效融合的能力、对人工智能伦理的深刻理解,以及持续学习和专业发展的意识。人工智能素养不仅有助于教师适应人工智能时代的教育变革,更有助于促进学生的全面发展和社会的持续进步。

【情报链接】联合国教科文组织《教师人工智能能力框架》

联合国教科文组织(UNESCO)近期发布的《教师人工智能能力框架》,是在全球人工智能技术迅猛发展的背景下应运而生的。随着AI在教育领域的广泛应用,传统的师生关系正逐步向"教师—AI—学生"的动态关系转变,这对教师的专业素养提出了全新挑战。该框架的发布旨在指导教师如何在教学活动中有效且符合伦理地运用人工智能技术,促进教育系统的与时俱进。其主要内容包括五大核心维度:(1)以人为本的思维。这一维度强调教师在人工智能的设计和使用中应保持人类中心的价值观。教师需要培养对人工智能的批判性思维,理解人工智能对人类社会和环境的潜在影响,并确保在人工智能辅助的决策中保持人类的主导地位。(2)人工智能伦理。教师应理解人工智能伦理的基本问题,如数据隐私、算法透明度、公平性和可解释性等,并能够在教学中应用伦理原则,指导学生理解和实践人工智能伦理。(3)人工智能基础与应用。教师应具备人工智能的基础知识,包括定义、工作原理、数据和算法的重要性等,并能够选择合适的人工智能工具来支持教学和学习,同时理解这些工具的潜在优势和局限性。(4)人工智能教学法。这一维度涉及教师如何将人工智能集成到教学实践中,包括设计和实施高级的人工智能集成教学策略,以促进学生的批判性思维和问题解决能力。

(5)人工智能与专业发展。教师应能够利用人工智能工具来支持自己的专业发展,包括自我评估和个性化学习路径规划,以及参与协作专业学习社区等。可细分为习得、深化和创造三个进阶层次,帮助教师在人工智能时代不断提升自身能力和教学质量。

【案例链接】上海市宝山区陈伯吹实验小学的教师数字素养提升行动

上海市宝山区陈伯吹实验小学积极探索适应未来教育的教师新素养,通过"1+N"智慧研修模式,推动教师专业发展。学校将教师数字素养列为发展目标之一,并制定了不同年龄层次教师需达到的数字素养水平,包括信息技术应用能力、数字教育资源整合能力、数字化教学设计与评价能力、信息安全意识与伦理道德、终身学习能力等方面。

为了提升教师的数字素养,学校采取了多项实践举措。首先,通过日常沟通和梯度迭代式的目标设计,转变教师的理念,使其正确认识数字化转型,并以开放的心态积极应对与接纳。其次,组建数字化转型项目团队,包括同侪研修团队、三个助手项目团队、数字作业实践团队等,明确各团队实践项目与预期目标,并将数字化贡献度列入教师年终考评,给予量化积分。同时,通过设备搭建、技术培训、实时指导等,为教师创造数字化教育教学环境。

表8-1 教师数字素养发展水平

数字素养＼年龄	青年教师(24—40岁)	中年教师(41—50岁)	临退休教师(51—55岁)
信息技术应用能力	能够熟练掌握各种信息技术工具,并将其有效应用于教学实践中	能够掌握一定的信息技术工具,并将其应用于教学实践中	能够掌握基础信息技术工具,并尝试将其应用于教学实践中

续 表

数字素养\年龄	青年教师(24—40岁)	中年教师(41—50岁)	临退休教师(51—55岁)
数字教育资源整合能力	能够对数字教育资源进行筛选、整合和创新,不断丰富教学内容,提升教学效果	能够筛选合适的数字教育资源,尝试创造,并将其应用于教学实践中,提升教学效果	能够将现有的数字教育资源应用于教学实践中,丰富教学内容,提升教学效果
数字化教学设计能力	能够根据学科特点和学生需求,进行数字化教学设计,包括数字化教学内容的选择、数字化教学方法的运用等	能够根据学科特点和学生需求进行适当的数字化教学设计,选择合适的内容与方法,进行教育教学实践	能够在中青年教师的帮助下,进行数字化教学设计,运用合适的方法进行数字化教学
数字化教学评价能力	能够掌握不同的数字化教学评价方法和工具,选择合适的方法和工具,对学生的数字化学习成果进行有效评价和反馈	能够掌握一定的数字化教学评价方法和工具,对学生的数字化学习成果进行有效评价和反馈	能够运用学校提供的数字化教学评价方法和工具,对学生的数字化学习成果进行评价和反馈
信息安全意识与伦理道德	具备较强的信息安全意识,能够合理使用和保护数字教学资源,同时引导学生正确使用网络和学习工具	具备较强的信息安全意识,合理使用数字资源,同时引导学生正确使用网络和学习工具	具备基本的信息安全意识,能够引导学生正确使用网络和学习工具
终身学习能力	能够根据个人发展需要,利用数字技术资源开展持续性学习,同时积极开展数字化教学研究并进行分析、反思与改进	能够根据个人发展需要,积极开展数字化教学实践与研究,形成相关案例	能够根据个人发展需要,开展数字化教学实践与研究

在"1+N"智慧研修模式下,学校构建了跨校区实时联动的智慧研修平台,通过智能终端实现教学、科研、研训的随时发生。智慧同侪课堂是同侪研修模式的重要实践之一,团队教师每周固定一天进行集体备课或同侪上课,课后及时反馈与改进,并进行阶段总结与交流。通过近两年的实践与研究,团队积累了大量课

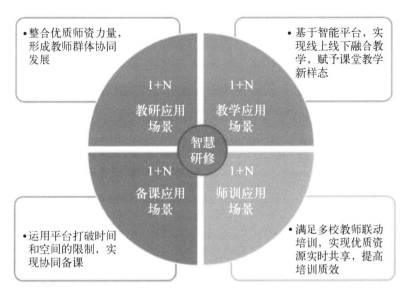

图8-2 "1+N"智慧研修模式

堂实录、教学反思、实践案例等,多位教师在集团期刊上发表论文,并在各级各类征文评比中获奖,实现了从助跑到领跑的发展。

此外,学校还以学科教研组为单位开展常态化同侪教研,探索素养导向的课堂新模式,关注素养导向的教师角色转变,推动教师专业发展。通过数据分析发现深层次的问题,从而更有针对性地进行教学改进,教师从"学生为什么学""怎样学"的角度厘清了"为什么教""教什么"以及"如何教"的关键问题。

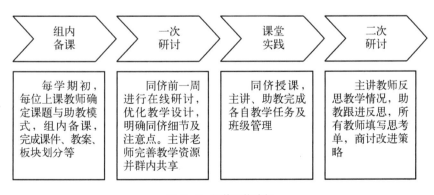

图8-3 同侪研修路径

四、终身学习素养

随着人工智能等技术的飞速发展,知识的更新速度加快,新的教育理念和方法不断涌现,这无疑对教师提出了新的挑战。在这样的背景下,终身学习素养显得尤为重要。它不仅是教师应对知识更迭和技术进步的必然要求,更是引导学生适应未来社会、迎接未知挑战的关键所在。

终身学习素养涵盖了终身学习意识、知识和能力三个层面。终身学习意识源于教师对持续学习价值的深刻理解和认同。在知识爆炸的时代,教师认识到学习是一个永无止境的过程,是自我提升和成长的重要途径。他们不仅追求专业知识的更新,更关注教育理念、教学方法等方面的进步。这种意识将驱使教师不断寻求新的学习机会,积极参与各种学习活动,保持对教育的热情和投入。终身学习知识是终身学习素养的重要组成部分。教师不仅要掌握终身学习和终身教育的基本理论,还要了解各种学习方法和学习资源的获取途径。通过学习,教师将更深入地理解学习过程,明确学习目标和意义,从而更好地指导学生进行学习。同时,教师还需要关注教育前沿动态,了解新技术在教育领域的应用,以便将最新的教育理念和技术融入教学中。终身学习能力包括自我导向的学习能力、信息筛选和处理能力,以及学习成果的反思和评估能力。教师能够根据自己的学习目标和需求,选择适合自己的学习方法,有效地获取和处理信息。在学习过程中,他们能够积极思考和探索,将所学知识与教学实践相结合,提高教学效果。同时,教师还能够对学习成果进行反思和评估,总结经验教训,为今后的学习提供借鉴。

终身学习素养将渗透在教育的各个环节中,使得教师成为学生学习的引导者和伙伴,通过自身的持续学习和探索,激发学生的学习兴趣和动力,培养学生的自主学习能力和创新精神。同时,这些教师也将积极参与教育研究,关注教育前沿动态,不断更新教育理念和教学方法,为教育改革和创新提供有力支持。此外,他们还会注重自我反思和专业发展,通过不断学习和实践,提升自己的专业素养和教育能力,为教育事业的持续发展贡献智慧和力量。

【情报链接】国内外关于教师终身学习素养的要求

新加坡唯一的国家教师教育机构——新加坡南洋理工大学国立教育学院(National Institute of Education, Singapore,简称NIE)自2009年起推出"21世纪教师教育模式"(A Teacher Education Model for the 21st Century,简称TE21)并不断更新迭代,以此引领新加坡教师教育的规划与实施。2023年,《21世纪教师教育模式:面向未来,赋能教师》(TE21: Empowering Teachers for the Future)报告呈现了新加坡教师教育的新愿景:培养具有高学科素养、良好的终身学习能力、元认知能力和社会情感能力,以及强烈价值观的教师。具体而言,新加坡教师需要承担五种角色:人格的塑造者、知识的创造者、学习的促进者、学习环境的筑造者、教育变革的推动者。新加坡构建的"价值观—能力—知识"框架(the Values, Skills and Knowledge Model,简称V3SK Model)也将终身学习观念、批判性思维和元认知能力、反思能力等纳入其中。[188]

2022年5月,芬兰教育与文化部发布《教师教育发展计划2022—2026》,对未来五年教师教育发展工作作出重要部署。该计划提出"培养具有全球竞争力的教师"的愿景,并确定未来教师需要掌握三大核心能力,即基础专业能力、创新发展能力和终身学习能力。[189]其中,终身学习能力包括持续学习和职业规划能力,利用科学研究、评估与反馈不断改进自身和整个工作社群的能力,以及促进合作的管理与领导能力。该计划提出从教师职业兴趣培养、教师专业能力培养、教师教育网络建设和教师终身学习四个方面促进教师核心能力的发展。

我国教育部在关于教师队伍建设的相关政策文件中,多次强调教师应具备终身学习的素养。例如,在《关于全面深化新时代教师队伍建设改革的意见》中,教育部明确提出:"倡导全社会尊师重教,鼓励教师终身学习,弘扬高尚师德,潜心立德树人,提升专业能力,做学生锤炼品格、学习知识、创新思维、奉献祖国的引路人。"这一表述深刻体现了我国对未来教师终身学习素养的高度重视。

【案例链接】上海市实验学校东校的教师发展"插电式"培养模式

上海市实验学校东校以教龄为横、内容为纵,进行了"插电式"教师专业发展培养模式的结构化设计,交织构成见习教师平台、初职教师平台、青年教师平台、骨干教师平台、高端教师平台、干部教师平台共六大平台。每个平台都有相应的培养策略和措施,如"关爱式接电"针对见习教师进行基础培养,"陪伴式接电"为初职教师提供专业成长支持,"跟随式接电"对青年教师进行科研指导与主题研

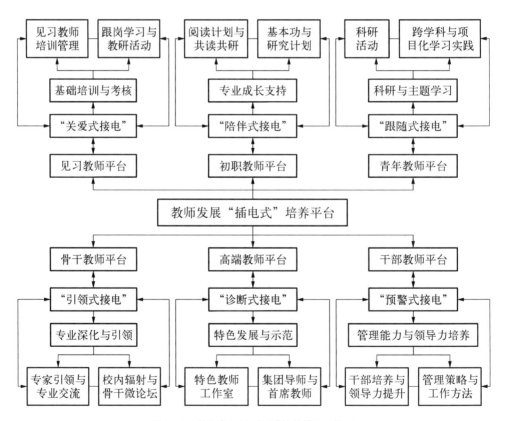

图8-4 教师发展"插电式"培养模式结构图

修,"引领式接电"鼓励骨干教师进行专业深化与校内引领,"诊断式接电"助力高端教师的特色发展与示范,"预警式接电"则注重干部教师的管理与领导力培养。

学校形成了教师多层级培养机制,实现了与教师个体之间的直接对接,以最低成本、最快速度、最佳效能的方式促进教师及教师群体的快速成长。同时,"插电式"培养模式还辐射到了学校的各类科研工作,如项目化学习、跨学科研究的实施与推广,形成了较好的集体效应。

第九章
未来学校新图景

学校应该是一个让学生在离开时,对生命充满好奇和热情的地方。

学校是专门从事教育活动的机构。无论社会发展环境以及教育发展需求如何改变,学校为学生提供教育服务、为社会培养所需人才的基本功能都不会变。自诞生以来,学校已经历了从学校1.0时代到学校3.0时代的变迁,每个时代的学校都为当时社会的人才培养发挥了无可替代的作用。展望未来,学校将通过理念革新、学制突破、治理升级、结构重塑、文化重建实现迭代,向着更加开放、多样、智能、人本的方向进化。在此过程中,一批各具特色的未来学校相继涌现,成为世界各地探索未来理想教育的先锋力量。

第一节 ‖ 学校的进化

早在母系氏族社会,学校就已萌芽。那时的"青年之家"为原始社会的儿童提供自我照料及未来劳动生活的训练,为儿童的未来生存做好准备,同时使他们通晓氏族和部落的历史、风俗及行为规则,成为合格的社会成员。到了奴隶社会,学校正式诞生。纵观学校演化的历程,可将学校的进化史划分为以下三个阶段。

一、学校1.0时代

自学校诞生起,人类就进入了学校1.0时代。原始社会生产力的发展、脑力劳动与体力劳动的分离、奴隶制国家的产生、文字的出现和知识的积累,为学校的诞生提供了物质基础、政治基础和文化基础。统治阶级为了巩固政权,需要将一系列知识和经验传授给后代,从而建立了学校。世界上最早的学校出现于公元前3500年左右的西亚两河流域,苏美尔的"埃杜巴"(即"泥版书屋")为当时的王室和神庙培养书吏或书记员,传授苏美尔的语言、科技与文学。公元前2500年左右,古埃及出现了宫廷学校,用来教育国王后代及朝臣子弟,为国家培养官吏。而在我国,夏商时期出现了最早的学校,即所谓的"庠序之学"。"庠"早在公元前2700年的五帝时期就存在,原本是饲养家畜、存放谷物的地方,后来发展为带有教育作用的养老之所,由具有经验的老人照料和教育儿童,到了奴隶社会则正式成为学校。"序"是习射的地方,起源于军事训练的需要。教育的对象主要是贵族子弟,学习内容以文武、礼仪和乐舞为主,教师大多由政府官员、乐师或者巫师担任,目的同样是为统治阶级培养合格人才。到西周时期,学校逐渐形成了比较完备的教育制度,建立了"政教合一"的官学体系,在人员、内容、形式上都有严格的规定,学校成为相对独立的组织机构,代表官方组织开展各种形式的教育活动。[190]春秋战国时期,"学在官府"的局面被打破,私学开始出现,使学校教育从政治活动和政府机关中分离出来,并使教书育人成为一种谋生的职业。除孔子之外,还有老子、墨子等人创办的私学,涌现出"九流十家"等诸多学派。[191]

进入封建社会,西方中世纪的学校分化为宗教教育学校和世俗教育学校两类。提供宗教教育的学校包括初等教义学校、教理学校和教会学校,办学目的是传播宗教教义,培养神职人员和虔诚的教徒。提供世俗教育的学校包括宫廷学校、文士学校、城市学校和中世纪大学,办学目的是培养官吏、文士,以及使新兴市民阶层初步掌握读写算知识,满足城市生产交换和社会生活的需要。在我国,除了官学之外,私塾和书院也逐渐发展。私塾由地方士绅或家庭宗族设立与管理,是儿童接受教育的主要途径,教授内容包括儒家经典、诗词、书法、算术等。书院是比私塾规模更大的学校,通常由知名学者或僧侣创办,教授内容包括儒家思想、道德教育、文学历史等。无论是官学、私塾还是书院,此时的学校都以传承儒家思想为核心,以培养和选拔合格官员、维护社会秩序稳定为主要目的。

二、学校2.0时代

自人类开启工业化和城市化进程,工业社会的生产方式改变了家庭组织结构,家庭的生产和教育功能被强制性地外移和社会化。知识的爆炸式增长使其分化出不同的专业,全才型的高级知识分子也分化为不同领域的专家。工业化大规模生产对劳动者技能提出了一定的要求,培养大量具有特定劳动技能的劳动者成为迫切的需要。

与大规模生产相适应的大规模教育模式出现,制度化教育得以成形,从而形成了包含基础教育到高等教育的多种层级结构、涵盖普通学术性学习及职业技术训练的多种类型机构的学校体系。1851年,第一部强制就学法在美国马萨诸塞州通过,公立学校登上并长期占据教育历史舞台。人类从此进入学校2.0时代,即"现代学校阶段"。[192] 制度化的学校体系,以及有计划、有组织地开展系统性教育成为这一时期学校的显著特征。

2.0时代的学校强调通过规模扩张追求最大效益,所有学生按年龄进行分班、使用统一的教材、采用规范的教学流程、定期开展考试,达到标准的学生升入更高年级。这个时期的学校以培养能够胜任工厂工作的下一代为办学目标,忽视学生的个性需求,将学生整齐划一地培养成社会流水线上所需的产业工人和管理职员。正如科学管理创始人泰勒所指出的那样,"不需要工人有什么头脑,只要求他们听话,把制定的工作尽快地干好。"[193]这种标准化和统一化的办学体系具有集约化的组织优势和高效的运行模式,使学校成为"教育工厂",为工业社会的发展输送了重要的人力资源。

三、学校3.0时代

当人类社会进入信息时代,现代学校逐渐丧失原有的组织优势,并暴露出明显的弊端。随着知识的增长达到"核聚变"的数量级,借助计算机、互联网、大数据和云计算等技术来代替人脑大部分负载,成为新的时代特征。学校1.0时代和学校2.0时代的知识垄断和分界也被打破,依靠信息不对称来生存和发展的时代已经成为过去,学校的概念越发模糊化。个性和创新成为时代标志,那些适用于工业时代的班级授课、学业制度和管理方式对于"标准化"具有极致的追求,用统一的标准来教育不同的人,使得培养出来的学生缺乏个性,无法满足时代发展对人才的需求。当前我们所处的时代已非强调以同样方式生产同样产品的标准驱动的工业时代,大部分的社会价值是由创新和联结带来的,简单重复的生产方式正在加速衰落,现行教育体系无法满足个性化、多样化的人才培养需求,学校教育亟须进行一场结构性变革。[194]

纵观学校演进的历史,可以发现,不同时代的学校均以培养适应时代需求的人才为目标,以当时的社会生产力变革为学校办学的动力和基础。当前,第四次工业革命正在推动人类社会由信息化时代转向智能化时代。当人工智能让简单知识生产由机器来完成,把人类从脑力劳动中解放出来时,就是以传承知识为核心的学校2.0颠覆之时。[83]15 面向未来,学校3.0的核心任务是从适应工业化时代的规模划一的教育向按个人需求和偏好定制的个性化教育转变,为每个学生提供合适的教育,为智能时代的发展培养创新型人才。而随着智能技术的发展及其在教育领域的应用,互联网、大数据、人工智能技术将使学校教育从"批量生产"走向"私人定制"成为可能,智能化、精准化、个性化的理想教育将成为现实。

自2013年中国未来学校创新计划启动、中国未来学校联盟成立以来,我国开始掀起了未来学校建设与研究的热潮。2017年,教育部学校规划建设发展中心启动"未来学校研究与实验计划";2018年,《中国未来学校2.0:概念框架》发布;2020年,全国未来学校研究共同体成立,《CFS未来学校发展模型》《中国未来学校创新计划3.0》发布。

与此同时,实践领域对未来学校建设的探索也在如火如荼地进行。上海市未来学习研究与发展中心提出未来学校3.0建设构想,并于2024年探索成立"未来学校概念验证基地校",紧抓当前数字化转型发展机遇,创新发展模式,构建面向未来、重塑学校教育体系的新型学校。在上述规划中,未来学校将是虚实结合的学校复合体。虚拟学校是全区共建、共享、共治的教育平台,是社会的基础设施。它像空气一样可免费使用,实行基本教育资源的免费供给。师生不管在哪里,都可以获得虚拟学校的智能服务。实体学校与虚拟学校相融,满足不同校情的体验和实践需求。虚拟学校成为区域教育系统的大脑,具有资源提供者、学习引导者、管理服务者的功能,大部分的讲授内容由虚拟学校承担。实体学校与虚拟学校配合,主要是组织学生进行深度学习,开展实践、体验、创造、合作、沟通交流等。虚拟学校是基于网络、全天候的,实体学校则根据学生需要,可以预约使用。实体学校可以是具体的学校,也可以是其他学习或实践体验空间,学生根据各自的需要在多样的空间以多样的方式学习,即所有的实体空间都可以学习。未来学校提供知识的获得、储存、编辑、表现、传授、创造等最优化的智慧学习环境,将提高人们的创造性和问题解决综合能力。

未来学校3.0的核心理念可以概括为"IMNIVA",更加形象的称呼为"易妈利

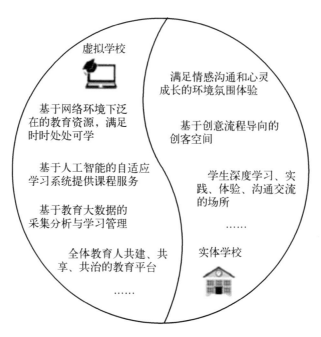

图9-1 3.0时代"虚实结合"的学校形态

娃"。具体而言：一是注重创新。学校样态的创新是为了更好地培养学生的创新素养，通过构建新的学习空间、新的认知场景、新的交互图景、新的心理氛围和新的评价模式，为创新人才的培养提供良好的土壤。二是传递智慧。学校不仅仅是让学生获得知识，更注重的是让学生掌握获取知识的方法，即传递知识、更传承智慧。通过优化学习方式和实践路径，让高效的学习资源和智慧分享无处不在、随时发生，既有心灵陪伴的温度，又渗透育人哲学。三是回归"野性"。学校注重与学生的天性合作，呵护好奇心、尊重好玩心、善用好胜心，让学生全面而有个性地发展，培育具有"野性"的人，让学生更有归属感、幸福感、获得感。四是开拓视野。学校注重培养面向未来、具有国际视野的卓越人才，使学生具备应对复杂未来社会的关键能力、必备品格和正确价值观，打开校园"围墙"，增进国内外学生的跨文化交流。第五，技术向善。用先进技术读懂教与学，催生教育流程再造和范式重构。用数据、算法以及嵌入先进技术的教育装备，带动传统教室里黑板、讲台、课桌椅等各种要素改变,构建基于互联网的个性化教育新模式。从用经验说话转向用数据说话,增强对教学行为进行分析、诊断和干预的洞察力,用技术加快概念建构、丰富教育资源、增强刺激、增进反馈,让师生具备计算思维和关键技术能力。最终实现"知人善教、求真向善、有教无类、护长容短"的办学目标。

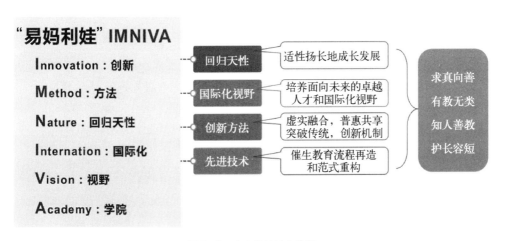

图9-2 未来学校核心价值

上述研究与实践行动,正推动未来学校加快演进迭代。纵观国内外未来学校的理论与实践进展,立足当前大变局时代的发展需求与发展趋势,我们认为,未来学校将秉承为个性化学习服务的办学理念,推动学制由"教本"向"学本"转变,实施数据驱动的智能治理,发展虚拟与现实融合的组织结构,并重建和谐共生、成己成人的学校文化。

第二节 ‖ 未来学校发展趋势

之前所提及的学习样态、课堂结构、课程形态、学习环境、评价模式及教师素养的发展变化,都将促进学校系统的加速迭代。未来学校将通过理念革新、学制突破、治理升级、结构重塑、文化重建,向着更加开放、多样、智能、人本的方向进化,以满足未来社会发展需求和人才培养的目标。

一、理念革新:为个性化学习服务

未来学校将贯彻"以学生为中心"的办学理念,立足于培养未来社会所需人才的办学目标,创造更适合学生未来发展的教育,以"为个性化学习服务"作为学校发展的主要逻辑。为更好地服务于去标准化、个性化、定制化的未来主流学习方式,未来学校将在以下多个方面进行颠覆式创新。

一是为个性化学习提供灵活多样的课程体系。未来学校将打破统一课程的规定,倡导课程体系的灵活性与多样化,不再追求"学得更多",而是"学得更多样";不再追求一个人学习一百门课程,也不再要求一百人学习一门课程,而是让一百人学习一百门课程;社会不追求全才,而是让每个人自由发展、让社会协同解决问题。[84]为此,未来学校教育制度将被革新,学校可以借助大数据分析,根据每个学生的知识结构、能力结构、思维倾向等,设计智慧化、差异化、匹配化的定制性课程;[195]而每位学生除了完成国家规定的基本课程外,可以定制自己的课程与学习计划。在将来,每个人的课程表和作业都是不同的,"因需而学,适需定学"将成为现实。

二是为个性化学习设置富有弹性的教学组织形式。未来学校将打破固定场所、固定班级、固定课时的限制,采用富有弹性的教学组织形式。例如,可以根据学生的能力与优势进行跨级、混龄分班;可以在灵活、智慧、可重组的学习空间中开展小组学习或项目式学习;可以根据项目或大单元学习需要设置长短课;可以在泛在融通、虚实结合的学习环境中,开展线上线下融合教学或自适应的自主学习;等等。

三是为个性化学习应用自适应学习与管理系统。未来学校将广泛应用自适应学习和管理系统,创造性地重组学习内容和教育应用程序,通过复杂的学习分析、自适应学习和动态社会交往,从单纯的学习管理走向对深度学习行为的引导。[196]基于学生及学习过程的分析,为学生提供符合社会及个人发展需求的最优学习资源,借助智能技术的精准指导和适需服务,让每一位学生都能学会学习、喜欢学习。

四是为个性化学习重塑学历和文凭体系。在未来,学习将是个体终身需求,而不再是特定阶段的学校历程。针对不同个体的差异性、不同家庭的价值观与教育选择,将会出现多种类型、多种层次、满足多样化学习需求的学校、教育服务供应商,甚至是新型学习中心。不同学习机构所开设的课程将具有不同的特色和含金量,学生可以选择在不同学校或其他类型的学习机构学习不同的课程,来自不同学校的最优秀的课程的组合将使一个人变得更卓越和更优秀。[197]到那时,人类将真正进入"后文凭时代"。与上述定制化的学习方式相匹配的将是全新的学历和文凭体系,记录学生学习经历与收获的"课程证书"或者"数字档案"将取代现有的文凭,成为学生学业成就的证明,以及彰显多样化人才特色与优势的有效载体。

二、学制突破:从"固定"走向"灵活"

未来学校将采用更加灵活的学制、设计更具弹性的教育周期,从而满足人们个性化、多样化的学习需求。所谓学制,指的是一个国家或地区的学校教育体系,是对各级各类教育机构的设置、入学条件、修业年限以及它们之间如何衔接所做的规定。学制明确了基础教育、职业教育、高等教育等各个阶段各级各类学校的课程设置、教学内容与方法、考试评价体系等内容。学制应随着人口结构、经济发展、国际形势等因素的变化进行调整,确保学校教育与社会人才培养需求相符。

改革学制,实际上已成为教育发展迫在眉睫的任务。一方面,现有的学制基本上是工业社会的工厂流水线思维在教育领域的体现,以标准化和同质化为追求,规定同样年龄的学生在固定时间及场所由固定的教师教授固定的内容。然而针对同样的内容,不同学生所需的学习时间并不相同,强迫不同的学生进行相同规格的学习不但摧残人性,而且浪费资源。另一方面,针对创新人才,现有的分段式学制导致中学阶段和大学阶段的创新人才培养需求不一致、培养主体不协同、培养体系不衔接。尤其是像人工智能这类人才缺口大、岗位需求多的专业,由于大中小学阶段人工智能教育的脱节,目前高校中该专业的培养能力远不能满足现实需求。综上所述,如何克服现有学制统一化、分段式所带来的弊端,成为未来学校系统性变革必须面对的问题。

因此,未来学校的学制突破将带来由"教本"向"学本"的转变,从而适应不同学生成长的需求。未来学校的课程集群将以学生的生活问题为中心,围绕学生的生活与生命展开,旨在让学生涵养生命、增长智慧、生发道德、提升审美和形成个性。而且,以生活问题为中心的课程将嵌入智能技术,实现相关学科的深度整合,增强各学科知识的相互渗透,形成融合性课程体系。[195]这将突破传统学制中固定的教学内容,将其拓展至生活中无穷无尽的学习资源。因此,未来学校需采取灵活弹性的学制,帮助学生在无边界学习过程中建构自己的知识体系,满足个体生活工作以及生命成长的差异化需求。

上述趋势的具体表现之一,便是分段式学制向贯通式学制的转变,以适应创新型人才培养的要求。党的二十大报告明确指出,要"着力造就拔尖创新人才,聚天下英才而用之"。国务院印发的《全民科学素质行动规划纲要(2021—2035年)》提出实施科技创新后备人才计划,探索从基础教育到高等教育的科技创新后备人才贯通式培养,完善拔尖创新人才培养体系。贯通式培养相比于传统的分段式培养,更能够让具有创新能力和学术潜力的拔尖创新人才尽早脱颖而出,并通过连贯式、长周期的培养夯实学生知识与技能的积累,为后续科技创新累积优势效应。[198]当前与创新型人才贯通式培养有关的学制改革实践包括:针对少数智力超常儿童的小初高贯通式培养、立足具有理科特长初中生的初高中衔接式培养、指向学有余力高中生的多方协同式培养(科教融合模式及大中学协同模式)。[199]未来这类学制改革的实践与理论将不断丰富,围绕"培养创新学习品格"

的创新型人才培养核心,[200]完善一体化的人才培养机制。

三、治理升级：数据驱动的智能治理

未来学校将深化数据驱动的智能治理。在新一代智能信息技术的支持下,学校治理主体将从"条块分割"走向"协同共治",治理过程将从"经验主导"走向"数据赋能",服务理念将从"管理本位"走向"以人为本"。

近年来,以数据为核心的新兴信息技术在教育领域得到应用,并展现出重塑未来学校治理的巨大潜力。例如,大数据可以为学校提供更精确的教育决策支持,帮助学校再造业务流程,优化资源分配;人工智能可以通过机器学习、自然语言处理、智能决策等方式,为学校的各个管理环节提供智能化的解决方案;物联网将各种智能设备、传感器和网络连接起来,实现设备之间的数据交互和智能控制,可在校园安全、学校资产管理、学习环境监测等方面提升管理效率;云计算可以为学校提供灵活、可扩展的计算和存储资源,提升学校资源共享与管理的便捷性,同时降低学校的IT成本;区块链作为一种去中心化的分布式账本技术,可以保证教育数据的安全性和可信性。总的来看,这些技术都将数据作为核心,强调通过数据的收集、分析和利用来推动决策制定和业务发展。在它们的支持下,未来数据驱动的学校治理将呈现出以下图景：

一是治理主体协同化。大数据是"改变市场、组织机构,以及政府与公民关系的方法",[201]能使传统松散的各种教育关系彼此之间产生紧密联系。[202]未来,政府、学校、家庭、企业、科研机构等治理主体的关系将被重塑,多元主体借助大数据的精准分析,结合自身优势找准定位,进而科学、合理、适宜地参与学校相关事务,并通过线上线下实时互动的沟通与协作,实现科学精准的协同治理。

二是组织结构网络化。数据驱动的决策机制以创新、开放、共享等内在价值为追求,必然会衍生建立扁平化决策结构的外在诉求,因此传统学校组织的科层制壁垒将被打破。[203]以数据为驱动因素的管理模式将使不同部门之间实现无缝化、高效率的协作,克服原来条块分割、松散被动的结构弊端,促使学校治理结构向扁平化、网络化转变,进而降低管理成本,提升管理效率。

三是治理过程科学化。数据驱动的学校治理的科学性首先体现在,能够以近似"全样本"的数据基础来克服基于有限个案的决策的局限,照顾到不同地区、不同层面、不同群体的差异及需求,从而丰富决策视角,使决策结果更符合实际。其次,通过对数据的深入分析和挖掘,学校可以发现隐藏在数据背后的规律和趋势,为教育决策提供客观依据,从而提升管理的精准性。

四是监测预警智能化。未来的智慧校园将实现环境全面感知、网络泛在联通、数据实时分析,实现全天候、全时段、全方位的动态监测。通过对海量微数据和微事件进行有序关联,能够预测教育问题与危机的发生概率,[204]为学校管理者提供智能预警。通过对热点资讯的追踪与分析,能够以客观权威的事实和数据还原教育危机事件的真相,及时消除不良影响,提升学校在乌卡(VUCA)时代的应急管理能力。

五是校园服务人本化。具体而言,(1)更加人性化,实现减负增效。例如,智能化教学管理系统能够实现管理流程的自动化和智能化,减轻教师工作负担,提升其工作效率与质量。(2)更加个性化,充分尊重差异。例如,基于对学生兴趣爱好、学习风格、体质状况等特征的分析,学校可以更好地了解每位学生的需求和偏好,为其量身定制、智能推送学习与生活建议,为每一位学生提供有针对性的适需服务。(3)更加民主化,做到富有温度。例如,动态收集师生家长的反馈数据,了解管理服务的不足并予以改进。

四、结构重塑:虚拟与现实融合

未来学校是一种虚实结合的复合体。虚拟学校与实体学校将重构确定性的学校教育时空,发挥各自优势,承担不同的育人功能,为学习者提供虚实相融的教育生态场域。

在未来,虚拟学校将成为社会教育系统的大脑,担当资源提供者、智能反馈者以及管理服务者的角色。具体而言：

一是提供教育资源，支持泛在学习。未来的虚拟学校将是一个全体民众共建、共享、共治的教育平台，成为社会的基础设施，基本教育资源将免费供给，像空气一样可免费使用，[84]从而为学习者带来灵活的、"游牧式"的学习体验。[158]因此，虚实交融的泛在学习将成为未来学校的常态，学习将从有限的教学时空转向无边界的知识建构。

二是提供智能反馈，赋能混合学习。由于虚拟学校汇集了全社会的优质教育资源，因此大部分讲授内容将由虚拟学校承担，以往单纯的班级讲授学习方式将逐渐被线上线下混合式学习所取代。学生泛在自主学习产生的数据会通过虚拟学校的学习管理平台反馈给教师，教师据此调整教学方案与策略，设计实体学校的线下学习活动与任务。

三是提供管理引导，服务终身学习。在虚拟学校的支持下，学生跨校、无校学习成为常态，当学校的物理地点模糊、空间概念淡化、组织归属消失之时，虚拟学校提供的泛在的线上服务将取代传统的学校管理机构，为学习者提供终身学习过程的管理与服务。未来人们不管在哪里、处在哪个学习阶段、学什么，都可以获得虚拟学校的智能服务。

在未来，实体学校的业务重点将发生改变，它们将与虚拟学校相配合，成为具有以下功能的实体场所：

一是成为学生的体验空间和实践场地。未来的实体学校可以是具体的学校，也可以是其他学习空间或实践体验空间，整个世界都将变成潜在的教室、图书馆或实验室。学生根据需要，通过预约进行使用，采用多样的方式进行学习，跨越时空进行社会实践、实地考察，获得专业的学习体验。

二是成为获取教师帮助的辅导中心。在未来的实体学校中，教师的教学工作与虚拟学校的学习系统紧密配合，会依据线上的学情数据以及针对学习过程的智能分析，帮助学生找到问题所在，并在线下空间解决个别化的学习问题，为有需要的学生提供针对性的辅导。

三是成为学生探究创造的创客空间。未来学校的教室将成为基于创意流程导向的创客空间，支持学生基于创造的学习。学生可在未来教室里进行跨学科活动、基于设计的学习、项目式学习，采用自主或合作的方式探究问题、解决问题、创造产品。据此，实现认知、行动、思考和创造的统一，从而生发有意义的学习经历，培养适应充满不确定性的未来、面对未来挑战的能力。

四是成为学生社会交往的生活空间。在倡导个性化学习的未来，仍然需要实体学校来承担培养学生社会情感能力的功能。《2050年教育宣言：学会融入世界》指出，未来我们仍然需要培养集体的性格和乐于助人、善解人意的人际关系及超越人际的关系。未来实体学校将是学生社会交往的生活空间，学生可以在跨越空间的全新学习环境中，与不同文化背景的人相互交流，加深对个体成长以及社会问题的理解。

五是成为学生涵养生命的心灵栖所。在未来，学生到实体学校学习不是为了记忆知识，而是为了增长智慧、获得成长。未来学校不再以学业成绩和升学率作为首要追求，取而代之的是对学生身心健康、兴趣爱好、自尊自信、社交技能、批判思维、公民意识等的关注。学校将成为学习者们生命相遇、心灵相约的圣地，人们可以在未来学校里认识自我、悦纳自我，进而安顿生命、温暖生命、超拔生命价值。[205]

在未来，虚拟与现实融合的学校将使全社会成为育人共同体。未来学校作为"云教育+实践场"，通过对学习空间、组织架构、资源供给、学习方式的变革，提供符合社会发展及个人成长需求的教育服务。在此过程中，无论是线上教育资源供给，还是线下实践场域供给，都需要全社会各行各业的协作。届时，学校与基层社会的关系将被重构，学校将超越"简化的小社会"，社会将成为"真正的大学校"。全社会将成为育人共同体，"融合育人"将从理想变成现实。

五、文化重建：和谐共生，成己成人

未来学校文化将被重建，不仅体现出回归教育本质的"共性"，而且体现出文化创生的"个性";不仅会重建学校内部的人际关系与人机关系,而且将重建未来社会文化。

未来学校文化的共性,一方面体现在对教育本质的回归以及对教育使命的坚守。杜威认为"教育即促进人生命的生长",[206]叶澜强调"教育的根本在于提升人的生命质量",[207]这些都是学校永恒不变的职责所在。未来"传道授业解惑"的任务将逐步交由机器完成,而教师则可以回归"育人育心"的"人类灵魂工程师"角色,通过精神感召、文化传递及心灵对话,唤醒人的生命意识、启迪人的精神世界、构建人的生活方式、实现人的生命价值。[86]另一方面则体现在学校特有的文化品质上。陈如平指出,新样态学校要突出"有人性、有温度、有故事、有美感"的"四有"特征。[208]这是学校不同于其他类型的组织所特有的文化品质。

而未来学校文化的个性,则体现在其创生与不确定性上。由于学校文化是基于每一所学校内在的文化基因,结合学校自身的优势条件,在力所能及的范围内突出学校的优点而打造出来的,因此具有独特性。这种独特性具体体现为"学校要有学校的样""一所学校一个样"以及"校校都要有自己的样"三个层面。[209]因此,将推动形成"校校有魂魄、校校有特点、校校有追求"的宛若丛林生态般的学校发展格局,使每所学校都能获得"有品性、有品质、有品牌、有品位"的发展。[208]

未来学校文化的重建,将推动学校内部人际关系与人机关系的重建。人际关系方面,推动未来学校成为师生"成己成人的教学共同体"。"学"成为个体自我生命完善,获得内在生命的欢愉、充实和圆满的活动,"教"成为个体以自我生命的愉悦与觉悟去激励、引导及成就他人,从而实现人我生命融通的活动,学校成为师生"成己成人"的场所,技术赋能的泛在学习则使师生获得更多"共学互教"的机会。[210][211]人机关系方面,有学者指出,"未来学校=AI×教育",人工智能的替代、协同、补充、创造和迭代等作用,将催生"人机一体"的学校新形态。[212]人与智能体将在学与教的过程中交互共生,人类智能与机器智能将相互促进甚至协同融合,从而提升教育整体智能。更进一步地,人与智能体在未来可能走向"机器入身"的深度融合,在创造"超级身体"神话的同时,也在一定程度上导致了身体畸态和身心失衡的伦理困境,为未来学校文化的建设带来新的挑战。

未来学校文化的重建,还将推动未来社会文化的重建。一方面,学校内部人际关系的重塑,将带动社会中人际关系的重塑。上海师范大学校长袁雯提出,基础教育系统中的主体应发展"尊重、共享、合作"的关系;学校应成为"更加开放、更加包容、相互尊重、知识共享、持续反馈、鼓励尝试和创新、建立终身学习文化"的"学习型学校";扩展至整个社会,人与人之间应发展相互促进的、具有发展性和成长性的"学习型关系"。[53]另一方面,学校内部人机关系的发展,将促进智能社会的发展。具体而言,一是当智能机器以教与学的方式促进人的经验发展时,人也会将自身的积极经验给予智能机器,使其向着"良善"的方向发展。二是未来学校会通过培养健全的个人来推动智能机器的进化和智能社会的进步,使人的发展、智能体的发展、社会的发展统一于学校教育活动当中。[211]

第三节 ‖ 未来学校的实践样态

面向未来人才培养需求及未来教育改革目标,世界各地的未来学校正在蓬勃发展。尽管在未来学校创新的方向上呈现出共同的发展趋势,但是创新的实践则呈现出多样化的特征,由此形成丰富多彩的未来学校新样态,并为指导全球向教育4.0过渡提供鼓舞人心的范例。[213]必须承认,由于教育改革的系统性以及实践的复杂性,我们难以通过简单的分类依据对现实中的未来学校新样态进行"定类"。但为了给广大教育改革的参与者提供行动思路,我们仍尝试对当前已经建成或发展中的未来学校进行类型学分析。

总的来讲,从办学场域以校内还是校外为主、学习形式以线上还是线下为主,以及课程体系以国家还是地方的标准为主这三个维度,同时结合学校的实际与特色,可以将国内外的未来学校新样态划分为以下几种类型。需要注意的是,想要避免不同类型的未来学校在特征上的交叉几乎是不可能的,例如,"智慧学校"可能同时体现了"新课程"与"新空间"的特征。因此,本书给出的类型划分主要是为了突出未来学校的某类创新特性,借此指明未来学校设计与建设的可行方向,对于学校的具体特色,需在类型划分的基础上结合实际进行具体分析。

样态一:颠覆传统教学的"新学习"学校

近年来,各类"新学习"学校在世界各地"开花结果",为克服传统教育模式存在的弊端、培养未来社会所需人才提供了生动的实践样例。这类学校的办学场域和学习形式与传统学校相似,即以校内和线下为主,但在教学模式上区别于传统学校。所谓"新学习"学校,是指那些不以传统的"教师讲,学生听"的讲授式教学为主要教学模式,并采取全新的教与学模式的学校。这些学校的办学起点常常是创始人对学习本质的独到认识,包括"何为学习""如何有效地学习"等等。基于独特的办学理念,"新学习"学校创新了课程体系和学习方法,进而形成更符合学习科学原理、更加创新有效的学习模式。这些学习模式逐渐成为学校办学的"名片",并为全球学校迈向教育4.0时代提供了多样化的解决方案。世界各地的有关研究证明,"新学习"学校在提升教育质量、培养创新人才、增强学校活力等方面,展现出了相对于传统学校而言的巨大优势。High Tech High、探月学校、Expeditionary Learning School 以及 Quest to Learn 均是此类学校的代表。

【案例链接】美国科技高中

High Tech High(HTH)是一所位于美国加州的特许学校,以项目式学习而闻名于世。它打破了传统的按学科分类的教学模式,围绕公平(equity)、个性化(personalization)、真实工作(authentic work)和协作设计(collaborative design)四个核心设计原则,采用灵活和跨学科的方式来构建课程体系。[214]在此基础上,HTH完全采用项目式学习的方式,强调通过实践和项目来学习,鼓励学生主动参与、探索和创新,从而培养他们的批判性思维、解决问题的能力以及团队合作精神。为了支持项目式学习,HTH的校园设计与传统学校截然不同,更像是工厂车间、创业公司、博物馆或美术馆,整个空间被用来展示学生们的作品。学校没有教科书、没有上下课铃声、没有考试,学生们每天都忙于自主选择的特定项目,为了一年一度的大型展览废寝忘食。[215]这种强调创新、互动和实践的学习模式,使HTH学生的创造力、批判性思维和解决问题的能力得到有效培养,使他们能够更好地适应未来社会的需求。

【案例链接】北京市探月学校

位于我国北京市的探月学校同样是以项目式学习模式为特色的创新学校。该校将培养"内心丰盈的个体、积极行动的公民"作为办学目标,以此开发了包括跨领域核心能力(core competencies)、领域知识与能力(content knowledge & practice)以及思维习惯(habits of mind)三个层次的素养模型,并在此基础上创新了国家与国际课程相融合的课程体系。在该体系下,探月学校实行项目式学习,让学生通过主动学习、探索与实践,在解决问题的过程中获取知识。学校鼓励学生参与跨学科项目,如"登舱项目"和"顶点项目",这些项目让学生探讨各种社会议题,提升全面思考、综合创新和解决问题的能力。与项目式学习相对应的是,学校全面实践表现性评价,通过学生的项目作品和成果展示,全面评估学生的学习成果。这种评价方式不仅考查学生的学科知识,还考查批判性思维、沟通能力等"软实力"。[216][217]

【案例链接】欧美国家的探险式学习学校

Expeditionary Learning School(ELS)可译为"探险式学习学校""自然探索学习学校""远征学习学校"或"野趣学习学校",是一种践行德国教育家、拓展训练(Outward Bound)创始人库尔特·哈恩(Kurt Hahn)的教育理念的学校。[218]探险式学习提倡"学习是对未知的探险",通过真实世界的体验和项目式学习来促进学生成长。因此,ELS 的学习基于有目的的、严格的"学习探索"(learning expeditions)来展开,学生和老师通过涉及智力探究、物理探索和社区服务的富有挑战性的项目,对某个主题或问题进行深入探索。这种探索需要学生走出校舍,到大自然中开展科学研究,到企业进行采访,或执行一系列实地考察任务。[219] ELS 办学遵循探险式学习的十项设计原则,包括:自我发现、惊奇与创意、学习的责任、同理与关怀、成功与失败、合作与竞争、多元包容、贴近大自然、独处与反思、服务与仁慈。[220] 这些原则通过一套标有核心实践(core practice)的教育指南而得以落实,这些核心实践包括:动态领导力(dynamic leadership)、引入入胜的课程(compelling curriculum)、参与式指导(engaging instruction)、持续评估(continuous assessment)以及积极的学校文化(positive school culture)。[221] 当前美国 30 个州已有超过 150 所 ELS,而且实证调查表明,在这些学校中,学生拥有更高的出勤率、学习参与度和积极性,以及更低的纪律问题率。[219]

【案例链接】美国纽约的游戏化学习学校

Quest to Learn 是美国纽约的一所公立学校,是全美率先将游戏机制融入整体教学设计的学校之一。学校认为游戏是一种基于叙述的、结构化的、具有交互性的、沉浸式的、由学生驱动的、精心设计的系统,"学习体验应该像游戏一样有趣"。[222] 因此,自 2009 年开始,学校与非营利机构 Institute of Play 合作,由教育专家和游戏开发者共同设计学校的教学体系。学校的课程大多是跨学科性质的,由六大"整合领域"构成,包括:运作原理,存在、空间与地域,编码世界,观点,身心健康,以及关于媒介素养和设计的思维运动。教育游戏是课程的核心,通过问题环境设计、立即回馈、刺激动机来让学生融入学习、达成目标。例如,六年级学生在 Dr. Smallz 游戏中可以扮演设计师、科学家、医生或侦探等角色来探索细胞与生物;九年级学生在 Storyweaners 游戏中可进行角色扮演,合作讲述故事。通过游戏化学习的"做中学"、小组协作、从失败中不断尝试等丰富的学习体验,学生的系统化思维、批判性思维、创造性问题解决、时间管理、合作等能力得到有效的培养。[83]284-286[222]

样态二:再造校园环境的"新空间"学校

"新空间"学校是传统学校向未来学校转型过渡的一种实践模式。这类学校在办学场域、学习形式及课程体系所遵循的标准这三个方面与传统学校相似,不同的是通过校园环境的重新设计与改造,为新的教学方法和活动形式创造可行空间,进而形成不同于传统学校的教育生态图景。"新空间"学校顾名思义,是以校园空间重构为驱动的未来学校,意在对传统学校空间的线性布局进行结构性改造,打造能满足学生多样化学习需求的多元布局,进而形成全新的学校样态。[58]具体而言,"新空间"学校的教室是复合功能空间,具有灵活、开放、多样、可移动、智慧等特征,不仅支持讲授式教学,还能满足项目化学习、游戏化学习、课堂展示、活动表演等多种学习形式的需求;"新空间"学校内部不再是规整齐一的布局,也不再是相互分割的区域,而是相互连接、可灵活转换的多元功能区,满足学生在不同功能区自由活动和自主学习的需求,支持学生泛在学习;"新空间"学校设置多种类型的创新中心,为学生提供个性化、综合性、实践性的课程与活动。瑞典的 Vittra School Telefonplan、丹麦的 Ørestad Gymnasium 以及印尼的 Green School 为此类学校的代表。

【案例链接】瑞典斯德哥尔摩的"无墙学校"

位于瑞典首都斯德哥尔摩的 Vittra School Telefonplan 由 Rosan Bosch 设计工作室设计,学校内部是一个巨大的两层空间,没有固定的教室和隔间,甚至没有到顶部的固定墙,取而代之的是电影院、平台和游戏空间,以及可以用作课桌、餐吧、学习区和工作台的五彩缤纷的家具。[223]这种"无墙"(wall-less)、灵活多变的环境设计,是为了支持学校所推行的颠覆传统课堂的独特教学法。一方面,借助数字化设备,鼓励学生在灵活的空间中以更自由的方式进行学习,无论他们是坐着、躺着还是站着;另一方面,通过符合日常学习情境的建筑与空间设计,激发孩子的好奇心和创造力,学生可以在不同的角落里专注于项目探究、动手使用材料和机器人、开展小组协作,或在公共区域的树下闲逛,[224]从而更善于思考和动手实践,以此培养创新思维和创造力,成为能够适应未来需求的国际化人才。

【案例链接】丹麦哥本哈根的"立方体学校"

位于丹麦哥本哈根的奥雷斯塔德预科学院(Ørestad Gymnasium)又被称为"立方体学校"。学校总体上设计为四个回旋镖形的平面,空间在纵向和横向上相互联系,四个学习区各自占据一层,尽可能提高空间组织的灵活性,不同区域教学空间得以重叠的同时,可实现无边界沟通、互动和协同。[225]学校总共拥有12 000平方米的灵活学习环境,其多数教室是开放空间,可通过移动式书架重新布置环境。这样的设计非常适合个人、小组、班级乃至集会不同团队规模的学习。除此之外,学校将数字化媒介作为一个"整合元素",广泛运用于所有学科教学。因此,该校利用环境创设有效地开展创新教学,能够训练学生通过提出解决方案来应对社会面临的挑战。[226]

【案例链接】印尼巴厘岛的绿色学校

位于印尼巴厘岛的绿色学校(Green School)由环保主义者、设计师哈迪(Hardy)夫妇创建,学校所有建筑物均使用当地盛产的竹子和阿兰德草建造,主建筑"校园之心"是世界上最大的竹子单体建筑,教室、图书馆、活动中心、体育馆等每栋建筑都体现了竹子建筑的艺术美感,与周边环境相映成趣,演绎出一个颇具禅意的"绿色乌托邦"。学校全部使用绿色清洁能源,通过太阳能和涡轮进行发电,食堂使用学校种植的椰子树油,实施废物利用和节水措施。利用这样的环境,绿色学校在基础学科之外还特设与环境相关的课程,如自然研究、生态研究等,强调在实践中学习,并充分利用周边环境中的文化资源,将巴厘岛传统的艺术如绘画、蜡染、木偶戏、陶瓷等融入日常课程,并提供瑜伽、体操、游戏、户外冒险等体育项目。绿色学校从建筑设计到运营模式都充分体现了对环境的深切关怀和对可持续发展的承诺,借此培养学生的社会意识、责任意识和环保意识,使其成为能够对环境和地球负责的下一代。[227]

事实上,在我国当前的教育发展阶段,许多中小学校在朝向未来学校发展的过程中,更常见甚至说更为"实际"的做法,是根据学校的办学条件,在空间上增设未来学习中心、未来创新中心、未来艺术中心、国学启慧中心、生活体验中心、社会践行中心、未来体能中心以及情绪行为中心,从而在现有国家课程的基础上,为学生增加个性化、综合性、实践性课程,从而逐步实现未来教育所提出的育人目标。[228]例如,上海市宝山区行知小学基于陶行知先生的"生活教育"理论,打造了由自然、知识、智慧和创意四大空间构成的"闪耀未来"跨学科学习空间,利用校内的先生讲堂、合一工坊、数智学堂、"书呆子莫来馆"(图书馆)和校外的木文化博物馆、上海教育出版社、大场镇社区创新屋等多样化学习场所,丰富学生的学习体验,培养学生的综合实践能力、创新意识及文化自信,使他们成为爱国家、会学习、懂生活、能创新的未来世界接班人。这些发展中的未来学校针对环境建设作出的努力,虽然从目前来看仍属于"碎片式"的学校改革,尚未实现颠覆性创造或跨越式发展,但是已经充分体现了这些发展中的未来学校在标准化课程要求与个性化育人需求之间的"渐进式"创新态势。

样态三:突破时空限制的云端学校

云端学校也可称为"虚拟学校",这类学校的学习形式不同于传统学校,以线上学习为主,因此办学场域不限制在校园之内,而是利用现代信息技术手段,突破学校的物理空间和有形边界，通过提供虚拟的学习环境，实现优质教育资源的共享。总体而言，云端学校相对于传统学校，在以下三个方面取得了突破：一是支持学生的泛在学习。借助互联网技术、移动终端及数字化教学平台，云端学校使学校教育突破时空限制，彻底打破了传统学校对知识传播的垄断，使我国《教育信息化2.0行动计划》中提出的"构建网络化、数字化、智能化、个性化、终身化的教育体系，建设人人皆学、处处能学、时时可学的学习型社会"成为现实。二是促进线上线下教育融合，提升教学组织形式的灵活性和适应性，使得更加创新有效的教学模式得以发展。三是实现优质教育资源共享，促进教育公平。例如，世界多地的教育机构和公益组织为经济落后地区的学生搭建云端学校，使优质教育资源在更广泛的范围内共享，促进教育公平。近年来我国多地推进"双师课堂"，采用"云端主讲+线下辅讲"的形式，让薄弱地区的学校借助云端技术与发达地区学校结成教育共同体，促进区域间和区域内教育的优质均衡发展。斯坦福虚拟高中、美国K-12虚拟公立学校、深圳云端学校以及卡库马项目的创新实验室学校是此类学校的代表。

【案例链接】美国斯坦福虚拟高中

斯坦福虚拟高中（Stanford Online High School，简称OHS）是一所隶属于斯坦福大学的独立在线中学，是美国首批独立的在线高中之一，为全球范围内具有学术天赋的7—12年级学生提供严格的课程和创新的学习环境。OHS的学生来自27个国家和美国45个州，他们可以通过全日制、非全日制或单独选课的方式入学。学校采用先进的视频会议技术以支持互动式的在线课堂，师生可以进行在线研讨，学生不仅可以开展辩论、讨论、提问，还可以发表评论、对屏幕上的材料进行注释、在共享的白板上分享想法。课程重视对学生分析性推理、创造性思维、独立性和坚强性格的培养，致力于让学生形成对知识的终身追求。除了课程之外，学校还提供了完整的学术指导、咨询和大学咨询等服务。[229]

美国K-12虚拟公立学校是通过网络技术向幼儿园至12年级学生提供课程

的教育机构。借助用户友好的平台、互动学习材料和数字工具,[230]其学生可以在任何时间、任何地点开展在线异步学习,并通过电子邮件、短信、电话或视频会议等方式与教师沟通,进行小组或个性化学习。[231]由州认证或授权的教师为学生提供在线教学,由学习教练(learning coach)确保学生不偏离学习轨道。学校遵循州立标准评估,完成学业的学生可获得相应文凭。目前美国K-12虚拟公立学校大体上分为五种模式:虚拟学院(Virtual Academies)是面向全州范围的在线公立学校,提供全套K-12培养方案;考察学校(Insight Schools)为有学习困难的学生提供有效的学习支持服务;混合学校与弹性学院(Blended Schools and Flex Academies)是在传统学校环境的基础上,结合优质在线教育;生涯定向学院(Destinations Career Academies)为学生就业与升大学做准备,采用"在线课程+课外体验"模式;学区联校(District-Run Schools)则通过在线学校平台实现多学区共享全日制在线课程及"加油教育课程",学生可以在家学习,并参加社区运动会及课外活动。[83]282 这些虚拟学校因其课程供给的灵活性、可访问性和便利性,以及多样化、个性化的学习体验,近年来已得到大力推广。[232]

【案例链接】广东省深圳市云端学校

深圳市云端学校是深圳市建设"国家基础教育综合改革实验区""国家级信息化教学实验区"和"智慧教育示范区"的核心内容,也是《深圳市教育发展"十四五"规划》的重点工程。学校以人工智能、互联网、物联网、大数据、云计算等新技术为手段,打破传统学校有形边界和物理空间,采用"1+N"共同体模式。其中,"1"代表总部实体学校,"N"代表多个入驻校,这些学校分布在深圳市的10个区。云端学校的办学理念是"云朵推动云朵,灵魂唤醒灵魂",旨在探索学校组织制度、智慧教育形态、教师队伍建设和学习方式变革等方面的创新实践。通过线上线下相结合的方式开展教研活动,云端学校的教师在备课时不再是单打独斗,而是与教学团队同备同研,聚集众人智慧、发挥个人所长,形成"长板效应"。老师状态的改变带来的是学生学习能力的提升、人才培养模式的变革,同时也推进了基础教育优质均衡发展。[233]

【案例链接】肯尼亚卡库马项目的创新实验室学校

卡库马项目的创新实验室学校(Kakuma Project,Innovation Lab Schools)是全世界范围内借助云端学校促进教育公平的典范。卡库马项目是肯尼亚卡库马难民营的一个教育项目,缘起于2015年昆·蒂默斯(Koen Timmers)向该难民营捐赠笔记本电脑的事件。这些电脑将国际志愿教师与难民儿童联系起来,使后者获得免费的远程教育。这一项目后来扩展到六大洲的350名教师,他们通过Skype为难民营的孩子提供英语、数学和科学课程。随着卡库马项目的不断发展,创新实验室学校网络正逐步扩大到坦桑尼亚、乌干达、尼日利亚、马拉维、摩洛哥、阿根廷、南非、巴西和澳大利亚等地,目标是到2020年培训1万名教师,并为100万名学生提供免费的优质教育。创新实验室学校开发的课程将17项联合国可持续发展目标与STEAM学习相结合,旨在培养学生的同理心和全球公民意识。除了由国际志愿者教师授课外,还会培训来自难民营的当地教师,通过Skype来组织与世界各地其他教室师生的跨文化交流。[213]

未来的云端学校将进一步迭代,走向虚实共生的教育元宇宙(Edu-Metaverse),形成元宇宙学校。以往学校中的课堂教学常常脱离真实的教学情境,以教师口头传授为主,再加上囿于场地、时间、设备等资源条件,学校难以为学生提供真实的实践场所,因此学生难以体验知识建构的过程,难以对学习内容产生较强的认同感,也难以对学习任务形成较高的投入度。未来教育元宇宙在学校多场景的应用,将为上述问题提供解决方案。

元宇宙代表一种"虚拟实境",是一个超越物理世界的数字拓展空间。元宇宙借助数字孪生、人机交互、虚拟现实等技术,将现实世界映射到赛博空间(cyberspace),使虚拟环境与真实场景无缝关联,并延伸到"此时此地"的真实空间,让生活在真实世界的人对虚拟世界触手可及,以主角的视角体验、感知、参与甚至影响时空之外的世界,并让时空之外的世界获得被改造和被创造的可能。[234]未来的元宇宙学校将为学生延伸学习生态、改善学习体验。具体来说,一是能让学生体验知识建构的过程,通过提供真实社会情境,让学生经历知识的产生与习得的过程,拓展学生的生命体验。二是能够创新学生的实践范式,通过提供真实情境下的具身操作和体验,让学生以分身的形式进入,并与元宇宙中的人、事、物进行互动,在产生感官体验、习得实践经验的同时,也参与知识的创造。三是能够提升学生的主观能动性和学习投入度,通过改变学习体验与实践范式,使学生从被动观望转向主动参与,在参与中感知、领悟、批判、反思,获得全身心的学习体验,从而对学习更有兴趣、更加投入。除此之外,在教育公平方面,元宇宙学校将进一步促进不同地区、不同学校、不同群体的教育均衡发展,不仅让优质学习资源和美好学习体验惠及边远地区和薄弱学校,而且让特殊学生的个性化学习需求得到满足,使他们重获学习机会与学习乐趣。

例如,当前上海市宝山区正基于"教育部人工智能助推教师队伍建设试点区"和"上海市教育数字化转型实验区"的全面建设,探索成立基于元宇宙等技术的未来学校,实施人工智能和数据驱动的大规模因材施教。为此,宝山区搭建了以"连接"为核心的宝山教育区级元宇宙校园入口平台,用于支持虚拟空间中的教育活动设计、学习支持、环境设计、评价改革和系统研究,并促进优质教育资源的普遍共享与深度应用。

样态四:数智技术赋能的智慧学校

智慧学校是当前全球教育数字化转型及智慧教育发展进程中形成的未来学校新样态。这类学校的办学场域仍以校内为主,但学生的学习方式为线上线下双线混融,课程体系仍遵照国家或地方标准。未来,数智技术赋能的智慧学校将进一步普及,个性化与定制化的学习、双线混融教学、数据驱动的教育决策、人本智能的管理与服务、智能感知与环境监测、安全保障与应急响应将成为智慧学校的"标配"。具体而言,在学与教方面,智慧学校中学习分析系统、智能伴学、虚拟助教等的广泛应用,正在深刻改变学校教育的图景。智能技术可以辅助教师诊断学情,为学生提供个性化课程反馈,做到精准教学。通过大数据等技术,教师能够精准了解学生的学科能力、发展水平、个性特点等学情信息,根据大数据反馈的信息"证据",教师可以因材施教,为学生定制个性化的学习方案。[58]在教育决策方面,智慧学校基于大数据的深度挖掘和分析,形成对学生学习行为、教师教学效果以及教育资源利用情况的精准画像,借此实施学习者特征识别、趋势研判分析及教育教学改进。在学校管理方面,智慧学校通过信息化手段,实现了教学、行政、后勤等全方位的数字化管理,提高了工作效率和管理水平。同时,依托认知计算、云服务等技术,为师生提供精准个性的教学、科研、管理服务。在智能感知与环境监测方面,智慧学校通过智能传感、物联网等技术,实现对校园环境状态的实时监测以及对软硬件设施的自动调整,保障校园系统绿色高效运行。在安全保障与应急响应方面,智慧学校集成了视频监控、门禁系统、消防和水电设施等安防措施,确保校园安全,并能有效应对突发事件。

【案例链接】美国可汗实验学校

早在2014年,萨尔曼·可汗(Salman Khan)就在美国加州创立了可汗实验学校(Khan Lab School,简称KLS)。学校从面向全球数亿学生提供免费教学视频的可汗学院发展而来,因此主要的办学特色在于借助信息技术,对课程体系、教学组织、师生关系和育人策略等进行了再设计,以适应学生的个性化学习和成长。学生在校参与混合式学习、自主学习、项目式学习和混龄学习,并借助学校提供的多种专业空间获得不同的学习体验。[235][236]

近年来,随着教育数字化转型的深入推进,我国各地的智慧学校强势崛起。上海市黄浦区卢湾一中心小学、杭州市建兰中学和云谷学校等一大批智慧学校蓬勃发展,为世界提供了数字化转型背景下未来智慧学校的"中国方案"。

【案例链接】上海市黄浦区卢湾一中心小学

上海市黄浦区卢湾一中心小学以数智技术为核心,构建智慧学校新图景,形成了云课桌、云朗读、云手表、云展馆、云随行、云社区、彩云墙、云厨房、彩云图书馆等一系列"云载体",建设了完整的智慧校园云平台,使教育数字化渗透到学校教学与管理的各环节。在此基础上,学校将情感教育与智慧教育相结合,形成了"育人全过程融合、教学全流程优化、评价全要素诊断、教师全方位发展"的小学育人新模式,不仅关注学生的知识学习,更关注学生的情感、心理和行为等方面的培养,实现多学科、多主体、"五育"之间相互贯通的综合育人效果。[237]

【案例链接】浙江省杭州市建兰中学

杭州市建兰中学基于"学校大脑"项目建设智慧学校,利用人工智能技术构建全新数据生态,开展数据驱动的教学,支持学生的个性化学习,以此实现"轻负担高质量,促进学生可持续发展"的学校品牌建设战略。学校在全国首创"数据资源部",负责将具体工作数据化,并设计成相应的计算参数和模块。"学校大脑"能够对学校的教育教学活动进行无感沉淀,自动形成丰富、清晰、多维度的学校数据资源,并进行及时分析、诊断、预警、监控、评价、反馈。基于"学校大脑"的多模态数据,建兰中学为每个学生进行数据画像,呈现为一棵动态生长的树,每一条树干、每一片枝叶都对应多元智能理论下的每一种能力取向,作为学生个性化学习指导的依据。[238]

【案例链接】上海市宝山区美兰湖中学

上海市宝山区美兰湖中学以"智慧作业"系统为切入点,构建了以"未来宝"

数字基座为核心的智慧学习生态系统,形成了泛在、智慧的教育环境,致力于打造虚实结合、教育均衡、优质高效、个性灵活和智慧绿色的未来学校。学校通过智能教学助手数智助"学",构建了集设施齐备、资源利用、学案设计、课堂教学、分层作业、个性辅导和诊断评价于一体的智能学习空间,实现了对学生学习过程的全面支持和个性化指导。通过实施课堂分析循证数智助"教",学校将课堂教学研究从单一模糊、依赖个人的经验模式转变为系统、精准、客观的数据模式,助力传统的经验教研向数据驱动的实证教研转型。借助师生数字画像数智助"评",学校记录并分析每位师生的成长轨迹,为教育评价提供了科学依据,同时为教师的专业发展和学生的个性化成长提供了强有力的支持。此外,通过"未来宝"数字基座数智助"治",学校实现了数据的直观展示与深度分析,将各个部门和业务系统紧密联系在一起,最终在数字大脑的支持下,实现了精细化、智能化的管理,帮助管理者洞察校园态势,确保管理有法、执行有效、决策有据。

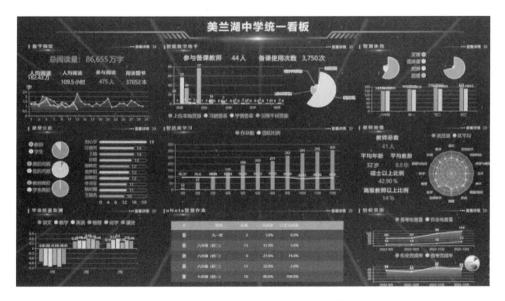

图9-3 "未来宝"数字基座数智助"治"

【案例链接】阿里巴巴的云谷学校

云谷学校是一所由阿里巴巴合伙人投资创建的15年制私立国际化学校，秉承"以人为本、个性发展、多元开放、科技导向、教学创新"的办学理念，利用大数据和人工智能技术提升教学品质，让优质教育惠及更多的孩子，让每一位孩子成为最好的自己。[239]学校依托阿里巴巴的技术支持，形成了持续探索科技赋能教育的技术研发团队。基于数据为云谷学生绘制"谷粒画像"，幼儿园阶段是内心温暖、眼神明亮的精灵，小学阶段是舒展又明礼、好奇又专注的皮实小孩，初中阶段是善于合作、乐于探究、积极追逐梦想的阳光少年。学校还构建了数字化管理网络，通过"钉钉宜搭"平台低成本、高效率地解决一系列校园工作场景的数字化需求，实现快速精准的信息传递和便捷的事务办理。[240]此外，学校为家长搭建了没有围墙、能随时随地学习的"云谷学堂"，通过因需而设的丰富课程，助力家长真正成为成长型父母。

随着数智技术的加速发展，"人机共教"的新生态将成为今后智慧学校的新特征。在未来的智慧学校里，技术赋能将使教学走向"人机共教"的新时代，"双师共存"协同交互育人可能成为未来学校的新常态。[241]传统学校以人为师，但当人类进入"人+机器"的智能化时代后，技术全面渗透并应用到教育中，事实上促成了"机器教师"的诞生。智能机器人能更好地评测学生在不同方面的技能水平，集聚更多、更优质的教育资源，通过算法与数据，知道哪些更适合学生练习掌握，从而陪伴、辅助、督促、检查学生的自主学习，使每个人的个性化学习更有成效，甚至实现"每个孩子身边都有一个苏格拉底+达·芬奇+爱因斯坦式的AI教师进行一对一授课"。[242]

样态五：把世界当作教室的旅居型学校

旅居型学校将全球作为移动课堂，让学生在不同的国家生活和学习，获得跨文化、跨地域的学习体验,从而培养多元文化视野、语言能力、科学探究精神等素养。这类学校的学习形式虽以线下为主,办学场域却突破了传统的校园内部,而且为学生提供的课程也并非严格遵照国家或地方标准,而是采用更加丰富的学习体系和更加灵活的校历安排。旅居型学校实现了学习空间的重构,使学习超越学校视角,最终指向无边界学习(learn-as-you-go)。在这种理念之下,正式学习与非正式学习、物理空间与虚拟空间之间的边界被消解,学校不再是封闭的孤岛,而是延伸到社会与大自然当中。当学生跨越学校边界、国家边界及文化边界,在全球漫游与探索,把世界当作教室时,在地化学习、体验式学习、情景化教学便能随时随地发生。旅居型学校使学生能够在研学旅行中感受不同国家的文化,在项目化的科学探究中习得跨学科的知识与技能,从而在真实环境中培养全球视野、跨文化沟通能力和创新思维,成为合格的全球公民甚至21世纪领导者。

【案例链接】思考全球学校

思考全球学校(THINK Global School,简称TGS)是全球第一所旅居型高中,学生每年会造访四个不同的国家,收获融合教育及世界文化的非凡经历。TGS的教育理念是让学生在多元文化的世界中建立自己的领导力,并且通过实际的经验学习模式,为学生提供超越教科书的宝贵学习经历。因此,学校打造"世界改造者课程",将旅行中的体验式学习与基于项目的学习相结合,使学生精通学术知识与生活技能。学生可以在追踪奥德修斯穿越希腊的旅程时阅读荷马史诗,或者基于在大堡礁潜水时观察到的海洋生物来学习数据建模。在此过程中,学生不仅深入了解不同国家的文化和习俗,而且培养起好奇心、同情心、跨文化沟通和社会责任,从而逐步成为能够推动具有影响力变革的全球公民。学校配备了大学和职业顾问,他们与每位学生合作,制定出适合他们学术目标、学习风格和个性特征的个性化学习计划,使学生在未来升学与就业中获得优势。[243]

【案例链接】美国密涅瓦大学

密涅瓦大学(Minerva Schools at KGI)不同于传统大学，它没有固定的校园，取而代之的是全球沉浸式学习体验。学生在四年的学习过程中将在全球七个城市进行学习和生活，包括旧金山、柏林、布宜诺斯艾利斯、海德拉巴、伦敦、首尔和台北。[244] 学校的课程重在培养学生的核心技能和思维逻辑，教学模式以小班研讨为主，每堂课的学生不超过 20 名，采用基于对话的讨论形式，开展跨学科的学习。大学四年的课程体系呈金字塔结构，第一年为基础年(Foundation Year)，重点培养学生的批判性思维、创造性思维、有效沟通和有效互动的能力。随后的年级包括方向年(Direction Year)、专注年(Focus Year)和整合年(Synthesis Year)，学生将确定专业方向，并在特定领域进行深入研究。此外，密涅瓦大学与全球各地的企业和机构建立了合作关系，为学生提供实习和就业机会，为学生提供终身职业发展支持，从而培养具有核心技能与全球视野的领导者。[245]

样态六：培育专才的贯通制学校

贯通式培育专才的一贯制学校不同于传统的九年一贯制、十二年一贯制学校，这类学校是为培育某一类国家和社会所需的专业人才而设，当前以培养科学相关专业人才居多。这类学校在办学场域和学习形式上与传统学校相似，均是以校内、线下学习为主，不同的是学校的课程体系并没有严格遵照国家或地方的课程标准，而是以某类学科或某个行业的人才要求为依据而设计。贯通式培育专才的一贯制学校在办学方面具有以下特色：一是改革学制，融通基础教育与高等教育的学习，延长高中阶段的学习年限，并采用"中学—大学—职场"三位一体教学方式，推行能力地图，规划范围与顺序，重视课程的衔接，以此实现专业人才的长周期、贯通式培养。二是协同育人，深化校企合作及产教融合，企业深度参与学生的培养过程，聚焦学生的职业生涯发展,使学生具备学术知识和职业技能的双重优势。三是实践课程,强调基于项目的学习,实施多样化的专业导师制度,重视学生的个性化发展,以此培养学生的实操能力,为学生的职业发展做好准备。[246][247][248][249]

【案例链接】P-TECH 六年制高中

P-TECH 学校由科技公司 IBM 于 2011 年推出,是一种六年制的公立学校创新模式,核心目标是为学生提供一个从高中到大学再到就业的无缝衔接的路径,从而培养 STEM 领域的多样化人才,为地区经济发展输送一支准备充分的劳动力队伍。[250] P-TECH 学校为准备从事技术类职业的学生提供高中和大学的 STEM 课程,在六年的时间里,学生将获得一份高中文凭以及免费的、行业对齐的副学士学位,从而在技术领域获得有竞争力的入门级职位或升学条件。P-TECH 学校的一大特色在于校企协同育人,学校与行业伙伴合作,为学生提供实际的工作场所经验、职业指导、实习机会甚至就业机会,同时合作开发技能图谱,确保学生的学习内容与雇主所需的技能相匹配。目前在 28 个国家和地区有超过 242 所学校采用 P-TECH 模式,累计注册学生人数达到 15 万名,有近 600 个企业伙伴加入 P-TECH 社区,共同为学生提供职场辅导与就业机会。[251]

【案例链接】深圳零一学院

深圳零一学院是一所由深圳市委、市政府推动创办的公办创新型学院,愿景是发掘和培养通过科技改变世界、造福人类的创新型人才。学校由中国科学院院士郑泉水担任创始院长,结合清华大学钱学森力学班的办学经验及深圳的创新基因,开展长周期、贯通式、开放式的拔尖创新人才培养。学校针对未来及前沿产业的挑战性"X"型问题,吸引全球顶尖的"X"型导师,面向全国乃至全球具有创新潜质和内驱力的"X"型学子,开展以重大挑战问题为牵引的"进阶研究—精深学习"。[252]学校打造了一个长周期、开放贯通的"成长天梯",举办导学课、创新科研体验营、暑期学校等研究型培养活动,吸引了来自全国顶尖大学和中学的优秀学生,以及院士、新锐科学家、科技创新企业领袖、国际组织代表等顶尖导师的参与。学校还拥有约5 600平方米的开放智慧实验室(Open Wisdom Lab),供师生开展跨学科交流探索。[252]学校的教育模式和培养体系旨在激发学生的内在科研志趣,以挑战问题为牵引,辅以个性化的成长计划和资源,帮助学生在热爱的领域成为天才。[253]

样态七:重塑学校教育体系的新型学校

如果说前述的几类未来学校都是由现有教育体系的"局部变革"所驱动,那么指向学校教育体系重塑的新型学校则是从设计之初就基于"系统性变革"的理念。这种系统性变革涉及培养目标、素养模型、课程体系、教学方法、评价制度、办学机制、学习空间等方方面面的变革,凸显了教育业务流程再造和实现个性化学习两个方面的创新取向。

一方面,新型学校通过系统性变革,实现教育业务流程再造,使学校运行体系焕然一新。未来学校的发展可划分为三重境界:建设信息化基础设施、变革学习方式和再造教育流程,[254]而新型学校则以第三重境界为追求,体现出学校空间重构、教与学流程再造、学习资源供给侧转变、教育评价方式变革、教育治理转型等特征。[255]

另一方面,新型学校的办学宗旨在于实现个性化学习。具体而言,新型学校的学习空间不是为集体授课而建,而是为个性化学习而建,强调空间的开放、灵动、多元;新型学校的课程供给多与技术深度融合,通过多样化的课程资源库,为学生提供开放、共享、适需的学习资源;新型学校的培养方案多以学生需求为中心,基于学习者模型为不同的学生构建不同的"学程",将"多样的学习"和"有机的组合"相结合,[67]使之符合学生的兴趣、能力及生涯愿景。

从全球视野来看,埃隆·马斯克(Elon Musk)创立的 Ad Astra School 是此类新型学校的代表。而在我国,由中国教科院未来学校实验室领航建设的未来实验学校,也正朝着再造体系的新型学校方向发展。

【案例链接】埃隆·马斯克的 Ad Astra School

Ad Astra School 由马斯克于 2014 年创立,原计划于 2024 年 9 月开学。[256]这所实验性学校将培养下一代问题解决者和建设者的好奇心、创造力和批判性思维作为办学使命,强调将科学、技术、工程和数学(STEM)融入其课程,除了学术技能外,也关注学生社交、情感和实际生活技能。为实现上述育人目标,学校采用以实践为中心的教学方法,开展基于项目的跨学科学习,以此鼓励学生探索、实验并找到现实世界问题的解决方案。学生可以接触到包括火焰喷射器、机器人、核政治以及人工智能在内的多项前沿课题研究,并有机会参与到各种实践活动中,如装配气象气球或制作机器人。该校重视个性化学习,根据每个孩子的独特需求、节奏和兴趣量身定制个性化的学习体验。为此,该校取消了传统的年级制度,建立家庭式的社区,不通过年龄而是根据学生的兴趣和能力进行分组;不依赖传统的教学计划,而是根据师资情况灵活构建课程框架,每年重新设计课程,并将大约一半课程交由学生自己决定;提供长时间、不间断的工作时间,让孩子们在老师的指导下,充分参与他们自己选择的任务。通过丰富的跨学科课程,以及鼓励探索和发现的环境,驱使孩子们在一生中追求知识和成长,终身热爱学习。[257]

【案例链接】山东省潍坊未来实验学校

潍坊未来实验学校是中国教育科学研究院未来学校实验室领航学校,是全国首家未来学校的实体样板校。为回答关于未来的"时代之问",潍坊高新区孵化

"未来学校群",重新定义学校,重新认识学习,重新理解课堂,重构学习路径,使学校的教育业务流程在未来化浪潮的洗礼下实现再造。具体而言,一是打造学习新空间,如未来教育体验中心、智能教室、未来创客空间、未来学习社区、未来艺术中心、念月馆学科教室等,同时打造校园特有感统区,提供沉浸式成长环境,打造科学发展新场域;二是建设虚拟空间,实现网络学习空间"人人通",形成融教、学、管、评、研于一体的全区"一张网";三是推动线上线下课堂教学协同创新发展,整体推进交互式网络云课堂建设,打造"学校—家庭—社会"协同育人的全时域未来立体课堂;四是大力推动国家课程校本化、校本课程特色化,采取删减、融合、增补、重组等方式,构建充满生机活力、多层次、可选择、各具特色的课程体系;五是利用大数据精准教学系统,通过大数据收集和分析,提高课堂效率和教学质量。[258][259][260]

【案例链接】广东省东莞松山湖未来学校

东莞松山湖未来学校由东莞市政府与中国教育科学研究院合作共建,是粤港澳大湾区首个未来学校实体样板校。学校基于"不以高考论英雄,期待能出科学家、文学家、艺术家"的长远眼光,以培养适应未来社会发展的人才为目标,开展立体化综合改革。[261]育人目标方面,围绕21世纪"5C"核心素养(批判性思维、创新与创造力、沟通、合作、文化理解与传承),聚焦创新人才培养关键能力。[262]空间设计方面,追求"全学习"赋能,让学习随时随地发生,打造了16个主题特色空间,包括未来智谷服务中心、国潮纸艺研学馆、航天科普研学馆、行为情绪中心等。[263]课程体系方面,实施多学科融合课程、开放性课程、实践类课程等。[261]教学与评价方面,常态化实施智慧课堂教学,采取脑科学与技术支持下的"一人一案"个性化培养策略,实施小班化教学,聘请院士长期指导,落实"学业导师+生涯导师"培养制度。[261]同时,研发应用智慧评价系统,通过大数据分析平台,多角度、多元化、全过程动态记录学生成长过程。育人机制方面,学校与华为、腾讯、北京大学、清华大学、中国教育科学研究院、中央电化教育馆等高端资源合作共建课程和项目,探索开放多元的未来教育新生态。[264]此外,学校已与20多所高等院校建立联系,并加强小学、初中的贯通培养,以推动创新人才不断涌现。学校管理方面,利用智慧教育平台实现教学与行政全流程数字化,确保学校两校区远程同步资源共享、同步教研、同步课堂、同步会议。

参考文献

[1] 联合国教科文组织. 一起重新构想我们的未来：为教育打造新的社会契约[M]. 北京：教育科学出版社，2022.

[2] 陈英麟. 第四次工业革命：中国的角色与责任[EB/OL]. (2019-05-31)[2024-11-14]. https://cn.weforum.org/stories/2019/05/di-si-ci-gong-ye-ge-ming-zhong-guo-de-jue-se-yu-ze-ren/.

[3] 美国《福布斯》：2025年人工智能十大趋势[EB/OL]. (2024-11-11)[2024-11-14]. https://mp.weixin.qq.com/s/QVu2IVhPOl-rtKwVrv7cpA.

[4] 何哲. 通向人工智能时代：兼论美国人工智能战略方向及对中国人工智能战略的借鉴[J]. 电子政务，2016(12)：2-10.

[5] 张成岗. 人工智能时代：技术发展、风险挑战与秩序重构[J]. 南京社会科学，2018(5)：42-52.

[6] 《2023年未来就业报告》：近四分之一的工作预计在未来五年发生变化[EB/OL]. (2023-04-30)[2024-11-14]. https://cn.weforum.org/press/2023/04/future-of-jobs-report-2023-up-to-a-quarter-of-jobs-expected-to-change-in-next-five-years-cn/.

[7] McKinsey Global Institute. A new future of work：The race to deploy AI and raise skills in Europe and beyond[EB/OL]. (2024-05-21)[2024-11-14]. https://www.mckinsey.com/mgi/our-research/a-new-future-of-work-the-race-to-deploy-ai-and-raise-skills-in-europe-and-beyond.

[8] 姜野. 算法的规训与规训的算法：人工智能时代算法的法律规制[J]. 河北法学，2018，36(12)：142-153.

[9] 李猛. 人工智能时代的社会公正风险：何种社会？哪些风险？[J]. 治理研究，2023，39(3)：118-129+160.

[10] 高祖贵. 世界百年未有之大变局"变"在何处？[EB/OL]. (2023-09-02)[2024-11-17]. http://theory.gmw.cn/2023-09/02/content_36805742.htm.

[11] 范国睿. 在不确定的世界里重构人类教育：《教育政策研究手册》中文版序言[J]. 北京大

学教育评论,2023,21(2):164-186.

[12] 蔡翠红.全球大变局时代的网络空间治理[J].探索与争鸣,2019(1):24-27.

[13] 陈向阳.百年未有之大变局,"变"在哪?[EB/OL].(2019-08-23)[2024-11-17]. http://www.qstheory.cn/international/2019-08/23/c_1124913320.htm.

[14] 雅各布·S.哈克,保罗·皮尔森.赢者通吃的政治:华盛顿如何使富人更富,对中产阶级却置之不理[M].陈方仁,译.上海:上海人民出版社,2015:2.

[15] 新华社研究院.以文明交流互鉴推动人类文明发展进步[EB/OL].(2025-02-18) [2025-03-05]. https://www.news.cn/world/20250218/8df9b77eaea54857bcbe37439ef46fc9/c.html.

[16] 庞金友.面对大变局时代的政治传播:革新、议题与趋势[J].新闻与传播评论,2019,72(5):22-31.

[17] 新华社.新华时评:直面共同挑战,共创美好未来:人类命运共同体理念为人类文明发展指路领航[EB/OL].(2024-05-01)[2024-11-17]. https://www.gov.cn/yaowen/liebiao/202405/content_6948749.htm.

[18] ELDRIDGE S. Generation Alpha[EB/OL].(2024-11-05)[2024-11-12]. https://www.britannica.com/topic/Generation-Alpha.

[19] JUKIĆ R, ŠKOJO T. The Educational Needs of the Alpha Generation[C]//2021 44th International Convention on Information, Communication and Electronic Technology (MIPRO). IEEE, 2021:564-569.

[20] JHA A K. Understanding generation alpha[EB/OL].(2020-06-10)[2024-11-15]. https://doi.org/10.31219/osf.io/d2e8g.

[21] WIETOP.阿尔法世代人群研究:洞察数字原生一代(小学生篇)[R].北京:WIETOP Research,2024.

[22] HÖFROVÁ A, BALIDEMAJ V, SMALL M A. A systematic literature review of education for Generation Alpha[J]. Discover Education, 2024, 3(1):125.

[23] DRUGAS M. Screenagers or "Screamagers"? current perspectives on generation alpha[J]. Psychological thought, 2022, 15(1):1.

[24] DUBICKA B, MARTIN J, FIRTH J. Screen time, social media and developing brains: a cause for good or corrupting young minds?[J]. Child and Adolescent Mental Health, 2019,

24(3):203-204.

[25] 段俊吉.如何认识新一代学习者:"α世代"学生身份的数字图景[J].现代远程教育研究,2023,35(6):66-73.

[26] SPASOVA D. Generation alpha and the education[J]. Science. Business. Society.,2022,7(2):75-78.

[27] ZIATDINOV R,CILLIERS J. Generation Alpha:Understanding the next cohort of university students[J]. arxiv preprint arxiv:2202.01422,2022.

[28] 高书国.第四次教育革命的路径与特征:基于工具创新的教育变革分析[J].教育科学研究,2016(7):26-31.

[29] 安东尼·塞尔登,奥拉迪梅吉·阿比多耶.第四次教育革命:人工智能如何改变教育[M].吕晓志,译.北京:机械工业出版社,2019.

[30] 曹培杰.智慧教育:人工智能时代的教育变革[J].教育研究,2018,39(8):121-128.

[31] 赵勇,赖春,仲若君.世界教育的走向[J].华东师范大学学报(教育科学版),2024,42(7):1-14.

[32] 李建中.人工智能时代的知识学习与创新教育的转向[J].中国电化教育,2019(4):10-16.

[33] 安德烈亚斯·施莱歇尔.超越PISA:大变局时代背景下教育高质量发展的再定义[J].全球教育展望,2024,53(4):3-5.

[34] 朱雁.大变局时代背景下优质均衡教育的再定义:以PISA 2022东亚教育系统韧性表现数据分析为例[J].全球教育展望,2024,53(4):6-17.

[35] 张治.ChatGPT/生成式人工智能重塑教育的底层逻辑和可能路径[J].华东师范大学学报(教育科学版),2023,41(7):131-142.

[36] 唐汉卫.人工智能时代教育将如何存在[J].教育研究,2018,39(11):18-24.

[37] 李政涛.智能时代的学习与进化:重构人类"学与教"范式[J].中国教育学刊,2024(5):48-53.

[38] 余亮,魏华燕,弓潇然.论人工智能时代学习方式及其学习资源特征[J].电化教育研究,2020,41(4):28-34.

[39] 谢泉峰,刘要悟.从"关系客体"到"关系主体":人工智能时代学习者培育困境及其关系重构[J].中国教育科学(中英文),2023,6(4):38-49.

[40] 罗斯玛丽·卢金,栗浩洋.智能学习的未来[M].徐烨华,译.杭州:浙江教育出版社,2020:6.

[41] 朱琦,黄甫全,蒋慧芳.学习胜任力发展:人工智能时代的学习进化论[J].中国电化教育,2023(8):41-49+58.

[42] 庞金友.大变局时代国家治理能力的谱系与方略[J].人民论坛·学术前沿,2020(22):76-83.

[43] 王艳玲,胡惠闵.从三级到五级:我国基础教育教研制度建设的进展与问题[J].全球教育展望,2020,49(12):66-77.

[44] 杨九诠.论五级教研体系的校本教研[J].课程·教材·教法,2023,43(4):58-66.

[45] 杨九诠.中国教研体系的定位与定性[J].教育发展研究,2022,42(8):10-20.

[46] 孙芙蓉,胡红珍,韦婧婧.新中国成立70年来教研员的角色变迁:回顾与反思——以八次基础教育课程改革为背景[J].课程·教材·教法,2019,39(10):68-74.

[47] 胡红珍,孙芙蓉,韦婧婧.改革开放40年来我国教研员发展历程展望[J].上海教育科研,2018(12):13-17.

[48] 陈中岭.县域教研共同体的动力困境探微:基于中部某省某县级市实践的视角[J].教育理论与实践,2016,36(5):19-21.

[49] 杨婷.校本教研的实践困境及其优化策略:基于主体间影响机制的反思[J].教育发展研究,2021,41(4):10-16.

[50] 吴立宝,栗肖飞.中小学校本教研的困境、成因与突破路径[J].课程·教材·教法,2019,39(6):125-130.

[51] 潘燕燕.从教研到学研的校本实践探究[J].教育理论与实践,2022,42(14):30-33.

[52] 张小艳.构建"教研"向"学研"转变的集体备课"生本模式"[J].中国教育学刊,2020(2):107.

[53] 袁雯.发展数字教育,建设学习型大国[EB/OL].(2024-05-10)[2024-11-18].https://mp.weixin.qq.com/s/-vW2DMXNxP2JfbardqqTYQ.

[54] 徐炽."未来学"在中国[J].瞭望周刊,1984(48):42-43.

[55] 韦会元.马克思主义未来研究学的对象与任务[J].未来与发展,1980(2):2-4+13.

[56] 李能.未来学原理与预测性报道[J].广西大学学报(哲学社会科学版),1993(4):92-97+2.

[57] 柳洪平. 未来学[EB/OL]. (2008-02-15)[2024-11-17]. https://csfs.kejie.org.cn/a117.html.

[58] 孙元涛. "未来学校"研究的共识、分歧与潜在风险[J]. 南京师大学报（社会科学版），2022(5)：5-14.

[59] 孙元涛. 乌托邦精神与教育：关于教育价值理想的哲学思考[J]. 高等教育研究，2006(1)：22-26+81.

[60] 裴新宁. 学习科学研究与基础教育课程变革[J]. 全球教育展望，2013,42(1)：32-44.

[61] 赵健,郑太年,任友群,等. 学习科学研究之发展综述[J]. 开放教育研究，2007(2)：15-20.

[62] 焦建利,贾义敏. 学习科学研究领域及其新进展："学习科学新进展"系列论文引论[J]. 开放教育研究，2011,17(1)：33-41.

[63] 王美,郑太年,裴新宁,等. 重新认识学习：学习者、境脉与文化：从《人是如何学习的Ⅱ》看学习科学研究新进展[J]. 开放教育研究，2019,25(6)：46-57.

[64] 郑旭东,王美倩. 学习科学：百年回顾与前瞻[J]. 电化教育研究，2017,38(7)：13-19.

[65] 冯晓英,王瑞雪,曹洁婷,等. 国内外学习科学、设计、技术研究前沿与趋势：2019"学习设计、技术与学习科学"国际研讨会述评[J]. 开放教育研究，2020,26(1)：21-27.

[66] 尚俊杰,王钰茹,何奕霖. 探索学习的奥秘：我国近五年学习科学实证研究[J]. 华东师范大学学报（教育科学版），2020,38(9)：162-178.

[67] 张治. 未来学习多样态的宝山行动[EB/OL]. (2024-05-08)[2024-11-18]. https://mp.weixin.qq.com/s/VXdPUAQqq43l16pYE6PllQ.

[68] 刘三女牙,杨宗凯,李卿. 计算教育学：内涵与进路[J]. 教育研究，2020,41(3)：152-159.

[69] 郑永和,严晓梅,王晶莹,等. 计算教育学论纲：立场、范式与体系[J]. 华东师范大学学报（教育科学版），2020,38(6)：1-19.

[70] 王晶莹,杨伊,宋倩茹,等. 计算教育学：是什么、做什么及怎么做[J]. 现代远程教育研究，2020,32(4)：27-35+56.

[71] 张治. 计算教育学时代的教育新常态[J]. 上海教育，2020(30)：58.

[72] 顾明远. 教育大辞典（第5卷）：教育心理学[M]. 上海：上海教育出版社，1990：235.

[73] 中国教育科学研究院课题组. 中国未来学校2.0概念框架[N]. 中国教育报，2018-

11-27(3).

[74] 高文,等.学习科学的关键词[M].上海:华东师范大学出版社,2009:81.

[75] 佐藤学.教育方法学[M].于莉莉,译.北京:教育科学出版社,2016.

[76] 倪闽景.学习的本质与深度学习[J].现代教学,2019(1):2.

[77] REBER A S. Implicit Learning of Synthetic Languages:The Role of Instructional Set[J]. Journal of Experimental Psychology:Human Learning and Memory,1976,2(1):88-94.

[78] 朱永海.未来学校顶层设计与结构体系研究[J].教育理论与实践,2021,41(34):25-30.

[79] 沈欣忆,许玲,苑大勇.元宇宙与未来学习型社会:终身学习资源的供给模式创新[J].教育与职业,2023(8):22-28.

[80] 陶行知.陶行知文集[M].南京:江苏教育出版社,2008:284-286.

[81] 王天蓉.从"教学双主体"到"互动三主体":走向学习者的视角[J].教育,2021(23):6-8.

[82] 张生,曹榕,陈丹,等."AI+"时代未来学校的建设框架与内容探究[J].中国电化教育,2018(5):38-43+52.

[83] 张治.走进学校3.0时代[M].上海:上海教育出版社,2018.

[84] 张治,李永智.迈进学校3.0时代:未来学校进化的趋势及动力探析[J].开放教育研究,2017,23(4):40-49.

[85] 朱琪雯.未来学习者的特征、风险及教育策略[J].当代教育与文化,2022,14(2):50-56.

[86] 周文美,姚利民,章瑛.未来学校2035:育人育心的泛在学校——问题、本质和建设路径[J].开放教育研究,2021,27(1):55-64.

[87] MILLER R. Transforming the future:Anticipation in the 21st century[M]. Paris:UNESCO,2006.

[88] INAYATULLAH S. Six pillars:futures thinking for transforming[J]. Foresight,2008,10(1):4-21.

[89] 于金申,瑞尔·米勒.从世界到中国:未来素养何以有必要成为未来教育研究的新视点——于金申与未来学家瑞尔·米勒的对话[J].华东师范大学学报(教育科学版),2024,42(3):115-126.

[90] 联合国教科文组织.教育:财富蕴藏其中[M].北京:教育科学出版社,1996.

[91] UNESCO. Rethinking Education: Towards a Global Common Good? [R]. Paris: UNESCO, 2015.

[92] 国务院新闻办公室.《中国的和平发展》白皮书[EB/OL].(2011-09-06)[2024-11-12].https://www.gov.cn/jrzg/2011-09/06/content_1941204.htm.

[93] UNESCO. Learning to Become with the World: Education for future survival [EB/OL]. (2020-11-28)[2024-11-12].http://www.unesco.org/en/reports/learning-become-world-education-future-survival.

[94] 德里斯科尔.学习心理学:面向教学的取向[M].王小明,译.上海:华东师范大学出版社,2008:11.

[95] 倪闽景.从学习进化的视角看ChatGPT/生成式人工智能对学习的影响[J].华东师范大学学报(教育科学版),2023,41(7):151-161.

[96] 中华人民共和国教育部.教育部关于批准2022年国家级教学成果奖获奖项目的决定[EB/OL].(2023-07-24)[2024-11-13].http://www.moe.gov.cn/srcsite/A10/s7000/202307/t20230724_1070571.html.

[97] 王天蓉,徐谊.问题化学习[M].北京:教育科学出版社,2023:25.

[98] 夏雪梅.项目化学习设计:学习素养视角下的国际与本土实践[M].北京:教育科学出版社,2018:15.

[99] 科丝婷·罗卡.现象式学习[M].葛昀,译.北京:中信出版集团,2021:68.

[100] 张晶晶.杜威和陶行知教育思想的比较研究[J].牡丹江大学学报,2013,22(8):149-151.

[101] 佚名.现在美国最"酷"的学校,可能就是未来教育的样子[J].苏州教育信息化,2016(5):5.

[102] 宋耀武,崔佳.具身认知与具身学习设计[J].教育发展研究,2021,41(24):74-81.

[103] "儿童具身学习"的实践探索[EB/OL].(2021-04-06)[2024-09-11].http://edu.yunnan.cn/system/2021/04/06/031376455.shtml.

[104] 尚俊杰,曲茜美.游戏化教学法[M].北京:高等教育出版社,2019:34.

[105] 郑兰琴,杨开城,黄荣怀.基于信息流的协作学习交互分析方法的研究[J].中国电化教育,2010(5):22-26.

[106] 余亮,黄荣怀.协作学习活动结构设计研究[J].远程教育杂志,2012,30(5):74-81.

[107] 陈静静.学习共同体的本土化实践[N].中国教师报,2019-01-02(9).

[108] 日本N高中:最具代表的线上线下混合式学习样本[EB/OL].(2020-11-25)[2024-09-11].https://www.sohu.com/a/434104808_372497.

[109] 金建生.课堂范式的历史嬗变及现实重建[J].教育研究与实验,2005(4):34-38.

[110] 陈雅.书院教学组织形式对师生关系的影响与启示[J].教育文化论坛,2020,12(1):42-47.

[111] 叶澜.重建课堂教学过程观:"新基础教育"课堂教学改革的理论与实践探究之二[J].教育研究,2002(10):24-30+50.

[112] 曹蓉.基于无边界课堂的教学实践研究[J].科技与创新,2021(7):106-107.

[113] 徐腊梅.论主体间性师生关系视野下的高校思想政治课程教学改革[J].教育学术月刊,2011(1):108-109.

[114] 杨翠娥.基于主体间性的教育学教材反思与建构研究[D].陕西师范大学,2018:42-45.

[115] 柳晨晨,倚杨莹,马芸,等.人工智能教育发展理念的评估:内涵与框架——《2023人工智能促进教育发展报告》节选二[J].中国教育信息化,2024,30(7):23-33.

[116] 冯晓英,王瑞雪,吴怡君.国内外混合式教学研究现状述评:基于混合式教学的分析框架[J].远程教育杂志,2018,36(3):13-24.

[117] 余胜泉.没有围墙的"未来学校"[J].教育家,2016(22):12-14.

[118] 张金磊,王颖,张宝辉.翻转课堂教学模式研究[J].远程教育杂志,2012,30(4):46-51.

[119] 杨刚,杨文正,陈立.十大"翻转课堂"精彩案例[J].中小学信息技术教育,2012(3):11-13.

[120] 黄荣怀,汪燕,王欢欢,等.未来教育之教学新形态:弹性教学与主动学习[J].现代远程教育研究,2020,32(3):3-14.

[121] 江建平,刘磊.基于认知弹性理论的一种教学模型:在线学习中消除多样性学习群体间的认知鸿沟[J].远程教育杂志,2008(4):42-44.

[122] 高文.认知弹性理论、超文本与随机通达教学:一种折中的建构主义学习与教学理论[J].外国教育资料,1998,27(6):1-4.

[123] 王亚平.中小学课堂情境教学模式建构研究[D].河北大学,2017.

[124] 魏军梅.基于虚拟现实全景视频的英语情境教学研究[J].大学教育,2021(7):108-111.

[125] 陈侠.课程论[M].北京:人民教育出版社,1989:27.

[126] 中共中央马克思恩格斯列宁斯大林著作编译局.马克思恩格斯文集:第2卷[M].北京:人民出版社,2009:51.

[127] 袁振国.人工智能助推教育回归本源[N].文汇报,2018-11-25(5).

[128] 钟志贤.多元智能理论与教育技术[J].电化教育研究,2004(3):7-11.

[129] 郑太年.以学习者为中心的课堂对话:理论框架与案例分析[J].开放教育研究,2019,25(4):59-65.

[130] 张庆新,陈雁飞,韩兵,等."以学习为中心"体育与健康课程模式:价值取向、框架建构与实践路径[J].中国教育学刊,2021(2):30-35.

[131] 景玉慧,沈书生.以学习为中心:学习设计的结构与层次——以小学阶段为例[J].电化教育研究,2022,43(1):93-99.

[132] 中华人民共和国教育部.义务教育课程方案(2022年版)[M].北京:北京师范大学出版社,2022:4.

[133] 刘新阳.教育目标系统变革视角下的核心素养[J].全球教育展望,2017,46(10):49-63.

[134] 祝智庭,赵晓伟,沈书生.融创教育:数智技术赋能新质人才培养的实践路径[J].中国远程教育,2024,44(5):3-14.

[135] MIT. The Third Revolution: The Convergence of the Life Sciences, Physical sciences, and Engineering[EB/OL].(2016-06-01)[2024-10-18]. https://www.immagic.com/eLibrary/ARCHIVES/GENERAL/MIT US/M110103S.pdf.

[136] 全晓洁,邱德峰.人工智能视域下的课程变革及未来走向[J].河北师范大学学报(教育科学版),2021,23(2):127-134.

[137] 姜兰波,徐国梁.践行体验课程 唤醒生命感悟[J].基础教育参考,2013(18):37-38.

[138] 沈书生.学习新生态:构建信息化学习力[J].苏州大学学报(教育科学版),2020,8(1):1-8.

[139] 钱晓菲,张斌贤.现代教育空间组织化的开端:兰卡斯特制的校舍设计[J].北京大学教

育评论,2021,19(2):104-119+190-191.

[140] LANCASTER J. The British system of education: being a complete epitome of the improvements and inventions practised at the Royal Free Schools, Borough-Road, Southwark[M]. London: Joseph Lancaster,1812:132.

[141] LANCASTER J. The Lancasterian system of education, with improvements[M]. Baltimore, 1824:32.

[142] 段兆磊.论学校教育空间的重构[J].当代教育科学,2017(8):15-18.

[143] 建筑设计界的最高荣誉!看非洲建筑师的创造与可持续[EB/OL].(2022-03-19)[2024-11-14]. https://www.sohu.com/a/531038196_121123807.

[144] 惠贞高级中学:教学楼中的空中森林[EB/OL].(2024-04-08)[2024-11-14]. https://baijiahao.baidu.com/s?id=1795733793713842712&wfr=spider&for=pc.

[145] 闵行这座公共安全体验馆揭牌,10多个模拟场景带市民"沉浸式"学习安全知识[EB/OL].(2024-06-23)[2024-11-14]. https://export.shobserver.com/baijiahao/html/764085.html.

[146] 宝山区4个项目入选《2022上海城市数字化转型典型案例系列》[EB/OL].(2023-05-07)[2024-11-14]. https://baijiahao.baidu.com/s?id=1765223528363663025&wfr=spider&for=pc.

[147] 吕梦园,屠莉娅.以色列比库林全纳学校:全纳教育理念在包容性环境创设中落地[J].上海教育,2023(29):74-76.

[148] 徐涛.创设跨学科综合学习空间,助推学校育人方式变革[J].上海教育,2023(19):22.

[149] 赵晋,王婷婷,张建军.我国学习评价体系变迁及其驱动要素分析[J].中国考试,2021(9):23-31.

[150] 孙晓雯,郭海荣.国内外学业成绩评价制度简述[J].教学与管理,2001(9):43-45.

[151] 齐宇歆.当代教育评价理论及其历史演进过程中的知识观分析[J].远程教育杂志,2011,29(5):76-82.

[152] 黄荣怀,周伟,杜静,等.面向智能教育的三个基本计算问题[J].开放教育研究,2019,25(5):11-22.

[153] 刘邦奇,袁婷婷,纪玉超,等.智能技术赋能教育评价:内涵、总体框架与实践路径[J].中国电化教育,2021(8):16-24.

[154] 崔允漷.试论新课标对学习评价目标与路径的建构[J].中国教育学刊,2022(7):65-70+78.

[155] 沈书生,祝智庭.ChatGPT类产品:内在机制及其对学习评价的影响[J].中国远程教育,2023,43(4):8-15.

[156] 白雪梅,郭日发.生成式人工智能何以赋能学习、能力与评价?[J].现代教育技术,2024,34(1):55-63.

[157] 田爱丽.综合素质评价:智能化时代学习评价的变革与实施[J].中国电化教育,2020(1):109-113+121.

[158] 蔡慧英,董海霞,陈旭,等.如何建设未来学校:基于智能教育治理场景的前瞻与审思[J].华东师范大学学报(教育科学版),2022,40(9):45-54.

[159] 马志强.在线学习评价研究与发展[M].北京:中国社会科学出版社,2017:117-201.

[160] 吴砥,郭庆,吴龙凯,等.智能技术赋能教育评价改革[J].开放教育研究,2023,29(4):4-10.

[161] 张岩,李大灿,龚园园.虚拟现实教学质量评价指标体系的构建研究[J].河北经贸大学学报(综合版),2022,22(2):87-95.

[162] 李小平,赵丰年,张少刚,等.VR/AR教学体验的设计与应用研究[J].中国电化教育,2018(3):10-18.

[163] 梁燕,刘其右.技术赋能基础教育"教学评一体化"的现实困境、实践路径与未来场域[J].中小学信息技术教育,2024(1):38-40.

[164] 尹后庆,张治.教育智能化改造的四个进化路径[J].中国基础教育,2022(9):63-66.

[165] 张治,刘小龙,徐冰冰,等.基于数字画像的综合素质评价:框架、指标、模型与应用[J].中国电化教育,2021(8):25-33+41.

[166] 宋宇,肖菁,汤娜,等.知识图谱如何赋能课堂教学评价?——以小学阶段优质数学课"平行与垂直"为例[J].现代教育技术,2023,33(1):83-90.

[167] 师曼,刘晟,刘霞,等.21世纪核心素养的框架及要素研究[J].华东师范大学学报(教育科学版),2016,34(3):29-37+115.

[168] 郭烁,李瑶庆,侯晓飞.虚拟现实技术应用于职业技能训练:应用领域、理论基础、设计要素、效果测评——基于国外37篇实证研究的系统性分析[J].中国职业技术教育,2022(6):31-39.

[169] 张家华,胡惠芝,黄昌勤.多模态学习分析技术支持的学习评价研究[J].现代教育技术,2022,32(9):38-45.

[170] 唐国瑞,袁鸿祥."互联网+"向体育的延伸——智能穿戴设备在学校体育中的应用展望[J].中小学教材教学,2018(5):77-80.

[171] 张治,程㧑一,王天蓉.基于计算教育学的人工智能课堂分析框架和技术实现[J].开放教育研究,2024,30(5):87-100.

[172] 马艳,李学斌.数字教材应用中教师角色转变的困境与策略[J].电化教育研究,2022,43(10):116-121+128.

[173] 汪丁丁.转型期社会的跨学科教育问题[J].社会科学战线,2012(7):197-201.

[174] 钟启泉.从"知识本位"转向"素养本位":课程改革的挑战性课题[J].基础教育课程,2021(11):5-20.

[175] 王素.中国中小学中的STEM教育:重要而微妙的领域[J].教育国际交流,2023(2):37-40.

[176] 教师跨学科能力发展项目组,胡庆芳,朱远妃.教师跨学科能力的理想、现实与实现[J].上海教育科研,2020(2):76-78+46.

[177] 宋歌,管珏琪.面向整合式STEM的教师跨学科素养:结构模型与发展路径[J].现代远程教育研究,2022,34(3):58-66.

[178] 刘蝶.小学全科教师跨学科教学能力指标体系建构研究[D].西南大学,2020.

[179] 朱德全,彭洪莉.教师跨学科教学素养测评模型实证研究[J].华东师范大学学报(教育科学版),2023,41(2):1-13.

[180] BEANE J A. Curriculum integration and the disciplines of knowledge[J]. Phi Delta Kappan,1997,78(7):518-525.

[181] VESCIO V, ROSS D, ADAMS A. A review of research on the impact of professional learning communities on teaching practice and student learning[J]. Teaching and Teacher Education,2007,24(1):80-91.

[182] 刘宝存,岑宇.世界教育数字化转型的动因、趋势及镜鉴[J].现代远程教育研究,2022,34(6):12-23.

[183] 联合国教科文组织.教师信息与通信技术能力框架[EB/OL].(2011)[2024-10-31]. http://iite.unesco.org/pics/publications/en/files/3214694.pdf.

[184] 欧洲委员会,联合研究中心. 欧洲框架为教育工作者的数字胜任力:DigCompEdu[EB/OL]. (2017)[2024-10-31]. https://data.europa.eu/doi/10.2760/159770.

[185] 美国国际教育技术协会. ISTE 教育工作者标准[EB/OL]. (2017)[2024-10-31]. https://www.iste.org/standards/for-educators.

[186] 中华人民共和国教育部. 教师数字素养[S]. 北京:教育部,2022.

[187] 联合国教科文组织. 教师人工智能能力框架[EB/OL]. (2024-08)[2024-10-31]. https://www.unesco.org/en/articles/ai-competency-framework-teachers?hub=343.

[188] 梅秋怡. 新加坡教师的角色定位及培养路径[EB/OL]. (2024-05-05)[2024-10-31]. https://www.sohu.com/a/776441024_121124210.

[189] Opetus-ja kulttuuriministeriö. Opettajankoulutuksen kehittämisohjelma 2022-2026[R]. Helsinki:Opetus-ja kulttuuriministeriö,2022:3.

[190] 栗洪武,陈磊. 中国古代学校教育传承与创新中华文化的历史规律[J]. 教育研究,2015,36(10):119-125.

[191] 吴剑修. 论"九流十家"的建构历程:从《天下》篇到《汉志》[J]. 北京社会科学,2021(6):46-55.

[192] 朱永新. 关于未来学校的思考[J]. 中小学校长,2016(3):3-4.

[193] 成君忆. 渔夫与管理学[M]. 北京:新华出版社,2005:279.

[194] 曹培杰. 未来学校的兴起、挑战及发展趋势:基于"互联网+"教育的学校结构性变革[J]. 中国电化教育,2017(7):9-13.

[195] 王素云,冯建军. 智能技术下的未来学校图景[J]. 中国教育科学(中英文),2023,6(2):89-98.

[196] 殷丙山,高茜. 技术、教育与社会:碰撞中的融合发展——2017高等教育版《新媒体联盟地平线报告》解读[J]. 开放教育研究,2017,23(2):22-34.

[197] 朱永新. 未来,传统学校将被"学习中心"替代?[N]. 文汇报,2017-05-26(6).

[198] 方芳. 高校拔尖创新人才贯通式培养的价值遵循和实践进路[J]. 中国高等教育,2023(10):25-29.

[199] 滕洋. 我国拔尖创新人才早期培养的实践探索、现实困境与优化策略[J]. 国家教育行政学院学报,2023(11):20-30.

[200] 程艳霞,龚春燕. 数字化战略下的大中衔接创新人才培养[J]. 教育家,2022(43):

21-22.

[201] 维克托·迈尔-舍恩伯格,肯尼思·库克耶.大数据时代:生活、工作与思维的大变革[M].盛杨燕,周涛,译.杭州:浙江人民出版社,2013.

[202] 王永颜.大数据时代教育治理能力现代化构建与路径选择[J].电化教育研究,2017,38(8):44-49.

[203] 钟婉娟,侯浩翔.大数据视角下教育决策机制优化及实现路径[J].教育发展研究,2016,36(3):8-14.

[204] 姚松.大数据时代教育治理转型的前瞻性分析:机遇、挑战及演进逻辑[J].现代远程教育研究,2016(4):32-41.

[205] 李政涛."未来学校",是什么样的学校?[J].基础教育,2021,18(1):1.

[206] 杜威.民主主义与教育[M].北京:人民教育出版社,2001:49-62.

[207] 叶澜,杨小微.教育学原理[M].北京:人民教育出版社,2007:127-171.

[208] 陈如平.关于新样态学校的理性思考[J].中国教育学刊,2017(3):35-39.

[209] 陈如平.打造新样态学校[J].教育科学论坛,2016(24):7-10.

[210] 刘铁芳.学习之道与个体成人:从《论语》开篇看教与学的中国话语[J].高等教育研究,2018,39(8):14-22.

[211] 田友谊,姬冰澌.人工智能时代未来学校的建设之道[J].中国电化教育,2021(6):39-48.

[212] 杨欣.AI时代的未来学校:机遇、形态与特征[J].中国电化教育,2021(2):36-42+67.

[213] World Economic Forum. Schools of the Future:Defining New Models of Education for the Fourth Industrial Revolution[EB/OL].(2020-01-14)[2024-10-11].https://www.weforum.org/publications/schools-of-the-future-defining-new-models-of-education-for-the-fourth-industrial-revolution/.

[214] HIGH TECH HIGH. About Us[EB/OL].[2024-10-10].https://www.hightechhigh.org/about/.

[215] High Tech High,一所颠覆你认知的学校[EB/OL].(2019-02-14)[2024-10-10].https://www.sohu.com/a/294622027_374603.

[216] 大咖老师带着"玩",期末也不考试,这所学校却想给孩子打造高手思维?(2020-04-17)[2024-10-18].https://new.qq.com/rain/a/20200417A03WTO00.

[217] 走在传统之前,它们会是中国未来学校的雏形吗?[EB/OL].(2019-02-09)[2024-10-18]. https://www.jiemian.com/article/2852915_qq.html.

[218] HANFORD E. Kurt Hahn and the roots of Expeditionary Learning[EB/OL].(2015-09-10)[2024-10-16]. https://www.apmreports.org/episode/2015/09/10/kurt-hahn-and-the-roots-of-expeditionary-learning.

[219] RMSEL. About Expeditionary Learning[EB/OL].[2024-10-16]. https://www.rmsel.org/Who-We-Are/Expeditionary-Learning/index.html.

[220] 自然教育探索课程设计十大原则与六大改变[EB/OL].(2024-06-19)[2024-10-16]. https://www.sohu.com/a/787043148_121123749.

[221] What is Expeditionary Learning?[EB/OL].[2024-10-16]. https://www.sierraacademy.net/expeditionary-learning.

[222] 张露,朱秋庭. 美国Quest to Learn学校以游戏化学习培养真正的系统思考者与设计者[J]. 上海教育,2016(35):38-41.

[223] 现实中的乌托邦:没有教室的学校[EB/OL].(2018-01-17)[2024-10-10]. https://mp.weixin.qq.com/s/lNOWC6oYDcz8_lebocK08A.

[224] Vittra School Telefonplan[EB/OL].[2024-10-10]. https://archello.com/project/vittra-school-telefonplan.

[225] 李敏. 丹麦奥雷斯塔德预科学院:回旋的平面[EB/OL].(2020-10-16)[2024-10-10]. https://www.archiposition.com/items/20201016023704.

[226] Ørestad Gymnasium. The architecture[EB/OL].[2024-10-10]. https://oerestadgym.dk/in-english/our-architecture/.

[227] 引领全球的"绿色自然教育"如何做?巴厘岛绿色学校告诉你[EB/OL].(2019-09-11)[2023-10-10]. https://www.sohu.com/a/340393280_184321.

[228] 王素,曹培杰,康建朝,等. 中国未来学校白皮书[R]. 北京:中国教育科学研究院未来学校实验室,2016.

[229] Stanford's online high school[EB/OL].[2024-10-10]. https://125-prod2.stanford.edu/stanfords-online-high-school/.

[230] K12 Schools. ABOUT US[EB/OL].[2024-10-15]. https://k12onlineschools.com/about/.

[231] BLACK E,FERDIG R,THOMPSON L A. K-12 virtual schooling, COVID-19, and student success[J]. JAMA pediatrics,2021,175(2):119-120.

[232] COMPARISON BETWEEN TRADITIONAL K-12 SCHOOLS AND ONLINE SCHOOLING [EB/OL].[2024-10-15]. https://k12onlineschools.com/comparison-between-traditional-k-12-schools-and-online-schooling/.

[233] 严圣禾,党文婷.云端学校推动优质教育资源共享:教育数字化的深圳实践[N].光明日报,2023-03-26(4).

[234] 顾小清,宛平,王龚.教育元宇宙:让每一个学习者成为主角[J].华东师范大学学报(教育科学版),2023,41(11):13-26.

[235] 只有一间教室的可汗实验学校究竟怎么创新了?[EB/OL].(2016-01-13)[2024-10-15]. http://eduwind.com/article/view?id=217.

[236] 可汗学院开办线下实验学校 看看开源教育长啥样[EB/OL].(2017-11-01)[2024-10-15]. https://www.jiemian.com/article/1675076.html.

[237] 吴蓉瑾.数智技术赋能"爱的学校",培育生动的未来之才[EB/OL].(2024-09-11)[2024-10-15]. https://www.shhuangpu.gov.cn/xw/001009/20240911/c28f9172-2016-4890-8431-28b4ccf1e451.html.

[238] 杭州市建兰中学以智慧教育推动学校变革:"学校大脑"催生未来学校[EB/OL]. (2020-09-22)[2024-10-10]. http://jyt.zj.gov.cn/art/2020/9/22/art_1532836_58326832.html.

[239] 慧眼看世界|云谷学校:这里没有高考指挥棒和升学率[EB/OL].(2019-03-11)[2024-10-15]. https://www.sohu.com/a/299907623_99966151.

[240] 这家创新学校是如何用钉钉宜搭构建了数字化管理网络的?[EB/OL].(2021-06-18)[2024-10-15]. https://segmentfault.com/a/1190000040198859.

[241] 李政涛.智能时代是"双师"协同育人的新时代[J].当代教师教育,2021,14(1):1-4+29.

[242] 李政涛.当教师遇上人工智能……[J].人民教育,2017(Z3):20-23.

[243] THINK Global School. Embark on an Educational Journey[EB/OL].[2024-10-16]. https://thinkglobalschool.org/.

[244] 一读EDU.密涅瓦大学创校经过:这所大学拥有哪些特殊基因?[EB/OL].(2021-04-

23)[2024-10-10]. https://www.sohu.com/a/462591818_608848.

[245] 全美录取率最低的真·世界大学:Minerva[EB/OL].(2020-10-08)[2024-10-10]. https://www.sohu.com/a/423317910_616468.

[246] 姜欢,周俊华.美国P-TECH创新模式研究及启示:技能型社会建设背景下职业教育的国际视角[J].中国职业技术教育,2022(3):70-76.

[247] 胡天助.美国社区学院STEM教育P-TECH模式探究[J].高等理科教育,2023(2):105-114.

[248] 宋凯璇,于蒙蒙,庞世俊.美国P-TECH培养模式的创新及启示[J].职业教育研究,2019(12):87-91.

[249] 段世飞,吴倩.美国P-TECH模式下职普融通的实践模式及启示[J].职业技术教育,2024,45(28):72-80.

[250] Business Alliance for Education. The P-TECH Model of Early College High School: A Timely Opportunity for Massachusetts? [R/OL].[2024-10-17]. https://www.mbae.org/wp-content/uploads/2021/10/The-P-TECH-Model-of-Early-College-High-School-MBAE-Report-update.pdf.

[251] IBM Makes Education & Hiring More Inclusive Worldwide with P-TECH Model Expanding Across 28 Countries[EB/OL].(2020-11-17)[2024-10-17]. https://newsroom.ibm.com/2020-11-17-IBM-Makes-Education-Hiring-More-Inclusive-Worldwide-with-P-TECH-Model-Expanding-Across-28-Countries.

[252] 深圳零一学院.学院简介[EB/OL].[2024-10-17]. https://www.x-institute.edu.cn/about/introduce.

[253] 深圳零一学院.关于深圳零一学院,你想知道的...[EB/OL].(2022-04-02)[2024-10-17]. http:/xinstitute-cms.yuschool.cn/article/index?article_id=1000763.

[254] 尚俊杰.未来学校建设的三层境界[J].基础教育课程,2014(23):73-76.

[255] 尹后庆,张治.未来学校变革的背景、逻辑与趋势[J].人民教育,2019(24):42-45.

[256] CUTSHALL A. Elon Musk launches Ad Astra school in Bastrop County[EB/OL].(2024-08-02)[2024-10-10]. https://communityimpact.com/austin/bastrop-cedar-creek/education/2024/08/02/elon-musk-launches-ad-astra-school-in-bastrop-county/.

[257] AD ASTRA. The next generation of problem solvers and builders[EB/OL].[2024-10-

10]. https://www.adastraschool.org/.

[258] 冯元民.潍坊高新区:"未来学校群"撬动教育现代化[N].山东教育报,2021－02－08(4).

[259] 潍坊未来实验学校:打造校园特有感统区 开放科学发展新场域[EB/OL].(2021－04－06)[2024－10－18].https://www.sohu.com/a/459130991_120721003.

[260] 潍坊:数字赋能 激活教育新质生产力[EB/OL].(2024－09－12)[2024－10－18].https://www.163.com/dy/article/JBTAQVN60514CFC7.html.

[261] 领军人才丨万飞:探索东莞未来教育模式,为基础教育改革"策马冲锋"[EB/OL].(2022－05－07)[2024－10－18].https://static.nfapp.southcn.com/content/202205/07/c6468603.html.

[262] 揭秘东莞首所公办未来学校的八大"未来之处"[EB/OL].(2022－04－02)[2024－10－18].https://new.qq.com/rain/a/20220402A06XFK00.

[263] 东莞松山湖未来学校16站特色主题空间提前看[EB/OL].(2022－03－31)[2024－10－18].https://static.nfapp.southcn.com/content/202203/31/c6356124.html.

[264] 政府背景,华为、腾讯、清北合作共建?东莞松山湖未来学校来了![EB/OL].(2022－04－02)[2024－10－18].https://www.sohu.com/a/534793665_121206941.

后 记

当出版社的编辑把"小蓝"(我们团队对《未来学习研究蓝皮书》的爱称)的校样交给我们的时候,离杨振峰主任交给我们团队撰写一本未来学习研究蓝皮书的任务已经过去快两年的光景了。

当初接下这个任务的时候,ChatGPT才刚刚问世。当时,关于AI会不会替代教师的讨论好像还是一个离现实十分遥远的命题,我们还有点隔岸观火的感觉。但是就在这两年,星火、豆包、文心一言陆续问世,尤其是今年年初DeepSeek的横空出世,AI给教育带来颠覆性的挑战,让我们看到,未来学习范式变革的号角已经吹响了。

回望这本历时将近两年的著作从无到有的过程,既像是完成了一次对教育未来的理性探索,又像是经历了一场与时代对话的心灵漫游。这本书的诞生,既是团队对教育变革的躬身实践,也是对未来学习图景的一次深情眺望。

数字技术重塑世界格局的今天,教育再也无法躲进象牙塔中自成一统。当知识更迭的速度超越个体认知的边界,当人工智能的浪潮冲击传统课堂的围墙,如何重新认识学习的本质和价值,如何审视教师的角色和素养,如何再构未来学习的全新场景,已成为全球教育者无法回避的命题。本书的写作初衷,正是试图在时代的激流中寻找锚点,为这场注定改变人类文明进程的教育转型提供一份思想和行动的图谱。从开篇两章对时代挑战的剖析,到后续七章对教育要素的系统重构,我们始终秉持着这样的信念:未来的学习不应只是对技术的简单迎合,而应是对人之为人这一本质的守护与超越。

研究与成书的过程让我们见证了全球教育者令人惊叹的创造力:美国一所顶尖的精英私校将农场的生态系统变为跨学科的课堂;中国上海一家研究中心依托大数据,建立了计算教育学视域下的人工智能课堂分析技术框架,开发了包含采集层、数据层、计算层、分析层、支架层、资源层和循证层七大功能模块,共154项学习分析指标的人工智能课堂分析系统;非洲一位普利兹克建筑奖获奖者在资源极度匮乏的情况下,植根于当地的材料,使简单朴素的本土建筑呈现出强烈的地域特征和超级实用的功能性……这些散落在世界各地的实践,如同拼图般逐渐勾勒出未来教育的轮廓,教育的未来不是某个权威预设的蓝图,而是无数教育实践者用勇气与智慧共同书写的答案。

本书的七维框架——从学习样态到学校图景——试图构建一个立体化的变革坐标系。在"未来课堂新结构"和"未来环境新生态"中,我们探讨物理空间与数字空间的共生关系;在"未来学习多样态"和"未来课程新形态"中,我们探索丰富多元的学习路径;在"未来评价新模式"中,我们追问如何让数据回归育人本真;在"未来教师新素养"中,我们则试图在技术洪流中重新锚定教育者的精神坐标。这些探索或许尚显青涩,但我们坚信,正是这些不完美的尝试,才能为后来者铺就通向理想教育的阶梯。

2023年6月28日,在上海市未来学习研究与发展中心(以下简称学研中心)成立之际,杨振峰主任提议研究团队就学研中心发布的《未来学习研究1.0:框架指南》形成未来学习研究蓝皮书,为基础教育的"未来学习样态与学习发展"提供一些方向性研究与有益探索。2024年11月,在团队形成初稿后,杨主任专门组织研讨,指出关键要形成自己的论述逻辑,能够提出新的观点,并对各章的理论梳理与案例选择进行了悉心指导。张治局长多次组织团队在周末逐一对各章进行过堂指导,经过三轮的修改完善终于定稿。在成书的过程中,我们也得到了华东师范大学出版社王健社长、孙婷主任、方成竹编辑的专业指导。这一切对我们团队而言,不啻是一次历练和成长的过程。

本书最初的蓝本是《上海教育》2023年4月发表的《未来学习研究1.0:框架指南》,由筹备学研中心的张治、王天蓉、徐冰冰设计编撰,王震和王达参与编写。2024年元月,正式启动蓝皮书撰写。本书第一章由肖敏和王震负责编写,第二章由徐冰冰负责编写,第三章和第四章由王达负责编写,第五章和第八章由王欣苗负责编写,第六章由王震负责编写,第七章和第九章由肖敏负责编写,王天蓉负责全书的统稿与修订。

需要特别说明的是,这部蓝皮书给出的并非是封闭的结论,而是开放的起点。书中呈现的78份"案例链接"、4份"情报链接",既是当下教育变革的切片,更是未来研究的路标。我们深知,在指数级变化的时代中,任何对未来的描摹都可能迅速褪色,但正是这种动态性本身,构成了教育创新的永恒魅力。

当元宇宙课堂与乡土实践基地共存,当算法推荐的学习路径与师徒制的手艺传承交织,我们看到的不仅是技术的演进,更是人类对美好教育不变的追求。这部蓝皮书或许只是沧海一粟,但如果它能引发更多教育者思考"未来学习究竟为何而变、向何处去",便已实现了它最大的价值。教育的未来,永远在下一段旅程中。让我们保持开放,保持期待,保持行动的热望。

是为记。

未来学习研究课题组
2025年春